PLAZAS

Lugar de encuentro para la hispanidad

WORKBOOK

Dr. Jill Pellettieri

California State University, San Marcos

HEINLE & HEINLE

TM

THOMSON LEARNING

United States ◆◆ Australia ◆◆ Canada ◆◆ Mexico ◆◆ Singapore ◆◆ Spain ◆◆ United Kingdom

HEINLE & HEINLE

THOMSON LEARNING

PLAZAS
Lugar de encuentro para la hispanidad
WORKBOOK
Dr. Jill Pellettieri

Publisher: Wendy Nelson
Marketing Manager: Jill Garrett
Senior Production & Developmental Editor Supervisor: Esther Marshall
Developmental Editor: Helen Alejandra Richardson
Associate Marketing Manager: Kristen Murphy-LoJacono
Senior Manufacturing Coordinator: Mary Beth Hennebury
Composition: Christine E. Wilson, IBC
Project Management: Christine E. Wilson, IBC
Illustration: Jane O'Conor
Cover Design: Ha Nguyen
Printer: The Mazer Corporation

Printed in the United States of America
    4 5 6 7 8 9 10   05 04 03 02

For more information contact Heinle & Heinle, 20 Park Plaza, Boston, MA 02116 USA,
or you can visit our Internet site at http://www.heinle.com

For permission to use material from this text or product contact us:
Tel   1-800-730-2214
Fax   1-800-730-2215
Web   www.thomsonrights.com

ISBN: 0-8384-1129-0

Plazas Workbook Permissions

P. 109   Pablo Neruda: "Oda a la manzana" (vol. Tercer libro de las odas) © 1957

P. 165   From CUANDO ERA PUERTORRIQUEÑA by Esmerala Santiago. Copyright © 1996 by Esmeralda Santiago. Reprinted by permission of Vintage Books, a Division of Random House Inc.

P. 215   "Comer o ser comido" by Nieves y Miro Fuenzalida, La rosa blanca, 19 de enero de 2000 revista Rebelión, http://www.eurosur.org/rebelion/ecologia/comer.htm.

P. 248   "Los sucesores de los Yuppies" by Carmen Gloria Ramos and Elizabeth Simonsen, Revista ¿Qué pasa?, 1431 lunes 14 al lunes 21 de septiembre.

Some clip art has been used from Image Club, Macromedia FreeHand, and Art Explosion.

Table of Contents

Preface to *Plazas Workbook*

The *Plazas* Workbook has been written and designed to accompany the *Plazas* textbook. Through a tightly-structured instructional sequence that closely parallels the main text, the workbook leads students first through a set of highly contextualized form-focused activities (¡A practicar!) and then through more open-ended, whole language types of contextualized activities (¡Te toca a ti!) that foster the development of skills for creative expression in Spanish.

Each chapter of the *Plazas* Workbook contains activities targeted at vocabulary and grammar building, as well as the development of critical skills and strategies necessary for the comprehension and production of written texts. Sprinkled throughout the activities of each chapter are realia pieces and authentic cultural information and references. Each chapter's reading is also an authentic piece written for a native Spanish-speaking audience in the Spanish-speaking world. Following are suggestions for the use of each of the chapters' sections:

¡A practicar! and **¡Te toca a ti!** parallel each vocabulary and grammar section of the main text and can be assigned as homework as these sections are covered in class. Many of the more open-ended **¡Te toca a ti!** activities are easily adapted for in class pair and small group activity.

Encuentro cultural presents authentic cultural information relevant to the students' lives and interests. Because **Encuentro cultural** targets different cultural information from that covered in the main text, students can be asked to complete these activities at any point in the chapter. These sections are designed to pique students' curiosity about the topic presented and invite them to explore it further on their own; often suggestions for web links are offered. Consequently, these activities can easily be turned into in-class pair or small group research and reporting activities.

Síntesis: ¡A leer! offers students strategies for reading and comprehending the authentic target language text presented. Text types throughout the chapters range from magazine and newspaper articles to poems and pieces of short stories from the Spanish speaking world. Topics of the readings reflect the chapter themes as well as today's students' interests. These activities are best completed after students have sufficiently engaged in the chapter's themes so as to have sufficient background knowledge activated to maximize comprehension. Because this section parallels the main text's **¡A leer!** section, it is best assigned as the class approaches that section of the text.

Síntesis: ¡A escribir! guides students through the composition of target language texts while helping them to expand their second language writing strategies. Always contextualized and presented as an authentic writing task, the activities in these sections lead students through the different types of written communication including personal letters, descriptive and expository writing, and the academic essay. Because this section parallels the main text's **¡A escribir!** section, it is best assigned as the class approaches that section of the text.

Acknowledgements

I would like to thank my family, colleagues, and friends, and in particular, Dra. Silvia Rolle-Rissetto and Dra. Verónica Añover, who are all of those rolled into one, for their love, inspiration, and support throughout the development of this project.

¡Los quiero mucho!

¡Mucho gusto!

VOCABULARIO: *Saludos y despedidas*

¡A practicar!

A. **SALUDOS Y DESPEDIDAS** For each picture, circle the most appropriate of the three salutations or responses.

1.
- Buenas tardes, profesora.
- Buenos días, profesor.
- ¿De dónde es Ud.?

2.
Hola, ¿qué tal?
- Soy de Barranquilla.
- Encantada.
- Bastante bien, y Ud., ¿cómo está?

3.
Adiós, Javier.
- Chau, Claudia. Nos vemos.
- Así, así.
- Buenas noches, Claudia.

B. INTRODUCCIONES   Your roommate, also a beginning Spanish student, is going to a Puerto Rican **fiesta** later this evening. She wants to practice meeting and greeting people in Spanish. Help her by selecting the appropriate response from the second column to each expression in the first column. **¡OJO!** Some expressions may have more than one response.

_____	1. ¡Encantada!	**a.**	Bien, gracias.
_____	2. ¡Hola! ¿Qué tal?	**b.**	Muy bien, ¿y Ud.?
_____	3. ¡Mucho gusto!	**c.**	Soy de San Diego.
_____	4. ¿Cómo se llama?	**d.**	El gusto es mío.
_____	5. ¡Buenas noches, Carolyn!	**e.**	Nos vemos.
_____	6. ¿Cómo está Ud.?	**f.**	Bastante bien, ¿y tú?
_____	7. ¿De dónde eres tú?	**g.**	Felicia, y Ud., ¿cómo se llama?
_____	8. ¡Hasta luego!	**h.**	¡Buenas noches, señor Guzmán!

¡Te toca a ti!

C. EN UNA FIESTA   Imagine that you have decided to go to the Puerto Rican **fiesta** with your roommate. You have just met a friend of the host, Tomás, who asks you the following questions. Write appropriate responses to his questions.

1. ¿Cómo te llamas?

   _____

2. ¿Cómo estás?

   _____

3. ¿De dónde eres?

   _____

4. ¿Cómo se llama tu texto de español?

   _____

5. ¿Cómo se llama tu profesor(a) de español?

   _____

GRAMÁTICA I: *Subject pronouns and the present tense of the verb* ser

¡A practicar!

D. ¿QUÉ PRONOMBRE?   Which pronouns would Alberto Yáñez, a professor from Spain, use to address or talk about the following people? In the spaces provided below, write the most appropriate pronoun. **¡OJO!** Remember that Alberto is from Spain, which will affect the pronouns he selects in certain situations.

1. Referring to students Alicia and Cristina

   _____

2. Talking to Mr. Gutiérrez

_____

3. Referring to his brother Carlos

_____

4. Talking to Mr. and Mrs. Morán

_____

5. Talking to his two sons

_____

6. Referring to himself

_____

7. Talking to his wife

_____

8. Referring to his wife

_____

9. Referring to himself and three friends

_____

10. Talking to his two daughters

_____

¡Te toca a ti!

E. **¿QUÉ PIENSAS?** What do you think? Give your opinion by forming sentences with the words provided. Following the model, use the appropriate form of the verb **ser**.

M O D E L O: el presidente Clinton / sincero
El presidente Clinton es sincero.
o: *El presidente Clinton no es sincero.*

1. Jerry Seinfeld / cómico

_____

2. Richard Simmons / energético

_____

3. yo / inteligente

_____

4. Julia Roberts / atractiva

_____

5. mis amigos *(friends)* y yo / interesantes

_____

ASÍ SE DICE: *How to say "there is" and "there are"*

¡A practicar!

F. EL SABELOTODO Juan Carlos es un sabelotodo *(know-it-all)* who doesn't always know it all. Mark each of Juan Carlos's sayings with **C** for **cierto** *(true)* or **F** for **falso** *(false)*. If they are false, rewrite the sentence correcting Juan Carlos's error. ¡OJO! You will need to use both the verb form **hay** as well as numbers. Follow the model.

MODELO: *F* En el mes de septiembre hay 28 días *(days)*.
En el mes de septiembre hay 30 días.

_____ 1. En una semana *(week)* hay siete días.

_____

_____ 2. Hay 13 huevos *(eggs)* en una docena.

_____

_____ 3. Hay nueve números en un número de teléfono en los Estados Unidos.

_____

_____ 4. En un año *(year)* hay 12 meses *(months)*.

_____

_____ 5. Hay 15 pulgadas *(inches)* en un pie *(foot)*.

_____

G. PROBLEMAS DE MATEMÁTICAS Test your mathematical ability by completing the following equations. ¡OJO! Write out the numbers, not the numerals. Follow the model.

MODELO: Treinta menos dos son *veintiocho.*

1. Once más tres son _____.

2. Ocho menos ocho son _____.

3. Siete más tres son _____.

4. Catorce más quince son _____.

5. Veintiséis menos dos son _____.

6. Dieciocho más cuatro son _____.

H. TANTAS PREGUNTAS You are meeting your date at his/her house and your date's mother has many questions for you. Complete her questions by supplying the appropriate question words below.

1. ¿_____ estás?

2. ¿De _____ eres?

3. ¿_____ años tienes?

4. ¿_____ es tu número de teléfono?

5. ¿_____ son tus padres?

6. ¿_____ personas hay en tu familia?

Nombre _____   Fecha _____

¡Te toca a ti!

I. GUÍA TELEFÓNICA Your new "user-friendly" telephone book software has a small bug: it won't let you input numerals! You can only store your friends' and family's telephone numbers by answering the software's questions and spelling out these telephone numbers. Answer the software's questions below giving appropriate telephone numbers.

1. ¿Cuál es el número de teléfono de tu mejor amiga *(best female friend)*?

   _____

2. ¿Cuál es el número de teléfono de tu mejor amigo?

   _____

3. ¿Cuál es el número de teléfono de tus padres?

   _____

4. ¿Cuál es tu número de teléfono?

   _____

GRAMÁTICA II: *The verb* tener

¡A practicar!

J. ENTRE AMIGOS Use the following words to form sentences with the verb **tener.** Follow the model.

MODELO: Carlos y yo / tener / tres novelas
          Carlos y yo tenemos tres novelas.

1. Paqui / tener / 23 años

   _____

2. vosotros / tener / una casa nueva

   _____

3. yo / tener / dos clases de español

   _____

4. tú / tener / 12 años

   _____

5. nosotros / tener / una profesora muy buena

   _____

6. Roberto, Silvia y Carlos / tener / un perro y un pájaro

   _____

¡Te toca a ti!

K. ¡DON JUAN A LA VISTA!   A friend has brought you to a Spanish-speaking party and you have quickly discovered that one of the guests is a Don Juan type. Write the conversation that takes place as this guest, Raúl, tries to talk to your friend Cristina. In this conversation, use as much of your new vocabulary as possible. **¡OJO!** Be sure to include the following:

- a greeting and introduction
- discussion about where they are from
- discussion about how old they are
- a request for a phone number
- a good-bye

_____

_____

_____

_____

_____

_____

ENCUENTRO CULTURAL: *Los números de teléfono en el mundo hispánico*

L. ACTIVIDAD CULTURAL   Telephone numbers in the Spanish-speaking world vary in terms of the amount of numerals they contain, as well as how the telephone numbers are presented in written form. Below are business listings from two different Spanish-speaking countries. Before looking at these listings, answer the following question in Spanish.

1.   ¿Cuántos números tienen los números de teléfono en los Estados Unidos? _____

Now look at the listings. Notice that, just as in the United States, when area codes are given they are placed in parentheses. However, in contrast to telephone numbers in the United States, in the Spanish-speaking world the amount of numerals comprising a telephone number varies by country, or by region within a country. Notice also that when presented in written format, telephone numbers in Spanish are sometimes broken down into combinations of three, then combinations of two. Finally, when telling someone a telephone number in Spanish, Spanish speakers often group numbers in sets of two, like English speakers. For example, the telephone number 224–1220 will often be read off as "dos-veinticuatro-doce-veinte."

<table>
<tr><td>

Yamaha Motors de México, S.A. de C.V.
Fulton No. 21
Fracc. Industrial San Nicolás
Tlalnepantla, C.P. 54034
Edo. de México
Tel. 565–44–53
Fax: 565–85–86

</td><td>

Ski Company S.A.,
 Legajo: 9053
Suipacha 967 1º «A»
(1008) Buenos Aires – Argentina
(5411) 2313–1600 Venta telefónica
 lunes a viernes
(5411) 4313–5911 Fax directo

</td></tr>
</table>

After glancing over the listings, answer the following questions:

2.   ¿Cuál es el número de teléfono de Yamaha Motors? *(Write out each of the numbers.)*

_____

3. ¿Cuál es el número de teléfono de Ski Company?

_____

Autoprueba

I. VOCABULARIO

A. UNA CONVERSACIÓN TÍPICA Below is a typical conversation likely to be heard during the first days of a new school year. Complete the conversation by supplying the appropriate vocabulary words or phrases.

MIGUEL: _____, Tomás. ¿_____ tal?

TOMÁS: Bien, Miguel. Tanto tiempo *(It's been awhile)*. ¿Y cómo _____ tú?

MIGUEL: Bien, _____. Tomás, ésta es mi novia *(this is my girlfriend)*, Elena.

TOMÁS: Hola, Elena, mucho _____.

ELENA: El gusto _____ _____.

TOMÁS: ¿De _____ eres, Elena?

ELENA: _____ de Puerto Rico.

TOMÁS: Muy bien. Bueno, ya me voy *(I've got to go)*. _____.

ELENA: _____, Tomás.

MIGUEL: _____ vemos, Tomás.

B. NÚMEROS Write out each of the numerals indicated below, as well as the numeral that precedes it. Follow the model.

MODELO: 28
          veintiocho / veintisiete

1. 15 _____ / _____
2. 1   _____ / _____
3. 30 _____ / _____
4. 17 _____ / _____
5. 25 _____ / _____

II. GRAMÁTICA

C. PRESENTACIONES Complete the following conversation with the appropriate form of the verb **ser.**

PILAR: Me llamo Pilar. ¿Quién _____ tú?

LOLA: _____ Lola Araña Tellez. Y éste *(this)* _____ mi amigo, Carlos.

PILAR: Encantada. ¿De dónde _____ Uds.?

LOLA: Nosotros _____ de Cuba.

D. ¿SOIS DE ESPAÑA? Ramón has come from Spain to the University of California to study engineering. On campus he meets many Spanish-speaking students and professors from Spain and Latin America. Complete one of his conversations by supplying the appropriate subject pronoun. **¡OJO!** Remember the difference between formal and informal subject pronouns, as well as the differences between Peninsular and Latin American Spanish with respect to pronoun usage.

RAMÓN: Perdón, ¿sois _____ de España?

DIANA (Y DIEGO): No, _____ somos de México. _____ soy de Guanajuato y _____ es de Morelia.

DIEGO: El profesor Carrazco es de España. ¿De qué parte de España *(What part of Spain)* es _____, profesor?

PROFESOR CARRAZCO: _____ soy de Galicia.

RAMÓN: Mi mamá es de Galicia. _____ es de Vigo.

DIEGO: ¿De qué parte eres _____, Ramón?

RAMÓN: _____ soy de Toledo.

DIANA: Bueno, profesor y Ramón, _____ son compatriotas y van a ser *(are going to be)* buenos amigos.

PROFESOR CARRAZCO: ¡Seguro!

E. ¿CUÁNTOS AÑOS TIENEN? You have just found your roommate's "little black book." In it he has listed his age and then all the new coeds and their ages. Surprise! Your sister, Carmen, is in his book, too! For each entry below, write out complete sentences telling how old each person is. Follow the model.

M O D E L O :   Verónica (28)
Veronica tiene veintiocho años.

1. Lourdes (21)

_____

2. Olga y Nidia (19)

_____

3. Mariana (18)

_____

4. Carmen y tú (20)

_____

En una clase de español: Los Estados Unidos

VOCABULARIO: *En la clase*

¡A practicar!

A. UNA DE ESTAS COSAS NO ES COMO LAS OTRAS For each series, circle the word that does not form a set with the others and then write a Spanish word that could fit in that set.

1. el lápiz, la tiza, la pluma, la pizarra _____

2. el libro, el diccionario, la lección _____

3. la silla, el escritorio, el lápiz _____

4. la pizarra, el borrador, el bolígrafo, la lección _____

5. los compañeros, los novios, la profesora, los estudiantes _____

¡Te toca a ti!

B. EN MI CLASE Joaquín, a pen pal from Ecuador, is interested in how college classes are different in the U.S. from college classes in Ecuador. He asks you the following questions. Answer in complete sentences.

1. ¿Cuántos estudiantes hay en tu clase de español?

_____

2. ¿Cómo se llama tu libro de texto de español?

_____

3. ¿Cómo se llama tu profesor(a) de español?

_____

4. ¿Cuántos exámenes tienes?

_____

5. ¿Tienes computadora? ¿De qué marca *(what brand)*?

_____

VOCABULARIO: *Los colores*

¡A practicar!

C. ASOCIACIONES Write in Spanish the color you usually associate with the following items. Follow the model.

MODELO: snow
blanco

1. a crow _____
2. an orange _____
3. grass _____
4. cherries _____
5. paper _____

6. chocolate _____
7. a banana _____
8. the sky _____
9. eggplant _____

¡Te toca a ti!

D. **¿QUÉ COLOR ES?** You and your roommate have been living together too long and now you can't remember whose things belong to whom. State the color of each of your belongings listed below. Make sure that, when necessary, the color adjective agrees in number and gender with the noun. Follow the model.

MODELO: tu mochila
Mi mochila es roja.

1. tu pluma favorita _____
2. tu silla _____
3. tu bicicleta _____
4. tu teléfono _____
5. tu libro de español _____
6. tu coche *(car)* _____

GRAMÁTICA I: *Definite and indefinite articles*

¡A practicar!

E. **AMIGOS RAROS** Norma Vayaloca is a strange woman who likes to name every object that she owns with human names! Help Norma determine whether she needs to give the following items feminine or masculine names. For each of the nouns listed below, circle **F** for **femenino** or **M** for **masculino**. Then write the appropriate definite article needed to accompany the noun. ¡OJO! Be sure that the definite articles agree with the nouns in number as well as in gender. Follow the model.

MODELO: (F)/ M *la* calculadora

1. F / M _____ diccionarios
2. F / M _____ lápiz
3. F / M _____ luces
4. F / M _____ escritorio
5. F / M _____ mapa

6. F / M _____ computadoras
7. F / M _____ calendario
8. F / M _____ mesas
9. F / M _____ relojes
10. F / M _____ pizarra

F. ¡QUÉ EXAGERADA! Mari Bocazas is one of those people who often exaggerates. Whatever you do, she says she does it better, and whatever you have, she says she has more. What would Mari say if you were to tell her each of the statements below?

MODELO: Yo tengo una mochila.
          Yo tengo dos mochilas.

1. Yo tengo un(a) novio(a).

_____

2. Mi amigo tiene una computadora Mac.

_____

3. Yo tengo una clase de español.

_____

4. Mi novio(a) tiene una pluma Cartier.

_____

5. Yo tengo un reloj Rolex.

_____

¡Te toca a ti!

G. EL DESCUENTO Your roommate just got a job at the college bookstore and has told you that he can get a 50% discount on certain items. He left you a list of the discounted supplies and has asked you to indicate whether or not you need any of them. Look at the list of items below and take inventory of your school supplies, then write what you already have and what you need. Follow the model.

MODELOS: cuaderno
          Tengo un cuaderno.
      o: *Necesito (I need) un cuaderno.*

          plumas
          Tengo una pluma.
      o: *Necesito dos plumas.*

1. bolígrafo

_____

2. diccionario

_____

3. lápices

_____

4. mochila

_____

5. calendario

_____

6. computadora

_____

ASÍ SE DICE: *The preposition* en

¡A practicar!

H. UNA DESCRIPCIÓN Juan Carlos is telling his big brother about his first day of school. Complete his descriptions by forming sentences with the elements below and the preposition **en.** Follow the model.

MODELO: la clase / 20 estudiantes
En la clase hay 20 estudiantes.

1. el escritorio de la profesora / una manzana *(apple)*

_____

2. la sala de clase / tres computadoras

_____

3. la pared *(wall)* / un mapa del mundo

_____

4. la puerta / un calendario azteca

_____

¡Te toca a ti!

I. ¿Y TÚ? Now compare your surroundings with those of Juan Carlos. Describe each of the places or items below by forming sentences using the preposition **en.** Follow the model.

MODELO: tu escritorio
En mi escritorio hay una computadora.

1. la clase de español

_____

2. la pared de mi cuarto

_____

3. mi mochila

_____

VOCABULARIO: *Las lenguas extranjeras y otras materias*

¡A practicar!

J. INTERCAMBIOS INTERNACIONALES Robert Schmidt and Tina Costas are interested in spending next year abroad, but their university's study abroad program has one requirement. Each applicant must have a minimum level of fluency in the language of their preferred country. Look at the list of the countries available for next year's program, and for each one indicate the language in which applicants must be minimally fluent. ¡OJO! In Spanish, country names are capitalized, but the names of languages are not. Follow the model.

MODELO: Alemania
el alemán

1.	Japón	_____	5. España	_____
2.	China	_____	6. Francia	_____
3.	Portugal	_____	7. Rusia	_____
4.	Italia	_____	8. Inglaterra	_____

K. **CURSOS** Tina decided to study in Argentina and now has to choose which courses she would like to take at the Universidad de Buenos Aires. Help her figure out which courses will count for her major in geography. From the catalog listed below, write the name of the major to which it would normally pertain. Follow the model.

MODELO: Genética y evolución
biología

1. Fisiología animal _____

2. Análisis de mapas _____

3. Legislación y política ambiental _____

4. Teoría literaria _____

5. Oceanografía _____

6. Historiografía de México _____

7. Filosofía del derecho _____

8. Literatura española _____

¡Te toca a ti!

L. **ENCUESTA** While surfing the web, you come across the web page for the Universidad de las Américas in Puebla, Mexico, and see the following on-line survey. To enhance its international education program, the university is interested in knowing which courses interest students from around the world. Fill out the survey by writing the courses in the spaces that you consider **muy interesantes** *(very interesting),* **un poco interesantes** *(somewhat interesting),* or **no interesantes** *(not interesting).*

UNIVERSIDAD DE LAS AMÉRICAS

Nombre: _____

Apellido: _____

Ciudadanía *(Citizenship):* _____

Lengua nativa: _____

Cursos muy interesantes	Cursos un poco interesantes	Cursos no interesantes
_____	_____	_____
_____	_____	_____
_____	_____	_____
_____	_____	_____

¡Gracias por su participación!

ENCUENTRO CULTURAL: *Las notas en las universidades hispánicas*

University systems throughout Latin America and Spain all differ somewhat from each other and from those in the United States. Included among these differences is the grading system, or **sistema de calificación,** used to evaluate student performance in college level courses. Whereas in the United States we use a system of letter grades from A to F, in many Spanish-speaking countries a number system is used to record student performance. Below is the grading system used in universities throughout Spain. It is based on a scale from 0 to 10, which is normally divided into six qualification levels. Read the following **sistema de calificaciones** and then answer the questions that follow. ¡OJO! You may not be able to understand every word, but try to pick out the cognates to help you determine the meaning of each grade level.

EL SISTEMA DE CALIFICACIONES

☐ **Matrícula[1] de honor** — 10. Es la calificación más elevada para los estudiantes excepcionales.

☐ **Sobresaliente** — 9. Con esta nota se califica a los estudiantes muy buenos que han respondido[2] completamente a las exigencias[3] del curso.

☐ **Notable** — 7 a 8. Esta nota se otorga[4] a los buenos estudiantes que han respondido favorablemente a las exigencias del curso.

☐ **Aprobado** — 5 a 6. Esta nota indica que el estudiante ha respondido con un nivel suficiente a las exigencias del curso.

☐ **Suspenso** — 0 a 4. Esta nota supone que el estudiante no ha superado[5] las exigencias del curso y debe repetirlo.

☐ **N.P.** — No Presentado. El estudiante no se ha presentado[6] a examen o no ha realizado[7] la prueba[8] de evaluación establecida por el profesor por lo que no ha superado el curso, no obteniendo[9] los créditos del curso.

---

[1]**Matrícula** *Tuition (those who earn this grade will get free tuition for the next level of that course)* [2]**han respondido** *have responded* [3]**exigencias** *demands or requirements* [4]**se otorga** *is awarded to* [5]**no ha superado** *has not passed* [6]**no se ha presentado** *did not come* [7]**no ha realizado** *did not do* [8]**prueba** *quiz/test* [9]**no obteniendo** *not obtaining*

M. PREGUNTAS Answer the following questions based on what you just read.

1. Does your university have an equivalent to the **Matrícula de honor** that is given in Spain? Is there something similar?

_____

2. What would be the equivalent to the **N.P.** at your university? Explain.

_____

3. What would be the Spanish equivalent for the American system's "C"?

_____

4. If your instructor were grading your performance in your Spanish class according to the Spanish grading system, what grade would you receive?

_____

GRAMÁTICA II: *Present tense of regular -ar verbs*

¡A practicar!

N. CONVERSANDO Manu is an exchange student from Spain studying at the University of Massachusetts. During his first week he meets many Spanish-speaking students with whom he quickly makes friends. Below is one of the conversations he has with Alicia and Tomás, two Mexican-American students. Complete their conversation by supplying the appropriate form of the verb in parentheses.

ALICIA: ¡Hola, Manu! ¿Qué tal? ¿Cómo está todo?

MANU: Muy bien, pero *(but)* _____ **(tomar)** muchos cursos y _____ **(estudiar)** mucho.

TOMÁS: ¿Cuántos cursos _____ **(tomar)** tú?

MANU: Seis. ¿Y vosotros? ¿Cuántos cursos _____ **(llevar)** este semestre?

TOMÁS: Nosotros... solamente dos. Alicia y yo _____ **(tomar)** los mismos *(the same)* cursos. _____ **(Estudiar)** fisiología y química.

ALICIA: Manu, ¿_____ **(trabajar)** en la biblioteca?

MANU: No, mi compañero de cuarto _____ **(trabajar)** allí *(there)*. Yo no _____ **(necesitar)** trabajar.

ALICIA: Sí, entiendo *(I understand)*. Tú compañero... se llama Juan, ¿no? ¿Cómo es él? ¿Es simpático *(nice)*?

MANU: Sí, es muy simpático. Nosotros _____ **(hablar)** mucho y siempre _____ **(mirar)** «Baywatch» juntos *(together)* en nuestra casa. Y después del *(after the)* programa, nosotros _____ **(practicar)** inglés.

ALICIA: ¡Manu! ¿Uds. _____ **(mirar)** «Baywatch»? ¡Ese programa es horrible!

MANU: ¿Horrible? ¿Cómo que horrible *(What do you mean it's horrible)*? ¿Vosotros aquí en los Estados Unidos no _____ **(mirar)** «Baywatch»?

ALICIA: ¿Yo? ¡Ni modo *(Not a chance)*!

TOMÁS: Pues *(Well)*...

O. MI RUTINA DIARIA   How much do you do in a typical day? Using the verbs and phrases
you have learned so far, list as many of your daily activities as you can.

_____

_____

_____

_____

_____

_____

_____

_____

_____

ASÍ SE DICE: *How to say what you like and don't like doing*

¡A practicar!

P. DIFERENTES LUGARES   Carmen Salazar can never stay in the same place for long. Where
does she like to do her daily activities? Read what Carmen says she likes to do and then
rewrite her sentences including the place where she most likely does each of these activities.
¡OJO! Remember to use a different location in each sentence. Follow the model.

MODELO: Me gusta practicar deportes.
          Me gusta practicar deportes en el gimnasio.

1. Cada día *(Every day)* me gusta comprar un sándwich.

    _____

2. Me gusta hablar con mi profesor.

    _____

3. Me gusta estudiar.

    _____

4. Me gusta comprar libros.

    _____

5. Me gusta practicar el baile.

    _____

6. Me gusta descansar con mis amigos.

    _____

¡Te toca a ti!

Q. ¿DÓNDE? Where do you carry out your daily activities? Rewrite each of the sentences you wrote in **Actividad P** on the previous page, so that they include the place where you normally do that activity. Follow the model.

M O D E L O : *Me gusta comprar un sándwich en la cafetería de la universidad.*

1. _____

2. _____

3. _____

4. _____

5. _____

6. _____

VOCABULARIO: *La hora y los días de la semana*

¡A practicar!

R. ¿QUÉ CURSOS TOMO? Roberto Torres, an exchange student at your university, is having trouble reading the new course catalog for next semester. He has listed the courses he needs to take below and has asked that you write out in Spanish the time the course begins and the days of the week the course meets. Follow the model.

M O D E L O : la clase de psicología
Es a las dos de la tarde los sábados.

Course code	Course title	Units	Time	Days	Instructor
55940	Art 120	4	0900–1000	T/Th	Paredes
24965	Biology 10A	4	1730–1945	W	Smith
84804	Computer Science 101	3	1500–1600	M/W	Richardson
48997	Chemistry 7C	5	0700–0845	MWF	Nelson
94942	English 205	4	1400–1630	T	Hershberger
40900	Geography 10	3	0900–1000	Th/F	Cox
28817	Literature (American) 1A	3	1000–1150	T/Th	Rolle
38822	Mathematics 6C	4	1300–1400	MWF	Añover
99944	Music Appreciation 20	2	1120–1350	Sa	Frail
19902	Psychology 1C	4	1200–1445	T/Th	Von Son
53229	Zoology 167	4	0900–1045	W/F	Clark

1. la clase de biología

    _____

2. la clase de química

    _____

3. la clase de geografía

_____

4. la clase de literatura

_____

5. la clase de matemáticas

_____

6. Roberto also wants to know if any of his course times conflict. If so, write out those courses along with their corresponding days and times.

_____

_____

_____

¡Te toca a ti!

S. MI HORARIO Your Spanish instructor is planning a field trip and needs to know everyone's schedule to find the best time for the trip. Help your instructor by filling in the calendar page, including the courses you take and activities you do during the times and days indicated. ¡OJO! Be sure to use the Spanish names of the courses you take.

		DÍA				
		lunes	**martes**	**miércoles**	**jueves**	**viernes**
HORA	8:00					
	9:00					
	10:00					
	11:00					
	12:00					
	13:00					
	14:00					
	15:00					
	16:00					

SÍNTESIS

¡A escribir!

EL MUNDO VERDADERO

Paso 1: The Spanish language television network *Telemundo* has just announced on the local Spanish TV station that they are going to produce a new show and are looking for participants. This show will bring together five people who have never met to live for six months in a house in Miami's South Beach. In order for your application to be considered, you must submit a paragraph in which you introduce yourself and describe your daily routine. Write the paragraph that you would send. Remember to organize your ideas before writing your first draft. Some of the following questions may help you:

• What will you say about yourself? your name? where you are from? how old you are? what you study in school?

• What will you say about your daily routine? what days of the week you attend classes? what times of the day you study? where you study?

Paso 2: Before writing your paragraph below, you may want to write a first draft on a separate sheet of paper.

_____

_____

_____

_____

_____

_____

_____

_____

_____

_____

¡A leer!

RESEÑA Below you will find a short review of the movie *Austin Powers*. In order to understand any Spanish text, you will often need to read it several times utilizing a range of strategies each time. In this reading activity, follow the steps below.

Paso 1: Before reading, thoroughly skim over the passage and identify all the cognates that you can. What cognates can you find?

_____   _____

_____   _____

_____   _____

_____   _____

_____   _____

Paso 2: Now read the passage thoroughly for meaning. Don't look up any words in the dictionary, just try to get the gist of what the review is saying. If you had to state in just one or two sentences what the general meaning of the text is (without worrying about reporting details), what would you say?

_____

_____

_____

_____

_____

El rincón de los críticos:
Austin Powers

Austin Powers es un auténtico fenómeno de la psicología de masas, además es un ícono de la cultura popular de la última década del milenio. El humor de la película es vulgar, grotesca e irreverente, y está dirigido básicamente a un público adolescente. La historia contiene mucha nostalgia de la sociedad norteamericana de los años 60: las imágenes retro, los colores psicodélicos, la música y los bailes. La película parodia no sólo los filmes típicos de espías al estilo James Bond, sino también varias cintas populares, como *El Día de la Independencia* y *Apolo 13*. Seguramente, *Austin Powers* es una obra para ver y analizar, no por sus virtudes cinematográficas sino por sus alcances e influencia social.

Paso 3: Read the review again and then answer the following questions.

1. How does the author describe the humor of the movie *Austin Powers*?

   _____

2. What are two examples of the North American nostalgia from the '60s that the author mentions?

   _____

   _____

3. What kinds of films does the author say that *Austin Powers* parodies?

   _____

4. Based on the vocabulary in the article, what are the Spanish equivalents for the following words and phrases?

adolescent public: _____

social influence: _____

popular culture: _____

Autoprueba

I. VOCABULARIO

A. **LOS CURSOS**   Circle the course that does *not* belong in the category.

1. Letras: literatura / matemáticas / filosofía

2. Lenguas: alemán / inglés / historia

3. Ciencias sociales: zoología / sicología / economía

4. Arte: música / pintura / biología

B. **ESTÁ MUY OCUPADA**   Roberto, your Spanish-speaking friend, is interested in getting to know Nancy, and wants you to find out when she has free time to go out with him. But Nancy is studying to be a translator and is currently taking seven different language courses this semester! Look at her study schedule below and explain to Roberto how busy Nancy is. Tell him in Spanish what language she studies on each day of the week and at what time she studies. Follow the model.

Nancy's Study Schedule						
Monday	*Tuesday*	*Wednesday*	*Thursday*	*Friday*	*Saturday*	*Sunday*
Spanish 9:00 AM	German 3:15 PM	Chinese 12:45 PM	Russian 1:30 PM	Italian 5:15 PM	Portuguese 7:30 PM	Japanese 10:00 AM

MODELO: *Los lunes Nancy estudia español a las nueve de la mañana.*

1. _____

2. _____

3. _____

4. _____

5. _____

6. _____

C. LOS COLORES Write in Spanish the color that you associate with the following items.

1. a lemon _____
2. Halloween _____
3. blood _____

4. dirt _____
5. a snowman _____
6. an American dollar bill _____

II. GRAMÁTICA

D. LUPE Y LALO To learn about Lupe's and Lalo's lives at the university, complete the following paragraphs with either a definite or indefinite article. ¡OJO! Remember that these articles must agree in number and gender with the nouns they modify.

Lupe Zarzuela es _____ persona inteligente. Ella estudia turismo, sicología y dos lenguas

en _____ UNAM, que es _____ universidad enorme de _____ Ciudad de México.

Para Lupe, _____ lenguas son fáciles, especialmente _____ inglés y _____

alemán.

Uno de _____ compañeros de clase de Lupe se llama Lalo Rodríguez, y es estudiante de

ingeniería nuclear. Para Lalo, _____ inglés es _____ lengua muy difícil.

_____ clase de inglés de Lupe y Lalo es a _____ nueve de _____ mañana

todos _____ días de _____ semana, excepto _____ sábados y domingos.

E. LAS ACTIVIDADES DEL DÍA Everyone who lives in Ramón's dorm has many activities and interests. Form sentences with the words provided to find out what everyone does each day.

1. Ramón / trabajar / todos los días

_____

2. Teresa y Evelia / estudiar / matemáticas / por la tarde

_____

3. yo / practicar / deportes / por la mañana

_____

4. nosotros / descansar / a las cuatro de la tarde

_____

5. tú / enseñar / ejercicios aeróbicos / por la noche

_____

6. vosotras / regresar / a la casa / a las seis de la tarde

_____

En una reunión de familia: México

VOCABULARIO: *La familia*

¡A practicar!

A. **EL ÁRBOL GENEALÓGICO DE LOS HERRERA CASTELLANOS**   Carlos Herrera Castellanos has just finished researching the paternal side of his family tree. Look at his family tree below, and then answer the following questions about his family members.

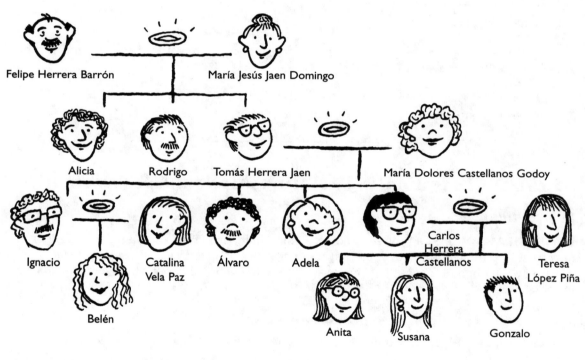

1.   ¿Cómo se llama la esposa de Carlos? _____

2.   ¿Cómo se llama la sobrina de Carlos? _____

3.   ¿Cuántos hijos tiene Carlos? _____

4.   ¿Cómo se llama el abuelo de Anita? _____

5.   ¿Cómo se llama la nieta de María Jesús? _____

6.   ¿Cómo se llama el esposo de Catalina? _____

7.   ¿Cómo se llama el primo de Belén? _____

B. **LOS APELLIDOS LATINOS**   Look again at Carlos Herrera Castellanos' family tree on page 23, and answer the following questions. Recall what you learned in your textbook about Hispanic last names.

1. ¿Cuáles son los apellidos de los hijos de Carlos? _____

2. ¿Cuál es el apellido del padre de María Dolores? _____

3. ¿Cuál es el apellido de la madre de María Jesús? _____

¡Te toca a ti!

C. **UNA CONVERSACIÓN CON HELENA «HABLADORA» MASQUETÚ**   Your new, inquisitive pen pal from Guanajuato, Mexico, has just emailed you. She wants to know all about your family and has asked the following questions. Read and answer her questions below.

1. ¿Tienes hermanos o hermanas? ¿Cómo se llama(n)?

   _____

2. ¿Estás casado(a) tú? ¿Cómo se llama tu esposo(a)?

   _____

3. ¿Tienes sobrinos o sobrinas? ¿Cómo se llaman?

   _____

4. ¿Cómo se llaman tus padres?

   _____

5. ¿Tienes un gato o un perro? ¿Cómo se llama?

   _____

ASÍ SE DICE: *Indicating relationships and possession*

¡A practicar!

D. **NUESTRAS FAMILIAS**   Francisco and his sister, Linda, are discussing families with their new friend, Antonio. Complete their conversation with the appropriate possessive forms. **¡OJO!** Pay attention to who is speaking to whom so that you will know which possessive form is necessary.

FRANCISCO: ¿Es grande _____ familia, Antonio?

ANTONIO: Sí, _____ familia es muy grande. Somos ocho personas. Y Uds., ¿es grande _____ familia?

FRANCISCO: No, _____ familia no es muy grande. Somos cinco.

LINDA: Pero _____ padres tienen familias grandes. Nuestra madre tiene seis hermanas y _____ padre tiene cuatro hermanos.

ANTONIO: Muy interesante. Linda, ¿de dónde es _____ madre?

LINDA: _____ madre es de México, de Zacatecas. Y tú, ¿de dónde son _____ padres?

ANTONIO: _____ padres son de Canadá, pero _____ padres y mis abuelos son de España.

¡Te toca a ti!

E. COMPAÑERO LADRÓN   You and two of your roommates have just discovered that your fourth roommate has been "borrowing" your belongings without your permission. To recover them, you all decide to search his room when he is not home. Identify the owner of each of the following items by answering the questions as indicated. Follow the model.

MODELOS: ¿De quién es la foto de Ricky Martín? (Mariana)
La foto de Ricky Martín es de Mariana. Es su foto.

¿De quién es esta mochila? (yo)
Es mi mochila.

1.   ¿De quién es el disco compacto de los Red Hot Chili Peppers? (Juan)

   _____

2.   ¿De quién es este bolígrafo? (tú)

   _____

3.   ¿De quién es la computadora? (Uds.)

   _____

4.   ¿De quién es el dinero? (nosotros)

   _____

5.   ¿De quién es la bicicleta? (Mariana)

   _____

6.   ¿De quién es la radio? (yo)

   _____

Encuentro cultural

F. MI FAMILIA   When you think of your family, whom does that include? Sketch your family tree below and label the names with the appropriate Spanish vocabulary. For example, under your mother's name you should write **mi madre**.

Once you have completed your sketch, think about what you learned in your textbook about **familias hispanas**. How is your idea of family similar? How is it different?

_____

_____

_____

_____

_____

GRAMÁTICA I Y II: *Present tense of the verb* ser *and agreement with descriptive adjectives*

¡A practicar!

G. ¡MUCHO GUSTO!   Aníbal and Jaime, two exchange students from Spain, have decided to attend a **fiesta** in the international dorm where they are living. They are trying to get to know all of the other Spanish speakers on their floor. Fill in the blanks with the appropriate form of the verb **ser** in their conversation with some of the other party guests.

ANÍBAL: ¿De dónde _____ vosotros?

CELIA: Nosotros _____ de Latinoamérica. Jesús _____ de Nicaragua. Felipe,

Mabel y yo _____ de Cuba. Y tú, Aníbal, ¿de dónde _____?

ANÍBAL: Yo _____ de España, de Burgos.

MABEL: Y tú, Jaime, ¿de dónde _____?

JAIME: De España también, _____ de Córdoba.

CELIA: ¡Qué bueno! Y, ¿Uds. _____ hermanos?

JAIME: No, no _____ hermanos, _____ buenos amigos.

H. ¡QUÉ FAMILIA TIENE!   Ángel has a large family with very different relatives. Write out complete sentences to describe each of these relatives shown below. Use the appropriate possessive form, as well as the complement or adjective that best describes each person. Follow the model.

MODELO: *Su mamá es artista.*
    o: *La mamá de Ángel es artista.*

la mamá

| 1 el padre | 2 las hermanas, Marcela y Vanesa | 3 el hermano, Raúl | 4 los primos, Fabián, Anaís y Aldo | 5 la abuela |

1. _____

2. _____

3. _____

4. _____

5. _____

6. Is Ángel's family like your family? Explain why or why not in Spanish.

_____

_____

_____

¡Te toca a ti!

I. PERSONAS INTERESANTES If you could meet anyone in the world, who would it be? Fill in the chart below with the names of the people you would enjoy meeting and at least one adjective that describes each of them. Be sure your adjectives agree in gender (masculine and feminine) and number (singular and plural). Follow the model.

MODELO:	Nombre	Adjetivo
Your favorite athelete	*Michael Jordan*	*simpático*
Your favorite actress	*Sonia Braga*	*bonita*

	Nombre	Adjetivo
A great author		
Two campus celebrities		
A political leader		
A famous movie director		
Your favorite talk-show host		

VOCABULARIO: *Las nacionalidades*

¡A practicar!

J. ¿DE DÓNDE SON Y QUÉ LENGUA HABLAN? You are in charge of organizing a directory of international students at your university and will list students by their nationality and native language. Using the data below, begin your list by describing the following students. **¡OJO!** When giving someone's nationality, it must agree with the number and gender of the person or people being described. Follow the model.

MODELO: Alicia Ramos / España
Alicia Ramos es española. Habla español.

1. Teresita Sedillo / Honduras

   _____

2. Tomás Romero / Puerto Rico

   _____

3. Beatriz y Nancy Ruiz / Costa Rica

   _____

4. Helmut Schmidig / Alemania

   _____

5. Steven Ensley / Canadá

   _____

6. Madeline Depuy / Francia

   _____

7. Alejandro y Luis Villegas / Paraguay

   _____

¡Te toca a ti!

K. NUESTRA ASCENDENCIA Most U.S. citizens can trace their roots to another country and many speak or have family members who speak a language other than English. What is your nationality? What are the languages that your relatives speak? Refer to the family tree you sketched in the **Encuentro cultural** activity on page 25 and state the nationality and languages spoken by each of your family members listed. Follow the model.

MODELO: *Mi abuelo es italiano. Habla italiano.*
Mi padre es italiano y griego. Habla inglés.

1. _____
2. _____
3. _____
4. _____
5. _____
6. _____

GRAMÁTICA III: *Present tense of -er and -ir verbs*

¡A practicar!

L. DOS AMIGOS   Tomás and Estela are students at the Universidad de Guadalajara. See how similar their lives are to yours by writing the appropriate form of the verb provided.

Estela y su familia _____ **(vivir)** en México, D.F. Estela es estudiante y

_____ **(aprender)** mucho en sus clases de la UNAM. Ella _____

(comprender), _____ **(leer)** y _____ **(escribir)** tres lenguas: español,

japonés e inglés. Estela trabaja mucho en sus clases porque quiere ser intérprete.

    Tomás no _____ **(vivir)** con su familia. Sus padres, sus dos hermanas y su her-

mano _____ **(vivir)** en Mérida, la capital del Yucatán. Carlos le

_____ **(escribir)** a su familia frecuentemente y él _____ **(recibir)**

muchas cartas de ellos.

    Tomás y Estela _____ **(aprender)** inglés por la mañana. Él _____

(deber) estudiar más porque el inglés es difícil. Por la tarde Tomás y Estela

_____ **(comer)** en la cafetería de la UNAM. Ellos _____ **(comer)**

sándwiches y _____ **(beber)** sodas. Después de comer, ellos toman un café.

M. ACTIVIDADES DIARIAS   You and your roommates have decided to create a chore schedule. However, you need to know who is available and at what time. Therefore, you have decided to make a chart of everyone's routines. Using one element from each of the categories below, write sentences that describe what each roommate does on a regular basis. Follow the model.

MODELO: Magaly
               Magaly bebe café en el Café Roma por la mañana.

¿Qué?	¿Dónde?	¿Cuándo?
beber café	en un restaurante	por la mañana
comer	en Café París	los domingos
deber estudiar	en casa	todos los días
escribir cartas	en el centro universitario	por la tarde
asistir a clases	en la universidad	por la noche
leer libros	en la biblioteca	los lunes
vender libros	en la librería	los fines de semana

1. Mi familia y yo _____

2. Teresa _____

3. Yo _____

4. Esteban _____

5. Tú _____

6. Nancy _____

7. Yo _____

¡Te toca a ti!

N. OTRO EMAIL DE HELENA You have just received another email from your Mexican pen pal, Helena. Respond to her questions below by writing your answers in complete sentences.

1. ¿Dónde vives? ¿Vives con tu familia o con tus amigos?

    _____

2. ¿Vives en apartamento, en casa o en una residencia?

    _____

3. ¿Qué lenguas hablan los miembros de tu familia?

    _____

4. ¿Qué lenguas lees o escribes tú?

    _____

5. ¿Qué aprendes en tus clases?

    _____

6. ¿Estudias mucho o poco? ¿Debes estudiar más?

    _____

7. ¿Lees novelas o poesía?

    _____

8. ¿Comes con tus amigos en los restaurantes del campus?

    _____

9. ¿Asistes a muchas actividades en la universidad? ¿Cuáles son?

    _____

10. ¿Crees en la importancia de la diversión *(fun)*?

    _____

ASÍ SE DICE: *Common uses of the verb* tener

¡A practicar!

O. ¡ALGO TIENEN! Alicia is talking about how strange her family is. Match each of her statements with the corresponding picture of her family members.

| A | B | C | D |

_____ 1. Siempre tenemos mucha hambre.

_____ 2. Mi hermano siempre tiene prisa.

_____ 3. Mi hermanita siempre tiene sueño.

_____ 4. Mi abuela siempre tiene sed.

P. UNA CONVERSACIÓN Javier and Silvia are classmates who are getting to know each other better. Complete their conversation by using the appropriate form of the verb **tener.** ¡OJO! Remember that Javier and Silvia are classmates and would use the **tú** form.

JAVIER: ¿Cuántos años _____, Silvia?

SILVIA: _____ 19 años. ¿Y tú?

JAVIER: Yo _____ 24.

SILVIA: ¿Cuántos hermanos _____?

JAVIER: _____ seis: tres hermanas y tres hermanos.

SILVIA: ¡Qué bueno! Yo no _____ hermanos. Pero mi mamá _____

un pájaro.

JAVIER: Pues, en mi casa nosotros no _____ mascotas. Pero mis abuelos

_____ tres gatos.

¡Te toca a ti!

Q. TODOS TENEMOS ALGO In every family, different members have their peculiarities. Which of the following **tener** idioms are always or are never associated with your different family members? Form sentences with each of the idioms by matching each one with the family members listed below. ¡OJO! Be sure to conjugate the verbs appropriately for the person or persons you describe. Follow the model.

MODELOS: Yo
Yo siempre tengo prisa por la mañana.

Mi hermano
Mi hermano nunca tiene éxito.

tener éxito	**tener razón**
tener hambre	**tener sed**
tener prisa	**tener sueño**

1. Yo _____

2. Mi hermano(a) _____

3. Mis abuelos _____

4. Mi padre y yo _____

5. Mi tío(a) _____

6. Mi madre _____

VOCABULARIO: *Los números 31 a 100*

¡A practicar!

R. NÚMEROS Write the numerals that correspond to the following numbers.

MODELO: treinta y cinco
         35

1. treinta y dos _____
2. cincuenta y cinco _____
3. cuarenta y nueve _____
4. noventa y nueve _____

5. ochenta y uno _____
6. setenta y siete _____
7. sesenta y ocho _____
8. cien _____

¡Te toca a ti!

S. LOS GASTOS DEL MES Think of some of the purchases you make in a typical week. List each item and then write out the dollar amount of the cost of the item. Below is a list of some of the purchases you might make.

café   comida   discos compactos   libros   películas   pizza   videos

¿Qué?	¿Cuánto?
1. _____	_____ dólares
2. _____	_____ dólares
3. _____	_____ dólares
4. _____	_____ dólares
5. _____	_____ dólares
6. _____	_____ dólares

SÍNTESIS

¡A leer!

LOS ANUNCIOS DE SEGUNDA MANO The following are classified ads from a Mexican newspaper. The ads advertise items that people would like to sell secondhand. Although they contain Spanish words you may not know, you can use your reading strategies to understand their essential meaning. So far, you have learned to recognize Spanish cognates, and you have learned to skim and scan texts to pick out pertinent information. Use these strategies to read the following ads and answer the questions that follow.

Paso 1: ¡OJO! Before beginning, take a minute to think about how much you already know about classified ads. Think about the following:

- What kinds of things do people normally sell through secondhand classified ads?
- What types of information are normally included in these kinds of ads?
- What kind of descriptive words do you expect to see in these ads?

1. Rodrigo Salazar de México D.F.

Vendo órgano Gulbransen, modelo Paragón. Sólo para coleccionistas. Perfecto estado. Valuado en $12.000 pesos. Comunicarse al 5 54 43 687 (noche), o deje su mensaje en el 5 37 23 103.

2. Javier Ortiz Álvarez de México D.F.

Vendo televisión Sony Trinitron 15", control remoto, antena, buen estado. $1.100 pesos. Informes al 5 37 34 153.

3. Jorge Sánchez de México D.F.

Vendo Celular Nokia 232. Batería de larga duración, 2 cargadores de viajero. $1.200 pesos. Informes al 5 37 07 170.

4. Roberto Sosa de México D.F.

Vendo 13 películas diferentes de Walt Disney. Originales en formato VHS, seminuevas a buen precio. Interesados, favor de comunicarse al 5 67 48 163, en la Ciudad de México.

5. Karina Ramírez de Aguascalientes, México

Vendo Nintendo 64 en buenas condiciones; incluye consola, 2 controles, cartucho Goldeneye 007, aparato para conectarlo directamente a la TV sin necesidad de tener VCR. $2.500 pesos o su equivalencia en dólares.

Paso 2: Answer the following questions based on what you have read.

1. Who is selling a musical instrument? What kind of condition is it in?

   _____

2. If you were interested in purchasing this instrument, what number should you call? What time of day is it recommended to call?

   _____

3. Who is selling a video game? What clue or clues led you to this answer?

   _____

4. What kind of batteries come with the cellular phone that is for sale?

   _____

5. What accessories come with the television that is for sale?

   _____

¡A escribir!

ANUNCIOS PERSONALES   One of your good friends has been having trouble in the romance department lately and has asked you to help write a personal ad to post to an Internet personals web page. Your friend is very interested in meeting Spanish-speaking people and wants you to write the ad in Spanish. Write the personal ad that will help your friend meet the **amor de sus sueños** *(love of his/her dreams)*. Write a draft on a separate piece of paper before writing the final version below. Include the following information in the personal ad: Which friend will you describe? How old is your friend? What are some of your friend's characteristics? What does your friend do or study? What characteristics does your friend admire?

_____

_____

_____

_____

_____

_____

_____

_____

_____

_____

_____

_____

_____

_____

_____

_____

Autoprueba

I. VOCABULARIO

A. **LOS MIEMBROS DE LA FAMILIA**   Read each of the following statements and fill in the blank with a family-related vocabulary word.

1. Mi mamá es la _____ de mi papá.

2. El hijo de mi tío es mi _____.

3. Me llamo Antonio Casagrande. Casagrande es mi _____.

4. La hija de mi hermano es mi _____.

5. Los hijos de mi hija son mis _____.

B. **DESCRIPCIONES**   Describe the following people and animals by completing each sentence with both the appropriate form of the verb **ser,** as well as the appropriate form of the adjective in parentheses. Make any changes necessary so that the adjectives agree in number and gender with the person or animal they are describing.

1. Salma Hayek _____ una actriz _____ (mexicano).

2. Michael Jordan y yo _____ personas _____ (simpático).

3. Ace Ventura y Austin Powers _____ hombres _____ (tonto).

4. Tú _____ una persona _____ (atlético).

5. Hillary Rodham Clinton _____ una mujer bastante _____ (paciente).

C. **PROBABLEMENTE SON...** Your new friend, Andrés, is describing different friends and family members. Read his descriptions and then write the adjective that best matches each description in the space provided. **¡OJO!** Do not use the same adjective more than once.

1. Iliana y Rafael trabajan diez horas al día. Probablemente son _____.

2. Eva estudia la filosofía de la ciencia. Estudia y lee libros todo el día. Probablemente es

    _____.

3. Carlos tiene mucho dinero, pero nunca gasta dinero. Probablemente es

    _____.

4. Belén usa mucho su tarjeta de crédito, pero nunca paga sus facturas *(pays her bills)*.

    Probablemente es _____.

5. Mi hija nunca limpia su cuarto y nunca estudia. Probablemente es

    _____.

6. Adán y Lupe comen mucho y nunca hacen ejercicios *(exercise)*. Probablemente son

    _____.

D. **LOS NÚMEROS** Write out the numbers that correspond to the following numerals.

1. 32 _____
2. 99 _____
3. 24 _____
4. 12 _____

5. 15 _____
6. 17 _____
7. 46 _____
8. 79 _____

II. GRAMÁTICA

E. **UNA CONVERSACIÓN** Complete the following conversation with the appropriate forms of the verb **tener,** as well as the appropriate possessive pronouns.

PILAR: ¿_____ tú una familia pequeña o grande, Lola?

LOLA: _____ familia es grande. Yo _____ cuatro hermanas.

PILAR: ¿No _____ hermanos?

LOLA: No, _____ padres _____ cinco hijas.

PILAR: Pues, tus padres también _____ un gato. ¿Cómo se llama

_____ gato?

LOLA: _____ gato se llama Pipo.

PILAR: ¡Pipo! _____ razón. ¡Qué gato más lindo!

LOLA: Oye, Pilar. Yo _____ hambre. Vamos a *(Let's go)* comer algo.

¿_____ hambre tú?

PILAR: No, pero _____ sed. Yo voy contigo *(I will go with you)*.

F. **EN LA UNIVERSIDAD** Complete the following conversation between Diana and Tomás with the appropriate verb form.

creer   **deber**   **escribir**   **recibir**   **tener**   **vivir**

TOMÁS: ¿Dónde _____, Diana?

DIANA: Yo _____ con mi tía aquí en D.F. pero mi familia _____ en Guadalajara.

TOMÁS: ¿_____ muchas cartas a tus padres?

DIANA: Sí, de vez en cuando *(once in a while)*. Y tú, Tomás, ¿_____ muchas cartas a tus padres?

TOMÁS: No, pero yo _____ muchas cartas de mis padres. Yo _____ escribir más.

DIANA: Tú _____ razón. ¡Yo _____ en la importancia de la correspondencia escrita!

El tiempo libre: Colombia

VOCABULARIO: *Los deportes y los pasatiempos*

¡A practicar!

A. JUANJO EL INCREÍBLE A Juanjo le gusta hacerlo todo, y todo lo que hace *(everything he does),* lo hace perfectamente bien. Mira las fotos de Juanjo y sus actividades favoritas. Después, lee las siguientes frases y escribe la letra de la foto que cada frase describe.

_____ 1. Le gusta patinar en línea. _____ 6. Le gusta caminar por las montañas.

_____ 2. Le gusta montar a caballo. _____ 7. Le gusta jugar al golf.

_____ 3. Le gusta ir a la discoteca. _____ 8. Le gusta hacer ejercicios.

_____ 4. Le gusta esquiar. _____ 9. Le gusta visitar el museo.

_____ 5. Le gusta el ciclismo. _____ 10. Le gusta ir de compras.

¡Te toca a ti!

B. PASARLO BIEN Varios de los estudiantes internacionales de países hispánicos en tu universidad quieren saber más de las actividades para pasarlo bien *(to have a good time)* en tu ciudad. Para ayudarlos, escribe las actividades para hacer durante el día y en la noche en tu ciudad. Sigue el modelo.

MODELO:

Durante *(During)* el día	**Por la noche**
Dar un paseo	*Ir a un concierto*

1. _____   _____

2. _____   _____

3. _____   _____

4. _____   _____

GRAMÁTICA I: Gustar + *infinitive and* gustar + *noun*

¡A practicar!

C. GUSTOS FAMOSOS Alex Villalobos es el director de un hotel exclusivo para los ricos y los famosos. ¡Desde luego *(Of course)* conoce a las estrellas *(stars)* más grandes del mundo! Abajo, Alex habla de los gustos de la gente famosa que frecuenta su club. Para saber lo que dice, completa las siguientes frases con la forma apropiada del pronombre de objeto indirecto.

Nuestro hotel sí es popular con la gente más conocida *(best known)* del mundo. A todos _____

gusta pasar por lo menos *(at least)* una semana aquí. Tenemos clientes políticos, como el vice

presidente Gore. A él _____ gusta bailar en la discoteca toda la noche. Pero él no es el único

cliente político. El presidente Clinton visita también. A él no _____ gusta bailar en la discoteca, pues prefiere practicar los deportes. Por ejemplo, a Bill _____ gusta jugar al tenis.

A mí _____ gustan los clientes políticos, pero prefiero las estrellas de cine. A ellos _____

gusta hacer muchas actividades divertidas conmigo *(with me)*. Por ejemplo, a Madonna y a mí

_____ gusta montar a caballo, andar en bicicleta y patinar en línea.

D. MIS PREFERENCIAS Tu club deportivo te manda este mensaje de Ignacio Casaverde. Ignacio desea conocer a algún compañero para hacer los deportes. Para completar su mensaje, escoge la forma correcta del verbo **gustar**.

Hola, soy Iggi. En general me (gusta / gustan) los deportes como el tenis y el baloncesto, pero

me (gusta / gustan) más el ciclismo y el hockey. No me (gusta / gustan) la natación porque es

aburrida *(boring)*. Los viernes por la mañana a mi hermano y a mí nos (gusta / gustan) ir al

gimnasio a levantar pesas. Los sábados por la mañana nos (gusta / gustan) jugar al fútbol. Por

la tarde a mí me (gusta / gustan) jugar al billar. A mi hermano le (gusta / gustan) más las cartas *(cards)* y no juega conmigo. Los domingos no me (gusta / gustan) practicar ningún deporte

porque a mi esposa le (gusta / gustan) ir de compras y no hay tiempo para jugar. ¿Qué te

(gusta / gustan) hacer tú?

¡Te toca a ti!

E. UNA CARTA PARA IGGI En la **Actividad D** leíste *(you read)* el mensaje de Iggi Casaverde. Ahora, escríbele *(write him)* sobre algunos de los deportes y pasatiempos que te gustan y no te gustan. Finalmente, dile un poco sobre cuándo y con quién haces estos deportes y pasatiempos.

_____

_____

_____

_____

_____

GRAMÁTICA II: *The contraction* a + el = al *and* ir + a + destination *or* infinitive

¡A practicar!

F. COMPAÑEROS DE CUARTO Tú y tus compañeros de cuarto tienen un calendario social muy ocupado. Mira su agenda de actividades y describe en frases completas lo que van a hacer las personas indicadas, y el día y la hora que lo van a hacer. Sigue el modelo.

MODELO: Eugenia y Cati
          Eugenia y Cati van al cine el lunes a las 3:00 de la tarde.

lunes 17 Eugenia y Cati: cine, 3:00 PM Carlos: sacar fotos con Silvia, 11:00 AM	**martes 18** Alberto: concierto, 8:00 PM	**miércoles 19** Yo: comer con mis padres, 1:00 PM
jueves 20 Ángel: gimnasio, 9:00 AM– 1:00 PM	**viernes 21** Eugenia: golf, 5:00 PM	**sábado 22** Carlos y yo: cenar y bailar, 9:00 PM
domingo 23 Ángel, Carlos y Eugenia: jugar a cartas, 2:00 PM		

1.   Carlos y Silvia

_____

2.   Alberto

_____

3.   Carlos y yo

_____

4. Ángel, Carlos y Eugenia

_____

5. Eugenia

_____

6. Ángel

_____

7. Yo

_____

¡Te toca a ti!

G. **¿QUÉ VA A HACER?**   Imagina que tú has encontrado *(have found)* una página de la agenda personal de tu persona famosa favorita. ¿Adónde va a ir esta persona? ¿Con quién o quiénes va a ir esta persona? ¿Qué actividades va a hacer con estas personas? Completa su agenda con cinco o seis actividades que esta persona va a hacer sola o con otras personas. Escribe estas actividades en frases completas. ¡OJO! Usa la estructura **ir + a** + infinitivo.

Agenda personal de: _____		
FEBRERO		
lunes 10	**martes 11**	**miércoles 12**
jueves 13	**viernes 14**	**sábado 15**
domingo 16		

VOCABULARIO: *Los lugares*

¡A practicar!

H. **¿ADÓNDE VA UNO (ONE) PARA... ?**   Contesta las preguntas con el nombre del lugar de la ciudad que cada frase describe. Sigue el modelo.

MODELO: ¿Adónde va uno para mandar una carta?
a la oficina de correos

1. ¿Adónde va uno para ver una película? _____

2. ¿Adónde va uno para nadar? _____

3. ¿Adónde va uno para hacer las compras, hablar con amigos o tomar algo?

   _____

4. ¿Adónde va uno para sacar *(take out)* dinero? _____

5. ¿Adónde va uno para ver arte? _____

6. ¿Adónde va uno para bailar? _____

7. ¿Adónde va uno para comprar comida? _____

8. ¿Adónde va uno para jugar al fútbol? _____

9. ¿Adónde va uno para tomar café? _____

10. ¿Adónde va uno para cenar con amigos? _____

¡Te toca a ti!

I. **CONOCER LA CIUDAD**   Uno de tus amigos quiere saber algo de los lugares interesantes en tu ciudad. Contesta sus preguntas en frases completas.

1. ¿Cómo se llama la calle principal de la ciudad?

   _____

2. ¿Cuántas películas hay en el cine de la ciudad?

   _____

3. ¿Hay una plaza en la ciudad? ¿En qué calle está?

   _____

4. ¿A cuántas cuadras *(blocks)* de tu casa está el supermercado?

   _____

5. ¿Cómo se llama el mejor restaurante de la ciudad?

   _____

6. ¿Tocan música en los cafés de la ciudad? ¿Cuáles?

   _____

GRAMÁTICA III: *Verbs with irregular* yo *forms*

¡A practicar!

J. **EL PROFESOR EXCÉNTRICO** Paco Empacanueces es la versión colombiana del «*Nutty Professor*»: todo lo que hace es un poco raro. Para saber lo que hace, forma frases con las palabras presentadas como en el modelo. ¡OJO! En algunos casos es necesario usar una preposición para hacer una oración gramatical.

MODELO: yo / traer / comida / mis clases
Yo traigo comida a mis clases.

1. cada día / yo / salir de la casa / cuatro de la mañana

   _____

2. yo / hacer ejercicios / el parque

   _____

3. allí *(there)* / yo / ver / a mis amigos

   _____

4. yo / traer / discos compactos / universidad

   _____

5. yo / poner / música de Metallica / mi oficina

   _____

6. yo / dar fiestas / por la mañana

   _____

7. yo / conocer / a todos mis colegas / la universidad

   _____

8. pero / yo / no saber / sus nombres

   _____

K. **LOS SÁBADOS** A Mercedes le gusta pasar los sábados con sus amigos. Para saber lo que hace, completa las frases con la forma apropiada del verbo entre paréntesis.

Los sábados por la mañana me gusta pasear por la ciudad. Normalmente yo

_____ (salir) de mi casa temprano para ir al mercado al aire libre. Allí

_____ (ver) a mis amigos y todos _____ (hacer) las compras juntos.

Mi amiga Lilián siempre _____ (traer) a sus hermanos, Fabián y Santi. Ellos

_____ (conocer) a todos los vendedores *(sellers)* del mercado y por eso nosotros

compramos a muy buenos precios.

   Después de ir al mercado mis amigos y yo _____ (dar) una vuelta *(go around)*

por el centro. Muchas veces vamos al museo de arte. Mi amiga Silvia _____

(saber) mucho del arte y me gusta ir con ella. Otras veces vamos a un café muy especial que yo _____ (conocer). En este café, el dueño *(owner)* siempre _____ (poner) música reggae y todos bailamos.

¡Te toca a ti!

L. ENTREVISTA   Para practicar más el español, decides encontrar *(to find)* un compañero de cuarto de habla hispana. Hoy tienes una entrevista *(interview)* con un colombiano que busca compañero de cuarto. Durante la entrevista, él te hace las siguientes preguntas. Contesta en frases completas.

1. ¿Tiene Ud. mascota?

   _____

2. ¿Sabe Ud. cocinar?

   _____

3. ¿Dan muchas fiestas Ud. y sus amigos?

   _____

4. Normalmente, ¿qué hace Ud. los fines de semana?

   _____

5. ¿Pone música en la casa por la mañana?

   _____

6. ¿A qué hora sale de la casa por la mañana?

   _____

ASÍ SE DICE: Saber, conocer, *and* a personal

¡A practicar!

M. Y AHORA...   Ahora te toca a ti entrevistar a tu futuro compañero de cuarto. Completa las siguientes preguntas con la forma apropiada del verbo **saber** o **conocer**. ¡OJO! Recuerda que en muchas partes de Colombia se usa la forma **Ud.** en vez de **tú**.

1. ¿_____ a muchas personas aquí?
2. ¿_____ jugar al tenis?
3. ¿_____ cocinar bien?
4. ¿_____ a los dueños del apartamento?
5. ¿_____ qué tiendas están cerca *(close by)*?

N. LOS ABUELOS DE CAMILA   ¿Cómo son los abuelos de Camila? Para saberlo, selecciona entre los verbos **saber** y **conocer** y completa las frases con la forma apropiada del verbo.

CAMILA: Diego, Ud. _____ tocar muy bien la guitarra.

DIEGO: Gracias, Camila, pero también Ud. _____ tocar el piano y cantar muy bien.

CAMILA: ¡Gracias! Oye, quiere _____ a mis abuelos? Mi abuela toca el tambor en una banda de rock metálico y mi abuelo canta con un grupo de música punk.

DIEGO: Sí, con mucho gusto. Yo _____ que ellos tienen como 80 años, ¿no?

CAMILA: Sí, es cierto, ¡pero todavía *(still)* _____ vivir!

DIEGO: Bueno, quiero _____ a tus abuelos. ¡Voy a aprender mucho de ellos!

En tu opinión, ¿cómo son los abuelos de Camila? ¿Son como tus abuelos?

_____

_____

¡Te toca a ti!

O. YO... Lee las siguientes oraciones y decide si son **ciertas (C)** o **falsas (F)**.

_____   1.   Yo sé hablar más de dos idiomas.

_____   2.   Conozco a un deportista famoso.

_____   3.   Mis amigos y yo sabemos jugar al jai-alai.

_____   4.   Mi madre conoce a Shakira.

_____   5.   Yo sé correr las olas.

ASÍ SE DICE: *Weather expressions*

¡A practicar!

P. ESTACIONES Y MESES Para cada uno de los siguientes dibujos, indica la estación, los meses que representa y el tiempo que hace.

1.   Estación: _____

Meses de la estación:

_____

El tiempo: _____

_____

2.   Estación: _____

Meses de la estación:

_____

El tiempo: _____

_____

3. Estación: _____

    Meses de la estación:

    _____

    El tiempo: _____

    _____

4. Estación: _____

    Meses de la estación:

    _____

    El tiempo: _____

    _____

Q. LAS CONDICIONES EN TOLIMA   Mira las condiciones hoy en Tolima, Colombia, y después contesta las preguntas en frases completas.

Condiciones actuales: Tolima, Colombia	
Temperatura	25° C
Humedad	84%
Viento	0–6 mph
Condiciones	neblina
Visibilidad	6 millas

1. ¿Qué tiempo hace hoy en Tolima?

    _____

    _____

2. ¿Hace mucho viento hoy en Tolima?

    _____

    _____

3. ¿Es un buen día para esquiar? ¿Por qué?

    _____

4. ¿Qué tiempo hace hoy en tu ciudad?

    _____

¡Te toca a ti!

R. ¿QUÉ TE GUSTA HACER EN... ?   Piensa en los deportes que más te gustan ver o practicar en las diferentes estaciones del año y escríbelos en frases completas. Sigue el modelo.

MODELO: En la primavera
          En la primavera me gusta patinar en línea.
          En la primavera me gusta caminar en el jardín.
          En la primavera me gusta ver el baloncesto en la tele.

1. En el invierno

_____

_____

_____

2. En la primavera

_____

_____

_____

3. En el verano

_____

_____

_____

4. En el otoño

_____

_____

_____

ENCUENTRO CULTURAL: _Las fechas en español_

En inglés, cuando escribimos la fecha con números, escribimos primero el número del mes y después el día de la semana. En español, cuando escribimos las fechas con números, escribimos primero el día y después el número del mes. De esta manera, en español la fecha 6/7 es el seis de julio y no el siete de junio.

En la página 47, se presenta un calendario de eventos y festivales de diferentes ciudades de Colombia. Consulta el calendario y contesta las siguientes preguntas, escribiendo los días y los nombres de los meses cuando es necesario. Si deseas saber más sobre estas ciudades o estas celebraciones, busca en el web usando los nombres de las ciudades o los festivales como palabra clave _(keyword)_.

1. ¿Cuál es la fecha del Festival Reinado Alto Magdalena en Flandés?

_____

2. ¿Qué ocurre el 18 de mayo? ¿En qué ciudad?

_____

3. ¿Cuándo empieza _(begin)_ la Semana Cultural de Lérida?

_____

4. ¿Qué ocurre el 10 de febrero?

_____

5. ¿Cuándo es la Fiesta de Nuestra Señora de las Mercedes?

_____

6. ¿Qué ocurre el 15 de diciembre?

_____

CIUDAD	EVENTO	FECHA
Armero	Fiestas del Señor de la Salud –Reinado	18/5
Flandés	Festival Reinado Alto Magdalena	6/1
	Reinado de la Simpatía	15/12
Honda	Festival y Reinado Popular de la Subienda	10/2
Icononzo	Fiesta de Nuestra Señora de las Mercedes	24/9
Lérida	Semana Cultural	7/10

ASÍ SE DICE: *Idioms with* tener

¡A practicar!

S. ¿FRÍO O CALOR?   Escribe el nombre de la estación de los siguientes meses. Después, indica si las personas tienen frío o calor según *(according to)* la ciudad y la estación. Sigue el modelo.

MODELO: Marta: La Paz / julio
Estación: *invierno*
Tiene frío.

1. Toni y yo: Madrid / agosto

    Estación: _____

    _____

2. Tú: Caracas / octubre

    Estación: _____

    _____

3. Carlos: Buenos Aires / julio

Estación: _____

_____

4. Yo: Chicago / febrero

Estación: _____

_____

5. Belén y Tomás: La Habana / septiembre

Estación: _____

_____

T. ESTAMOS OCUPADÍSIMOS Tú y tus compañeros de cuarto están super ocupados este mes. ¿Qué tienen que hacer? Selecciona de las siguientes actividades y forma frases completas usando **tener + que**. ¡OJO! No uses la misma frase más de una vez.

MODELO: Teresa
Teresa tiene que llamar a los padres.

hacer ejercicios	**ir al museo**	**salir con los amigos**
hacer una fiesta	**llamar a los padres**	**visitar a los abuelos**

1. Mónica y Julio

_____

2. Pepe

_____

3. Tú y Jordi

_____

4. Yo

_____

5. Tú

_____

¡Te toca a ti!

U. LOS QUEHACERES ¿Qué tienes que hacer la semana próxima? Escribe una lista de todo lo que tienes que hacer durante esta semana en la agenda de la página 49.

Agenda personal de: _____

lunes	martes	miércoles	jueves	viernes	sábado	domingo

SÍNTESIS

¡A escribir!

Tú amigo Carlos te escribió *(wrote)* una carta para comentar sus planes para las vacaciones de verano este año y quiere saber qué vas a hacer tú. Escríbele una carta a Carlos para comentar todos tus planes para este verano. Antes de escribir la carta, sigue estos pasos *(steps)*.

Paso 1: Primero, escribe unas frases *(sentences)* básicas sobre tus planes para el verano.

Este verano yo _____.

Este verano yo _____.

Este verano yo _____.

Este verano yo _____.

Este verano yo _____.

Paso 2: Conecta algunas de estas frases con **y, o, pero** o **que** para formar frases más complejas.

_____

_____

_____

_____

_____

Paso 3: Ahora, escribe tu carta con las frases complejas. Puedes comenzar la carta con **Querido Carlos.**

¡A leer!

EL CARIBE COLOMBIANO   En una agencia de viajes encuentras este folleto *(brochure)* sobre Santa Marta, un sitio turístico situado en la zona caribe de Colombia. Antes de leer, practica algunas de las estrategias de lectura que aprendiste *(you learned)* en tu libro de texto. Sigue los pasos a continuación.

Paso 1: ¿Qué tipo de información hay generalmente en los folletos turísticos?

_____

_____

_____

Paso 2: Mira *(Look at)* el folleto, los titulares y los gráficos sin leer el contenido. Haz una lista de la información que esperas leer en este folleto sobre Santa Marta.

_____

_____

_____

Paso 3: Lee el folleto en la página 52. Mientras *(While)* lees, busca los cognados (las palabras españolas que se parecen a palabras inglesas) para facilitar la lectura.

Paso 4: Después de leer el folleto, contesta las siguientes preguntas para indicar tu comprensión.

1. Busca las siguientes palabras en el folleto. Después de considerar el contexto de estas palabras, escribe las palabras en inglés.

   atracción turística _____

   un clima privilegiado _____

   parque nacional _____

   reliquias _____

   hábitat _____

2. Según el folleto, describe qué tiempo hace en Santa Marta normalmente.

   _____

3. ¿Qué actividades puede hacer el turista en Santa Marta?

   _____

   _____

4. ¿Qué actividades puede hacer el turista en el Rodadero?

   _____

   _____

5. ¿Qué otros sitios interesantes están cerca de Santa Marta?

   _____

   _____

6. ¿Dónde puede encontrar el turista más información sobre Santa Marta?

   _____

7. ¿Te gusta visitar Santa Marta? ¿Por qué?

   _____

   _____

¡BIENVENIDOS A SANTA MARTA!

Conocida internacionalmente, Santa Marta constituye, sin duda, una de las principales atracciones turísticas de Colombia. Como demuestra[1] el siguiente mapa, esta hermosa ciudad está situada al pie de la Sierra Nevada de Santa Marta y sobre una de las más hermosas bahías del Caribe. Esta ciudad tiene un clima privilegiado por las suaves brisas de la montaña. Es, además, punto de partida para visitar los numerosos sitios de interés de sus alrededores,[2] donde abundan las oportunidades para descansar, practicar deportes o hacer el turismo arqueológico, ecológico y de aventura.

PLAYA Y MAR

Muy cerca de Santa Marta el visitante tiene lugares ideales para la recreación y el descanso, algunos modernos y otros más primitivos. El principal centro turístico es El Rodadero, sólo a diez minutos de la ciudad. Es un lugar ideal donde las playas blancas y las aguas azules y transparentes se mezclan[3] con los colores vivos y la música de la costa caribe. En Rodadero vale la pena[4] visitar el Acuario y Museo del Mar.

OTROS PUNTOS DE INTERÉS

Parque Tairona

- Parque nacional con playas solitarias ideales para tomar el sol.
- En una de las playas hay diez «ecohabs», unas cabañas rústicas para acampar.

Vestigios arqueológicos

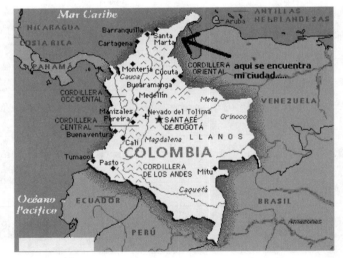

- La Sierra Nevada de Santa Marta constituye un ecosistema único en el mundo y es hábitat de comunidades de indígenas Kogis, Arhuacos y Arsarios.
- Aquí uno puede ver las reliquias arqueológicas más importantes de Colombia.

INFORMACIÓN ÚTIL

Temperatura promedio: 28º C
Indicativo telefónico: (954)
Acceso: Por vía aérea al Aeropuerto Simón Bolívar

INFORMACIÓN TURÍSTICA

Corporación Nacional de Turismo
Edif. del Claustro del Seminario, Carrera 2, Tel. 35773

---

[1]**demuestra** *demonstrates*   [2]**alrededores** *outskirts*   [3]**se mezclan** *mix*   [4]**vale la pena** *it's worth*

Autoprueba

I. VOCABULARIO

A. **LOS MESES**   Escribe en español el nombre del mes en que celebramos los siguientes días festivos en los Estados Unidos.

1. Christmas   _____

2. Valentine's Day   _____

3. New Year's Day   _____

4. Halloween   _____

5. Memorial Day   _____

6. Thanksgiving   _____

B. **EN LA CIUDAD**   Selecciona los nombres de los lugares y sus descripciones apropiadas de la columna a la derecha. Marca con la letra correspondiente.

_____ 1. un museo   **a.** aprender historia

_____ 2. una plaza   **b.** comprar comida

_____ 3. el mercado   **c.** mandar una carta

_____ 4. un banco   **d.** sacar dinero

_____ 5. la oficina de correos   **e.** comer algo

_____ 6. la piscina   **f.** nadar

_____ 7. el restaurante   **g.** hablar con los amigos

II. GRAMÁTICA

C. **LOS PASATIEMPOS**   ¿Qué te gusta hacer? Siguiendo el modelo, empareja *(pair)* el verbo con la frase apropiada para formar frases completas.

MODELO: hacer   ejercicio
          Me gusta hacer ejercicio.

1. ver   fotos
2. sacar   la guitarra
3. jugar   al tenis
4. tocar   a mis abuelos
5. bailar   con la música rock
6. visitar   películas en video

1. _____

2. _____

3. _____

4. _____

5. _____

6. _____

D. ENTRE AMIGOS Completa la siguiente conversación con las formas apropiadas del verbo ir.

IRENE: ¿Adónde _____ tú este fin de semana?

CARLOS: _____ al parque para estudiar. ¿Por qué no _____ conmigo?

IRENE: No, gracias. Mi mamá y yo _____ de compras.

CARLOS: ¿No _____ tu papá con Uds.?

IRENE: No, porque mi papá, Raúl y Sara _____ al cine.

E. UN JOVEN CONTENTO Completa el siguiente párrafo con la forma **yo** del verbo apropiado. Selecciona entre los siguientes verbos. **¡OJO!** Puedes usar los verbos más de una vez.

conocer	saber
dar	salir
hacer	ser
ir	tener
poner	

Yo _____ con mis amigos frecuentemente. _____ muchas cosas con

ellos, y normalmente yo _____ a fiestas con estos amigos. También a veces

_____ fiestas en mi casa con ellos. _____ mucha música rock y todo

el mundo baila. Claro que _____ a muchas personas y a todos les gusta estar en

mis fiestas. Yo _____ que _____ joven y que en el futuro

_____ a tener que ser más serio. Pero por el momento, estoy muy contento.

F. ¿QUÉ VAS A HACER? Empareja el verbo con la frase apropiada para formar frases completas con **ir + a +** infinitivo. Sigue el modelo.

MODELO: visitar   un museo
Yo voy a visitar un museo.

1. practicar   al tenis
2. jugar   a caballo
3. nadar   en la piscina
4. montar   pesas
5. levantar   deportes

1. _____

2. _____

3. _____

4. _____

5. _____

G. TIENE QUE... ¿Qué tienen que hacer las siguientes personas? Forma frases completas con **tener** + **que** usando la información indicada. Sigue el modelo.

MODELO: Teresa tiene malas notas. (estudiar más)
Teresa tiene que estudiar más.

1. Miguel tiene frío. (tomar algo caliente)

_____

2. Lola y Chucho están muy gordos. (hacer ejercicios)

_____

3. Tú no conoces a nadie. (salir más)

_____

4. Ángel no tiene novia. (¿ ?)

_____

H. ¿QUÉ TIEMPO HACE? Para cada una de las situaciones indicadas, escribe qué tiempo hace.

A. _____

B. _____

C. _____

D. _____

E. _____

F. _____

En la casa:
España

4

VOCABULARIO: *La casa*

¡A practicar!

A. SOPA DE LETRAS Pon las letras en orden para formar palabras relacionadas con el vocabulario de la casa. Después, escribe el nombre del cuarto de la casa donde se encuentra *(is found)* generalmente. Sigue el modelo.

	Palabra	**Lugar de la casa**
MODELO:	MACA *cama*	*dormitorio*

	Palabra	**Lugar de la casa**
1. MRRAIOA	_____	_____
2. ORDONIO	_____	_____
3. SEMA	_____	_____
4. ÁFSO	_____	_____
5. REBAÑA	_____	_____
6. NÓLISL	_____	_____
7. DAHUC	_____	_____
8. AMÓDOC	_____	_____

B. EN LA AGENCIA DE BIENES RAÍCES *(REAL ESTATE)* Este verano vas a Alicante, España, y quieres alquilar *(to rent)* una casa por un mes. La agencia de bienes raíces te mandó *(sent)* este folleto con descripciones y dibujos de tres casas. Pero el folleto no indica qué dibujo acompaña qué casa. Lee las descripciones y pon la letra del dibujo al lado del *(next to the)* número de la descripción correspondiente. Después, escribe en los dibujos los nombres de las partes de la casa descritas *(described)* en cada descripción.

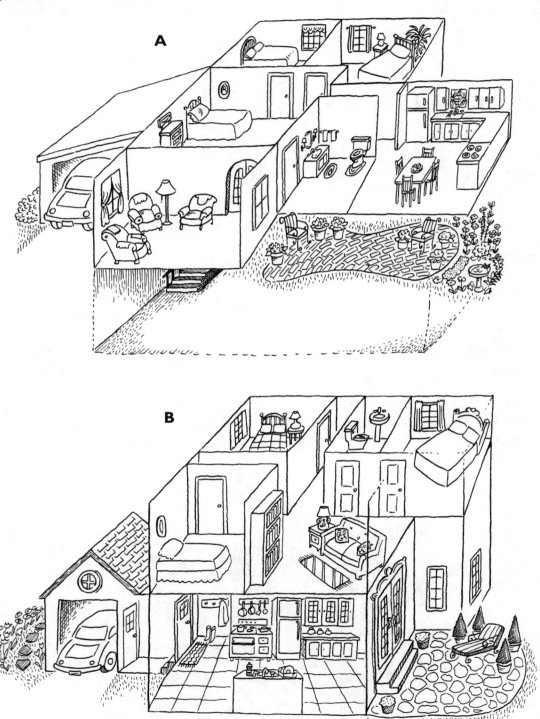

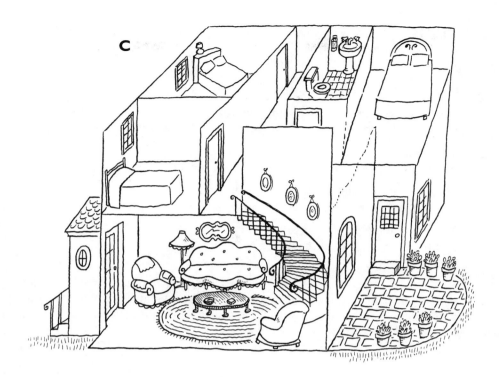

C

_____ **1.** Esta casa tiene tres dormitorios, un baño y una sala que están en el segundo piso. La sala está amueblada *(furnished)* con un sofá y un estante para libros. En el primer piso, hay una cocina grande con una puerta muy elegante que da a un patio grande. La casa también tiene un jardín pequeño que está al lado del garaje.

_____ **2.** Esta casa de dos pisos tiene tres dormitorios, un baño, una cocina y una sala. La sala está en el primer piso. Está amueblada con dos sillones, un sofá, una lámpara y una alfombra nueva. Una de las paredes de la sala tiene un espejo pequeño. También en la sala hay una escalera elegante para llegar al segundo piso. Los dormitorios y el baño están en el segundo piso. La casa no tiene garaje, pero tiene un patio grande.

_____ **3.** Esta casa tiene tres dormitorios, una cocina y un baño con inodoro y lavabo. La casa también tiene una sala grande que está amueblada con tres sillones y una lámpara. Esta casa tiene muchas ventanas que dan al *(look out on the)* patio pequeño. Al lado del *(Next to the)* patio hay un jardín grande con muchas flores. La casa también tiene un sótano y un garaje pequeño.

¡Te toca a ti!

C. DECISIONES   Mira otra vez las casas descritas de la **Actividad B.** Selecciona la casa que más te gusta y escribe una lista de las características de esta casa que te gustan.

1. La casa que más me gusta es _____.

2. Me gustan más las siguientes características:

_____

_____

_____

_____

VOCABULARIO: *Los electrodomésticos*

¡A practicar!

D. **¿PARA QUÉ ES ESTO?** Selecciona la palabra correcta en cada descripción.

_____ 1. Es para preparar la comida rápidamente.
        a. la estufa   **b.** el horno de microondas   **c.** la tostadora

_____ 2. Es para limpiar la alfombra.
        a. la aspiradora   **b.** la plancha   **c.** la secadora

_____ 3. Es para quitar arrugas *(wrinkles)* de la ropa.
        a. el despertador   **b.** el refrigerador   **c.** la plancha

_____ 4. Es necesario después de lavar la ropa.
        a. el lavaplatos   **b.** el horno   **c.** la secadora

E. **UNA VENTA** Stella y José van a casarse *(get married)* y vivir juntos. Cada uno tiene muchas de las mismas cosas para la casa y, por eso, quieren venderlas. Ayuda a Stella y a José a hacer dos listas de estas cosas. Escribe las cosas de cada lista bajo las categorías indicadas. Sigue el modelo.

Cosas que tienen...

para la cocina

una tostadora
_____
_____

para el dormitorio
_____

para la limpieza
_____
_____
_____

Cosas que tienen que vender...

para la cocina
_____

para el dormitorio
_____

para la limpieza *(cleaning)*

una aspiradora
_____

¡Te toca a ti!

F. ¿MODERNO? ¿Eres una persona muy moderna? Decide con qué frecuencia usas cada electrodoméstico abajo y escribe una oración con la frase de frecuencia más apropiada. Después, sigue las instrucciones para medir *(measure)* tu modernidad. Sigue el modelo.

MODELO: la aspiradora
Casi nunca uso la aspiradora.

a veces   casi nunca   nunca   todos los días

1. la aspiradora

_____

2. el lavaplatos

_____

3. la secadora

_____

4. la plancha

_____

5. el refrigerador

_____

6. el horno de microondas

_____

Para cada electrodoméstico que usas todos los días, date *(give yourself)* 10 puntos. Para cada uno que usas a veces, date 6 puntos, para cada uno que usas casi nunca, date 4 puntos y para cada uno que nunca usas, date 1 punto.

Suma *(Add)* tus puntos y busca tu medida de modernidad.

Puntos _____

50–70:   Persona eléctrica
25–49:   ¡Bienvenido(a) al siglo diecinueve!
7–24:   Antimáquina total

GRAMÁTICA I: *Present tense of stem-changing verbs:*
e *to* ie, o *to* ue, e *to* i

¡A practicar!

G. ¡QUÉ COMPAÑEROS!   La amiga de Paco vive en un colegio mayor *(student residence)* en Madrid y siempre se queja *(complains)* de sus compañeros de cuarto. ¿Qué dice? Completa las oraciones usando los verbos de abajo.

cerrar   comenzar   pedir   perder   regar   venir

1. Tomás siempre _____ favores.

2. El día de Santi _____ a las 3:00 de la mañana.

3. Lola y Eva siempre _____ sus llaves *(keys)*.

4. Carlos nunca _____ las plantas.

5. Los amigos de Amparo _____ a visitar muy tarde.

6. Belén nunca _____ la boca *(mouth)*.

H. LOS ADANES   Los Adanes son la versión española de la famosa familia norteamericana, los Addams: son un poco raros y espantosos *(spooky)*. Hoy la hija, Miércoles, tiene que dar un informe *(report)* a su clase sobre las costumbres de su familia. ¿Qué dice? Forma oraciones con las siguientes palabras.

1. mi papá / siempre / jugar / con una espada *(sword)*

_____

2. mi tío Fester / dormir / en una cama de clavos *(nails)*

_____

3. mi madre Morticia / siempre / volver a casa / con plantas muertas *(dead)*

_____

4. nosotros / almorzar / a las 2:00 de la mañana

_____

5. mi hermano Pugilio / poder / dormir con los ojos abiertos

_____

¡Te toca a ti!

I. INTERCAMBIO CULTURAL   Recibes un email de tu nueva pen pal de España, Socorro, y ella tiene muchas preguntas sobre la vida estudiantil en los Estados Unidos. Contesta sus preguntas en frases completas.

1. ¿A qué hora comienza tu primera clase?

_____

2. ¿Preferís vosotros (los estudiantes) vivir en una casa, un apartamento o una residencia estudiantil?

_____

3. ¿Almuerzas en el campus?

_____

4. ¿Podéis tomar alcohol en vuestro campus?

_____

5. ¿Cuántas clases tienes?

_____

6. ¿Qué piensas de tus profesores?

_____

VOCABULARIO: *Los quehaceres domésticos*

¡A practicar!

J. **ENTREVISTA** Mariana habla con una amiga sobre los quehaceres de la casa. Mira las respuestas y escribe las preguntas que Mariana le hace a su amiga. **¡OJO!** Recuerda que algunas de las palabras para formar preguntas son: **qué, cuándo, dónde** y **quién**. Sigue el modelo.

MODELO: *¿Cuándo te gusta barrer el piso?*
          Me gusta barrer el piso por la mañana.

1. ¿_____?

   Sí, pongo la mesa todos los días.

2. ¿_____?

   No, no me gusta planchar la ropa.

3. ¿_____?

   Mi hermano riega las plantas.

4. ¿_____?

   No, no tenemos que lavar las ventanas.

5. ¿_____?

   Sí, hago mi cama todos los días.

K. **DE VACACIONES** Mientras *(While)* tu amigo Pedro está de vacaciones, vas a cuidar *(take care of)* su casa. Pedro tiene una lista de los quehaceres, pero no está completa. Completa la lista con los quehaceres que él probablemente hace en cada cuarto indicado.

En la cocina

Barre el piso. _____

_____

En el dormitorio

_____

_____

En toda la casa

_____

_____

En el jardín

_____

_____

¡Te toca a ti!

L. **EN TU CASA** Ahora vas de vacaciones y Pedro va a cuidar tu casa, pero tienes que hacer una lista de los quehaceres que haces. También tienes que decirle *(tell him)* con qué frecuencia haces esos quehaceres (todos los días, solamente los sábados, nunca, etc.). Escribe la lista.

_____   _____

_____   _____

_____   _____

_____   _____

GRAMÁTICA II: *Stating locations and describing feelings with the verb estar*

¡A practicar!

M. POBRE ANTONIO Antonio Banderas está en España para filmar una película y su esposa, Melanie Griffith, no está con él. Ayuda a Antonio a completar la carta que escribe a su esposa con las formas apropiadas del verbo **estar**.

Muy querida Melanie,

¿Cómo _____ tú? ¿Cómo _____ mi hija, Stella? Yo, pues, _____ muy triste porque tú no _____ aquí. Ahora _____ en las islas Canarias para filmar una escena de mi película, «Dos noches de amor». Penélope Cruz _____ aquí también y nosotros dos _____ muy ocupados. Nosotros _____ en la playa para filmar nuestra escena. Mañana voy a _____ en las islas Baleares con Victoria Abril. Ella _____ muy guapa estos días. Como puedes notar, yo _____ muy ocupado. Bueno, tengo que ir, pero espero verte a ti (see you) y a Stella muy pronto. Cuando vosotras no _____ conmigo no puedo vivir.

Un beso,

Antonio

¡Te toca a ti!

N. UNA CARTA PARA ANTONIO Ahora vas a ayudar a Melanie a contestar la carta de Antonio. ¿Cómo está Melanie al leer la carta de su esposo? ¿Cómo está al saber que Antonio trabaja con mujeres muy guapas? Escribe la carta.

Hola, Antonio,

_____
_____
_____
_____
_____
_____
_____
_____
_____
_____
_____

Melanie

ASÍ SE DICE: *Describing actions in progress*

¡A practicar!

O. **TODOS ESTÁN TRABAJANDO** Vas a la casa de tus amigos y ves que todos trabajan, menos *(except)* una persona. Describe lo que hacen en los dibujos de abajo.

1. Patricio _____

2. Paula _____.

3. Angelita _____.

4. Esteban _____.

5. Carlos _____.

6. Francisco y Stella _____.

¡Te toca a ti!

P. **¡SÓLO EN LOS SUEÑOS *(DREAMS)*!**   Imagina *(Imagine)* que miras una película de tu vida ideal. Escribe frases completas para describir lo que pasa en esta película.

_____

_____

_____

_____

_____

_____

_____

_____

ASÍ SE DICE: *More idioms with* tener

¡A practicar!

Q. **LA FAMILIA ORTEGA**   Para aprender más sobre la familia Ortega, completa las siguientes frases con la forma correcta del verbo **tener** y un sustantivo *(noun)* apropiado. Puedes seleccionar entre las frases idiomáticas de abajo.

tener años	**tener miedo**
tener celos	**tener paciencia**
tener frío	**tener prisa**
tener ganas	**tener sed**
tener hambre	**tener sueño**

1. María Elena _____; ella va a descansar en el sofá por media hora.

2. Chús está enferma, pero su mamá no sabe qué hacer; ella _____.

3. Beti y Tomás son jóvenes; ella _____ 14 _____ y él

   _____ 18 _____.

4. Juanjo _____ porque son las 8:45 y él debe llegar a su trabajo a las 9:00.

5. Esta noche Elena va a salir a comer con Eduardo, un viejo amigo del colegio. Ahora el

   novio de Elena _____ de Eduardo.

6. Carlos es un travieso *(rascal)*, pero su mamá _____ mucha

 _____ con él.

7. Silvia va al cine. _____ de ver la nueva película de
 Almodóvar.

¡Te toca a ti!

R. PRUEBA DE COMPATIBILIDAD   Mientras usas el Internet encuentras esta prueba psicológica
en un sitio español. La prueba intenta *(tries)* decir si son compatibles tú y tu novio(a), amigo(a)
o compañero(a) de cuarto. Para hacer la prueba, contesta las siguientes preguntas en frases
completas.

1. ¿Cuántos años tienes? ¿Cuántos años tiene tu novio(a) o compañero(a)?

 _____

2. ¿Siempre tenéis vosotros(as) muchas ganas de hacer las mismas cosas?

 _____

3. Cuando tienes hambre, ¿qué te gusta comer? ¿Y tu novio(a) o compañero(a)?

 _____

4. ¿De qué tenéis miedo vosotros(as)?

 _____

5. ¿Tienes celos cuando tu novio(a) o compañero(a) pasa tiempo con otra persona?

 _____

6. ¿Tenéis vosotros(as) mucha paciencia?

 _____

PUNTERÍA: Calcula tus puntos según las siguientes instrucciones.

Pregunta 1
25 puntos por tener la misma edad
15 puntos por tener entre uno y cinco años de diferencia de edad
10 puntos por tener entre seis y diez años de diferencia de edad
 5 puntos por tener más de diez años de diferencia

Pregunta 2
25 puntos si contestas que sí
 5 puntos si contestas que no

Preguntas 3 y 4
20 puntos (cada pregunta) si la respuesta es la misma para las dos personas
10 puntos (cada pregunta) si la respuesta es diferente para las dos personas

Pregunta 5
20 puntos si contestas que no
 5 puntos si contestas que sí

Pregunta 6
25 puntos si contestas que sí
 5 puntos si contestas que no

Puntos en total: _____

100–135: ¡Prácticamente gemelos *(twins)*! Vosotros(as) sois demasiado compatibles. ¡Cuidado!
55–99: ¡Como anillo *(ring)* al dedo *(finger)*! Tenéis una relación bastante equilibrada.
45–54: ¡Adiós, amigo! Tienes que buscar otro(a) novio(a), compañero(a) o amigo(a).

VOCABUARIO: *Los números 100 y más*

¡A practicar!

S. **MATEMÁTICAS** Soluciona los siguientes problemas matemáticas. Escribe los números en palabras. Sigue el modelo.

MODELO: doscientos cincuenta + tres =
doscientos cincuenta y tres

1. trescientos cuarenta y ocho + quinientos setenta y nueve =

_____

2. doscientos cincuenta y ocho + mil cuatrocientos y tres =

_____

3. mil ochocientos catorce + cinco mil noventa y siete =

_____

T. **PAGANDO LAS FACTURAS *(BILLS)*** Luis Ángel es estudiante de intercambio en tu universidad y es de Alicante, España. Ahora él viaja por los Estados Unidos y necesita tu ayuda en pagar algunas de sus facturas en España. Tienes que escribir sus cheques. Completa los cheques de la página 69, según las instrucciones de Luis Ángel.

Hola,
¡Gracias por ayudarme!
Luis Ángel

El Corte Inglés: $536.000
pesetas
Coches SEAT: $1.117.000
pesetas
Máximo Dutti: $762.000
pesetas

Luis Ángel Martín Elordieta   **102**
c/ Altamirano 9
Alicante, España   Fecha _____

Páguese por este cheque a: _____

_____PTAS.

002659870002687 6698 9897598 7889   *Luis Ángel Martín Elordieta*

Luis Ángel Martín Elordieta   **103**
c/ Altamirano 9
Alicante, España   Fecha _____

Páguese por este cheque a: _____

_____PTAS.

002659870002687 6698 9897598 7889   *Luis Ángel Martín Elordieta*

Luis Ángel Martín Elordieta   **104**
c/ Altamirano 9
Alicante, España   Fecha _____

Páguese por este cheque a: _____

_____PTAS.

002659870002687 6698 9897598 7889   *Luis Ángel Martín Elordieta*

¡Te toca a ti!

U. EL COSTO DE LA VIDA ¿Cuánto cuesta ser estudiante en tu universidad? Tu pen pal de España quiere saberlo. Contesta sus preguntas.

1. ¿Cuánto es la matrícula universitaria, cada trimestre o semestre, en tu universidad?

_____

2. ¿Cuánto gastas *(do you spend)* en libros cada trimestre o semestre?

_____

3. ¿Cuánto es el alquiler *(rent)* por un apartamento en tu ciudad?

_____

4. ¿Cuánto gastas en comida cada mes?

_____

ENCUENTRO CULTURAL: *El euro en España*

El euro en España

La moneda oficial de España se llama la peseta. Debido a[1] un tratado[2] establecido por la Comunidad Europea, España y otros países participantes, van a cambiar a una nueva unidad monetaria, el euro. El euro va a ser la moneda única de todos los países de la Comunidad Europea. El propósito[3] de este cambio es el de lograr la estabilidad de precios, que va a beneficiar a los países con menor tradición en el control de la inflación, como es el caso de España. La transición de la peseta al euro empezó[4] el primero de enero de 1999 y va a terminar el treinta y uno de diciembre de 2001. A partir de 2001, el euro va a ser la moneda única de España y el resto de la Comunidad Europea.

[1]**Debido a** *Due to* [2]**tratado** *treaty* [3]**propósito** *purpose* [4]**empezó** *began*

V. CONVERSIÓN AL EURO Todavía tienes que ayudar a tu amigo Luis Ángel y pagar sus facturas en España. El problema es que las facturas están en euros y tienes que hacer la conversión a pesetas. Para hacer las siguientes conversiones, busca la taza *(rate)* de conversión entre el euro y la peseta en el Internet. Empieza en **http://plazas.heinle.com.**

1. El Corte Inglés: $7,95 (euro) → pesetas: _____

2. Coche SEAT: $4,18 (euro) → pesetas: _____

3. Máximo Dutti: $3,76 (euro) → pesetas: _____

SÍNTESIS

¡A leer!

EL COLEGIO MAYOR: CHAMINADE Muchos de los estudiantes universitarios de España viven en residencias estudiantiles que se llaman **colegios mayores.** Chaminade es el nombre de un colegio mayor de la Universidad Complutense de Madrid. Lee el folleto de información sobre este colegio en la página 71 y después contesta las preguntas de comprensión. **¡OJO!** Antes de leer, piensa en todas las estrategias que tienes para leer en español: buscar cognados, anticipar el contenido, «*skimming and scanning*» y leer varias palabras a la vez.

PREGUNTAS DE COMPRENSIÓN Contesta las siguientes preguntas usando la información del folleto sobre el colegio mayor Chaminade.

1. Is Chaminade a male or female dorm?

   _____

2. Can you share a room but have your own private bathroom at Chaminade?

   _____

3. Does a stay at Chaminade include food service seven days a week?

   _____

El colegio mayor Chaminade es una residencia estudiantil gestionada[1] por los Marianistas y está adscrito[2] a la Universidad Complutense de Madrid. Durante el año es un colegio masculino, pero permanece abierto durante los meses de julio, agosto y septiembre, ofreciendo alojamiento tanto a mujeres como a hombres. Situado en la Ciudad Universitaria, tiene acceso a las líneas de autobús C, 45, 44 y 2, y a la línea 6 del metro.

Chaminade cuenta con los siguientes servicios e instalaciones:

- Habitaciones individuales con baño propio.
- Habitaciones individuales con baño compartido.
- Habitaciones dobles con baño propio.
- Desayuno, comida y cena excepto los domingos y festivos cuando no hay ningún servicio de comedor.
- Cambio de sábanas y toallas semanal.
- Uso de lavadora y secadora automáticas a precio módico.[3]
- Piscina, salas de TV, sala de estudio refrigerada, sala de periódicos, teléfonos públicos, cafetería.

Servicio de portería: Además de los servicios anteriormente mencionados, el colegio también cuenta con un servicio de portería que incluye despertar por la mañana a los colegiales, anunciar las visitas, repartir[4] el correo, atender los servicios telefónicos y llevar el registro de entradas y salidas.

Actividades culturales habituales: El colegio tiene otros servicios como un gimnasio, una pista deportiva, una sala de artes plásticas, una sala de arquitectura, una sala de electrónica, una sala de música, un laboratorio de fotografía, emisoras de radio, proyector de cine de 16 y 35 milímetros, estudio de fotografía y video, tuna,[5] coro colegial y celebraciones litúrgicas.

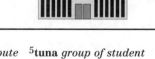

Costo: 94.500 ptas. al mes + 7% de IVA (aproximadamente)

DIRECCIÓN: Pº Juan XXIII, 9.–28040 MADRID (España)
Teléfono: 34–91.5545400 Fax: 34–91.5348157
Email: chaminade.es@mad.servicom.es
DIRECTOR: Sr. D. José Ignacio Gautier González

[1]**gestionada** *managed*   [2]**adscrito** *attached*   [3]**módico** *moderate*   [4]**repartir** *distribute*   [5]**tuna** *group of student serenaders*

4. What do you think the **portería** service is?

_____

5. How much does a month's stay at Chaminade cost in pesetas?

_____

6. What kinds of activities does Chaminade offer?

_____

_____

_____

_____

_____

_____

¡A escribir!

LAS VIVIENDAS ESTUDIANTILES   Una revista de Internet quiere que escribas un breve artículo para estudiantes internacionales. Vas a comentar en un párrafo cómo son las viviendas típicas de los estudiantes en los Estados Unidos. Antes de escribir, sigue las siguientes estrategias para la escritura.

Paso 1: Piensa en varias preguntas que puedes contestar en este artículo. Por ejemplo, ¿dónde vive la mayoría de los estudiantes? ¿Cuáles son las opciones *(options)* que tienen? ¿Cuánto cuesta cada tipo de vivienda?

Paso 2: Escribe una frase que indica la idea más importante que quieres comunicar a los lectores *(readers)* sobre las viviendas de estudiantes en los Estados Unidos. Ésta va a ser tu frase temática.

Paso 3: Escribe varias frases que apoyan *(support)* la frase temática.

Paso 4: Organiza estas frases y escribe tu párrafo.

_____

_____

_____

_____

_____

_____

_____

Autoprueba

I. VOCABULARIO

A. **LOS MUEBLES**   Completa las frases con los muebles apropriados.

   un armario   mi cama   un escritorio   el garaje   el inodoro

1. Escribo mis cartas en _____.

2. Pongo toda la ropa en _____.

3. Duermo bastante bien en _____.

4. En el baño limpio _____.

5. Pongo mi bicicleta en _____.

B. **LOS ELECTRODOMÉSTICOS**   Completa las frases con los electrodomésticos apropiados.

una aspiradora   un despertador   un horno de microondas   una lavadora   el refrigerador

1. Siempre lavo mi ropa en _____.

2. Preparo la comida rápida en _____.

3. Limpio las alfombras con _____.

4. Para llegar a clase a tiempo uso _____.

5. Pongo la comida en _____.

C. LOS QUEHACERES   Completa las frases con los lugares donde uno hace esos quehaceres.

la cocina   el comedor   el jardín   la sala

1. Pongo la mesa en _____.

2. Lavo los platos en _____.

3. Corto el césped en _____.

4. Paso la aspiradora en _____.

II. GRAMÁTICA

D. ENTRE NOVIOS   Completa la siguiente conversación con formas del presente de los verbos apropiados de la lista. ¡OJO! Puedes usar el mismo verbo más de una vez, pero tienes que usar todos los verbos.

comenzar   pensar   preferir   querer   tener   venir

TOMÁS: ¿Qué _____ ganas de hacer hoy, Ceci?

CECI: _____ ganas de ir al cine. ¿Qué _____ hacer tú?

TOMÁS: Yo no _____ ir al cine. _____ ver videos en casa esta noche. Pero, dime *(tell me)*, ¿a qué hora _____ la película en el cine?

CECI: _____ a las 6:00. Mi hermana y yo no _____ ver videos en casa, _____ ir al cine.

TOMÁS: ¿Tú hermana _____ con nosotros? Yo _____ que no voy con Uds.

E. LA HORA DEL ALMUERZO   Completa el siguiente párrafo con las formas apropiadas de los verbos en la lista.

almorzar   decir   dormir   jugar   servir   volver

Normalmente, yo _____ con mi familia a las 2:00 durante la semana. Mis padres preparan la comida, luego mi padre _____ la comida. Siempre como dos porciones y mi padre siempre _____ que voy a estar gordo. Después de _____, yo _____ la siesta por media hora. Después, mis padres _____ a su trabajo y yo _____ a la escuela. A veces, mis amigos y yo _____ al fútbol después de nuestras clases. Yo no _____ muy bien, pero me gusta mucho practicar ese deporte.

F. ¿CÓMO ESTÁN TODOS?   Cuidas a los niños de tu vecino *(neighbor)*. La señora llama a la casa y quiere saber cómo están y qué están haciendo todos. Escribe una frase para decir cómo están y qué hacen los niños indicados. Sigue el modelo.

MODELO: Tomás / furioso / pasando la aspiradora
Tomás está furioso; está pasando la aspiradora.

1.   Lolita / emocionada / jugar en el patio

_____

2.   Teresita y Javi / ocupado / regar las plantas

_____

3.   Miguelín / aburrido / leer un libro

_____

4.   Ángel y yo / sucios / preparar un pastel

_____

G. EN OTRAS PALABRAS   Cambia las siguientes frases usando una expresión apropiada con **tener**. Algunas posibilidades están abajo. Sigue el modelo.

MODELO: Quiero dormir.
Tengo sueño.

tener celos   **tener paciencia**
tener ganas de   **tener prisa**
tener hambre   **tener sueño**
tener miedo

1.   Quiero salir a bailar esta noche.

_____

2.   Siempre estoy enojado cuando estoy con los niños. No me gustan.

_____

3.   No me gusta el nuevo novio de mi ex-novia.

_____

4.   No me gusta estar en la casa solo.

_____

H. ¿CUÁNTOS SON?   Escribe la solución en palabras de los siguientes problemas matemáticos.

1.   doscientos treinta y cinco + mil quinientos y tres =

_____

2.   seiscientos setenta y nueve + cuatrocientos ochenta y uno =

_____

3.   dos mil trescientos cincuenta y dos – novecientos treinta y seis =

_____

CAPÍTULO

5

La salud:
Bolivia y Paraguay

VOCABULARIO: *El cuerpo humano*

¡A practicar!

A. **EL CUERPO HUMANO**   Escribe el nombre de cada parte del cuerpo indicada.

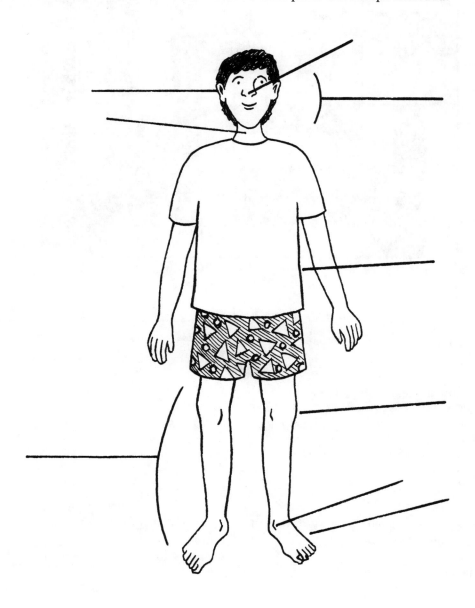

B. CRUCIGRAMA Soluciona la siguiente crucigrama con la palabra indicada en cada pista. ¡OJO! Todas las palabras son partes del cuerpo humano.

Vertical

1. Dumbo tiene ____ muy grandes.
2. Señalas *(Point)* con el ____.
3. Michael Jordan no tiene ____.
4. Ves con el ____.
5. La ____ tiene cinco dedos.
7. Cuando tomas algo, el líquido pasa por la ____.
9. La ____ es parte de la cara.
10. Si tienes la ____ blanca, te quemas *(you get burned)* al sol.
11. Comes con la ____.
13. El ____ está conectado con la mano.
15. Escuchas con el ____.

Horizontal

2. Tienes ____ en la boca.
6. Jennifer López tiene una ____ muy bonita.
8. Si comes mucho te duele *(hurts)* el ____.
12. El ____ es el símbolo del amor.
14. En medio del brazo está el ____.
16. Respiras con los ____.

¡Te toca a ti!

C. **¡EL EXTRATERRESTRE!**   La última versión del periódico *National Enquirer* en español cuenta de *(tells about)* un ser *(being)* extraterrestre, SondeBón, que va a conquistar el mundo en el siglo veintiuno. Dibjua cómo debe ser este SondeBón según la descripción del *National Enquirer.*

El extraterrestre SondeBón tiene una cabeza pequeña y no tiene pelo. Tiene sólo un ojo grande justo en el medio de la cara. Tiene tres orejas pequeñas, dos en los dos lados de la cabeza y una encima de *(on top of)* la cabeza. Tiene una boca muy grande con tres dientes grandes que salen de la boca cerrada *(closed).* No tiene nariz. Tiene un cuello muy largo y un estómago grande. No tiene brazos, pero tiene cuatro piernas largas. Sin embargo, tiene pies muy pequeños.

GRAMÁTICA I: *Reflexive pronouns and present tense of reflexive verbs*

¡A practicar!

D. **LA FAMILIA SORIANA**   La casa Soriana es un lugar de mucha actividad. Todos los miembros tienen rutinas distintas. Para saber de estas rutinas, forma frases completas con las siguientes palabras. Sigue el modelo.

MODELO: MariPepa / acostarse / las 6:30 / la mañana
MariPepa se acuesta a las seis y media de la mañana.

1. Carmen / despertarse / 6:30 / la mañana

   _____

2. don Carlos y Miguel / afeitarse / en la noche

   _____

3. yo / lavarse / y después / cepillarse / los dientes

   _____

4. los niños / bañarse / en la mañana

   _____

5. doña Lucía y Luisita / maquillarse / y después / peinarse

   _____

6. Miguel / quitarse / la ropa / y acostarse / las 8:00 de la noche

   _____

E. **¿COMPAÑEROS?**   Para practicar el español Jerry, un estudiante estadounidense, piensa compartir *(to share)* su apartamento con tres estudiantes hispanos: Elena de Bolivia, Jorge de España y Lola de Miami. Hablan de sus rutinas diarias para ver si los cuatro van a poder compartir el apartamento pequeño de Jerry. Completa su conversación con las formas apropiadas de los verbos entre paréntesis. **¡OJO!** Jorge es español y usa la forma **vosotros**.

JERRY: Bueno, ya que hay sólo un baño, debemos hablar de cómo vamos a compartir el apartamento, ¿no?

JORGE: Pues, yo _____ (despertarse) a las 5:00 de la mañana porque trabajo muy temprano. _____ (Bañarse) en seguida *(right away)* y después _____ (secarme) y _____ (ponerme) la ropa. ¿Y vosotras? ¿A qué hora _____ (levantarse)?

ELENA: Yo aunque *(although)* _____ (dormirse) tarde, _____ (despertarse) a las 7:00 de la mañana porque tengo clase a las 8:00. ¿Y tú, Lola? _____ (Acostarse) tarde y _____ (despertarse) temprano también, ¿no?

LOLA: Sí. Y _____ (ducharse), _____

(vestirse) y _____ (maquillarse) en el baño, así que paso

mucho tiempo allí en la mañana.

ELENA: Ah, ¡no te preocupes! A mí me gusta _____ (pintarse) en

mi cuarto. No paso mucho tiempo en el baño en la mañana. Parece que todo está

bien entonces, ¿no?

JERRY: Un momento, por favor. Yo también _____ (levantarse)

temprano, a las 7:30. Necesito _____ (bañarse) inme-

diatamente para _____ (despertarse). Después

_____ (cepillarse) los dientes,

_____ (peinarse) y _____

(afeitarse). Finalmente, _____ (ponerse) la ropa y salgo

del baño a las 8:30.

JORGE: Este hombre _____ (cuidarse) bien, ¿no?

¿Van a ser compatibles estos cuatro? Explica tu respuesta usando frases completas.

_____

_____

_____

_____

¡Te toca a ti!

F. ¿CAMBIAS TU RUTINA? ¿Cambias mucho tu rutina los fines de semana? Escribe una breve descripción de cómo te cuidas durante la semana y el fin de semana.

_____

_____

_____

_____

ASÍ SE DICE: *How to talk about things you have just finished doing*

¡A practicar!

G. LA VIDA SANA El doctor Ruiz, un médico de España que trabaja en la clínica de salud rural, conversa con la familia Bodega sobre una vida sana. Les hace *(He asks them)* varias preguntas sobre su estilo de vida. Cada miembro contesta su pregunta diciendo que acaban de hacer lo que pregunta el doctor Ruiz. Escribe sus respuestas usando la construcción **acabar + de + el infinitivo**. Sigue el modelo.

MODELO: A los niños: ¿Os cepilláis los dientes todos los días?
           Sí, acabamos de cepillarnos los dientes.

1. A toda la familia: ¿Coméis vosotros el desayuno todos los días?

    _____

2.   A la señora Bodega: ¿Descansa Ud. durante el día?

    _____

3. A Juanito: ¿Te bañas todos los días?

    _____

4. A la señora Bodega: ¿Toman mucha agua los niños?

    _____

¡Te toca a ti!

H. ¿Y TÚ? ¿Cuáles son cuatro cosas que acabas de hacer para cuidarte y llevar una vida sana? Siguiendo el modelo, haz una lista de estas actividades.

MODELO: *Acabo de comer una manzana.*

1. _____
2. _____
3. _____
4. _____
5. _____

VOCABULARIO: *La salud*

¡A practicar!

I. BIENVENIDOS   Juan Carlos y tres de sus amigos van a trabajar como voluntarios en la clínica de salud rural andina. Dolores Castellanos les da un tour de la clínica. Completa su descripción de la clínica con las palabras apropiadas de la lista. ¡OJO! No vas a usar todas las palabras, y no puedes usar la misma palabra más de una vez.

ambulancia	**enfermero(a)**	**mareado**	**receta**
antibiótico	**farmacia**	**médico**	**sala de emergencia**
catarro	**gripe**	**pacientes**	**sala de espera**
enfermedad	**jarabe**	**pastillas**	**síntomas**

Empezamos en la _____ donde los _____ esperan su

cita *(appointment)* con el _____. Antes de ver al doctor Dardo Chávez, ellos

comentan sus síntomas con el (la) _____.

   Durante el invierno, muchos de ellos tienen _____ y sus

_____ son fiebre, escalofríos y dolores del cuerpo. En estos casos el doctor

Dardo Chávez les da una _____ para antibióticos, y los pacientes tienen que ir a la _____. Pero en otros casos los pacientes simplemente tienen

_____, pues tosen y estornudan mucho. En estos casos el doctor Dardo

Chávez les da _____ y _____.

    Ahora, Uds. pueden venir conmigo para ver la _____. Allí es donde

esperan los pacientes que vienen en la _____.

J. ¿QUÉ PASA? Juan Carlos observa todo lo que pasa en la clínica para estar bien preparado para empezar su trabajo allí la semana que viene. ¿Qué observa? ¿Qué le pasa a cada paciente? ¿Cuáles son sus síntomas? Siguiendo el modelo, mira los dibujos y escribe varias frases completas sobre cada uno.

M O D E L O :   *El hombre está enfermo. El hombre...*

_____

_____

_____

_____

_____

_____

_____

Felipe Velarde

_____

_____

_____

_____

_____

_____

_____

Cecilia Dopazo Hernán

_____

_____

_____

_____

_____

_____

Tomás Casales García

K. **¿QUÉ DEBEN HACER?** Juan Carlos piensa en qué deben hacer los pacientes de la **Actividad J** para sentirse mejor. Haz una lista de varias sugerencias. Sigue el modelo.

MODELO: Felipe Velarde
Felipe debe tomar aspirina y guardar cama por varios días.

Felipe Velarde

_____

_____

Cecilia Dopazo Hernán

_____

_____

Tomás Casales García

_____

_____

ASÍ SE DICE: *How to talk about painful conditions*

¡A practicar!

L. **DOLORES** Una pen pal tuya trabaja de enfermera en una escuelita en Cochabamba, Bolivia, y dice que los niños siempre se quejan *(complain)* de dolores para no tener que volver a clase. Escribe lo que dicen los estudiantes. Sigue el modelo.

MODELO: Acabamos de comer mucho chocolate.
Nos duele el estómago.

1. Acabo de estudiar mucho.

_____

2. Jaime acaba de hablar mucho.

_____

3. Tere y Mirian acaban de correr mucho.

_____

4. Acabo de leer mucho.

_____

5. Acabamos de escuchar mucho a la profesora.

_____

¡Te toca a ti!

M. **¿LOCO DE MEDICINA?** A tu amigo David no le gusta el dolor y en su casa tiene todo tipo de medicinas para aliviarlo *(alleviate it)*. Ahora su amiga Bea, una estudiante de intercambio de Paraguay, lo visita y le pregunta para qué sirven todas las medicinas que tiene. David le dice para qué tipo de dolor sirve cada una. Escribe su respuesta según el modelo.

MODELO: Tylenol
          Usas Tylenol cuando te duele la cabeza.

1. Alka Seltzer

   _____

2. Solarcane

   _____

3. Vicks

   _____

4. Epsom salts

   _____

ENCUENTRO CULTURAL: *Manual de plantas medicinales de Bolivia*

Algunas fuentes[1] históricas dicen que los grupos preincaicos[2] de Bolivia son los primeros en hacer uso del árbol de cinchona, fuente de la quinina, para prevenir y controlar la malaria y otras enfermedades. Asimismo, estos grupos usan la cocaína, de la planta coca, como una sustancia anestésica. La medicina tradicional de Bolivia todavía cuenta con estas plantas, pero también tienen otras que utilizan para tratar y curar varias enfermedades. Algunas de estas plantas son:

1. la kantuta roja: flor nacional de Bolivia, roja con amarillo y verde en forma de una campana.[3] Se usan las hojas para curar abscesos y tumores y para lavar los ojos inflamados.
2. el espino: un tipo de arbusto parecido a la rosa con flores blancas y olorosas. Esta planta sirve para hacer yesos para inmovilizar fracturas y lesiones, para aliviar dolores reumáticos y para tratar la anemia.
3. la perlilla: planta que crece en los altos valles del país. Sirve para tratar la viruela[4] y el sarampión.[5] También sirve para quemar verrugas.[6]
4. el diente de león: Esta planta se utiliza para tratar la acidez estomacal.

[1]**fuentes** *sources*
[2]**preincaicos** *pre-Incan*
[3]**campana** *bell*
[4]**viruela** *smallpox*
[5]**sarampión** *measles*
[6]**verrugas** *warts*

N. ¿CUÁL ES LA RECETA? Después de leer el manual de plantas medicinales de Bolivia, escribe la planta (o las plantas) que son útiles para los siguientes problemas médicos.

Problema	Planta(s)
1. dolor de estómago	_____
2. dolor de espalda	_____
3. problemas con la piel	_____
4. problemas con los ojos	_____

GRAMÁTICA II: Ser *vs.* estar

¡A practicar!

O. ¿CUÁNTO SABES? Las siguientes frases describen gente, lugares o eventos de Bolivia y Paraguay. Siguiendo el modelo, escoge la forma apropiada del verbo **ser** o **estar** y escribe la frase completa.

MODELO: El boliviano Jaime Escalante ser/estar muy inteligente.
El boliviano Jaime Escalante es muy inteligente.

1. Santa Cruz de la Sierra ser/estar en el este de Bolivia.

_____

2. El parque Carlos Antonio López ser/estar en Asunción.

_____

3. La Paz y Sucre ser/estar las capitales de Bolivia.

_____

4. El guaraní ser/estar la moneda oficial de Paraguay.

_____

5. La celebración de Achocalla ser/estar en La Paz.

_____

P. LA DOCTORA REYES La doctora Reyes trabaja en una clínica rural del Chaco en Paraguay. Ella revisa sus apuntes sobre una de sus pacientes. Completa los apuntes con formas apropiadas de los verbos **ser** o **estar**.

Hoy _____ viernes, el 22 de febrero y _____ las 2:00 de la tarde.

La paciente _____ Aracelia Itzapú. Ella _____ casada y

_____ madre de tres hijos. Ella _____ de Asunción

y _____ paraguaya, pero su esposo _____ boliviano. Aracelia

_____ baja y delgada.

Hoy día Aracelia _____ muy enferma. _____ congestionada,

_____ tosiendo y estornudando mucho. Dice que _____ muy cansada

también. Además, dice que _____ un poco deprimida *(depressed)* por varias

razones: acaba de morir su padre y su esposo no _____ aquí. Él

_____ en La Paz y _____ buscando trabajo. Creo que

_____ necesario para Aracelia dormir más y tomar vitaminas. La próxima cita

para Aracelia va a _____ el primero de marzo.

¡Te toca a ti!

Q. TU MEJOR AMIGO(A)   Tu pen pal paraguayo quiere saber cómo es tu mejor amigo(a). Escribe un párrafo breve sobre esta persona. Incluye la siguiente información: su descripción física, su lugar de nacimiento, su estado civil, su ocupación, sus pasatiempos, etcétera. ¡OJO! Presta atención *(Pay attention)* especial al uso de los verbos **ser** y **estar.** Sigue el modelo.

MODELO: *Mi mejor amigo se llama Pedro. Él es alto y guapo. Es de Venezuela...*

_____

_____

_____

_____

_____

_____

_____

_____

_____

_____

_____

_____

GRAMÁTICA III: *Affirmative informal or tú commands*

¡A practicar!

R. UN NUEVO VOLUNTARIO   Sebastián es un nuevo voluntario en la clínica rural de salud y el doctor Dardo Chávez tiene que decirle lo que él tiene que hacer en la clínica. Siguiendo el modelo, forma mandatos informales con las siguientes frases.

MODELO: Llegar a la clínica a las 8:00 de la mañana.
           Llega a la clínica a las 8:00 de la mañana.

1.   Leer los anuncios del día.

     _____

2.   Saludar a los pacientes.

     _____

3. Hablar con los pacientes.

_____

4. Escribir los datos personales de los pacientes en sus ficheros *(files)*.

_____

5. Traer a los pacientes al consultorio.

_____

S. UNA CARTA DE LA ABUELITA David es estudiante de intercambio de Paraguay que estudia en tu universidad. Acaba de recibir una carta de su abuela, quien está muy preocupada por su salud. Para saber lo que le dice, completa su carta con mandatos informales de los verbos indicados.

Hola, David,

¿Cómo estás? Tu mamá dice que estás enfermo y quiero darte algunos consejos.

Primero, _____ **(dormir)** mucho y _____ **(salir)** de

la cama solamente para comer. _____ **(Comer)** comidas sanas, como las frutas y

las verduras. Si no te sientes mejor dentro de dos días, _____ **(ir)**

a la oficina de tu doctor. Después de mejorarte, _____ **(hacer)**

muchos ejercicios todos los días, así te mantienes en buena forma y no te vas a

enfermar de nuevo.

   Tú mamá dice que tienes los exámenes parciales la semana que viene.

_____ **(Ser)** buen estudiante y _____ **(poner)**

mucho esfuerzo en los estudios y estoy segura que vas a salir bien.

   Bueno, querido, _____ **(tener)** cuidado con la salud y

_____ **(saber)** que tu abuela te quiere mucho.

Besos,

Tu abuela

¡Te toca a ti!

T. Y TÚ, ¿QUÉ DICES? Tu amigo que escribe la columna de consejos para el periódico de la universidad está super ocupado esta semana y necesita tu auyda. ¿Qué consejos les das a las siguientes personas? Para cada persona, escribe un mandato afirmativo apropiado. Siguiendo el modelo, usa verbos distintos en cada frase.

MODELO: Una mujer mayor que quiere conocer a hombre jóvenes.
          Ve a muchos partidos de fútbol.

1. Una chica que quiere bajar de peso *(to lose weight)*.

   _____

2. Un chico que quiere vivir en Argentina.

   _____

3. Un chico que quiere saber cómo sacar buenas notas.

   _____

4. Una chica que no sabe qué llevar a una fiesta boliviana.

   _____

5. Un chico que nunca dice la verdad.

   _____

GRAMÁTICA IV: *Comparisons*

¡A practicar!

U. ¡VIVA LA IGUALDAD!   Beti Velásquez y su primo Martín tienen mucho en común. Basándote en la información de abajo, escribe frases con comparaciones usando **tan, tanto, tanta, tantos** o **tantas**. Sigue los modelos.

MODELOS: tener años
   Beti tiene tantos años como Martín.

   ser inteligente
   Beti es tan inteligente como Martín.

1. comer verduras

   _____

2. estar preocupado

   _____

3. conocer a gente

   _____

4. tener energía

   _____

5. ser amable

   _____

6. hacer ejercicio

   _____

7. tocar instrumentos

   _____

V. BOLIVIA Y PARAGUAY   Lee los siguientes datos sobre Bolivia y Paraguay. Después, escribe frases completas de comparación de las categorías apropiadas.

PARAGUAY	BOLIVIA
Número de habitantes: 5.434.095	**Número de habitantes:** 7.982.850
Grupos étnicos: mestizo, 95%; blanco, 5%	**Grupos étnicos:** quechua, 30%; aymara, 25%; mestizo, 30%; blanco, 15%
Edad: 0–14 años: 39%	**Edad:** 0–14 años: 39%
15–64 años: 56%	15–64 años: 56%
65+ años: 5%	65+ años: 5%
Lengua(s): español (oficial), guaraní	**Lengua(s):** español (oficial), quechua (oficial), aymara (oficial)
Tasa *(Rate)* de desempleo *(unemployment)*: 8,2%	**Tasa de desempleo:** 11,4%

1.   número de habitantes

_____

2.   lengua(s) oficiale(s)

_____

3.   tasa de desempleo (alta)

_____

4.   gente mayor de 65 años

_____

5.   grupos étnicos

_____

¡Te toca a ti!

W. TU MEJOR AMIGO(A)   ¿Quién es tu mejor amigo(a)? ¿Cómo son similares Uds.? ¿Cómo son diferentes? Escribe por lo menos cuatro frases completas de comparación de igualdad y cuatro frases completas de desigualdad. Sigue los modelos.

MODELOS: Comparaciones de igualdad
Mi mejor amiga Tere es tan alta como yo.

Comparaciones de desigualdad
Tere no tiene tantos hermanos como yo. Tere es más activa que yo.

Comparaciones de igualdad

1. _____

2. _____

3. _____

4. _____

Comparaciones de desigualdad

1. _____

2. _____

3. _____

4. _____

SÍNTESIS

¡A leer!

USANDO LOS AFIJOS *(AFFIXES)* PARA FACILITAR LA LECTURA

Paso 1: En tu libro de texto acabas de aprender varios afijos que ayudan a comprender el significado de palabras desconocidas. ¿Te acuerdas de algunos? Escribe el significado en inglés de los siguientes afijos.

1. **im-** (imposible) _____

2. **-ción** (acción) _____

3. **-mente** (especialmente) _____

Paso 2: En la siguiente lectura, vas a ver los siguientes afijos:

- **pre-:** antes de
  prehistórico: pre- + histórico = prehistórico *(prehistoric)*

- **-ero:** significa la ocupación o la actividad de algo o alguien
  viaj**ero:** viaje + -ero = viajero *(traveler)*

- **-al:** hace un adjetivo de un sustantivo
  tradicion**al:** tradición + -al = tradicional *(traditional)*

- **-eza:** expresa una cualidad abstracta del adjetivo
  bell**eza:** bello + -eza = belleza *(beauty)*
  limpi**eza:** limpio + -eza = limpieza *(act of cleaning)*

Paso 3: Basándote en esta información, escribe el significado de las siguientes palabras.

1. preincaica _____   3. medicinal _____

2. curandero _____   4. naturaleza _____

Paso 4: Ahora, vas a leer un artículo sobre los curanderos nómadas de Bolivia. Antes de leer, piensa en lo que acabas de aprender en tu libro de texto sobre los curanderos. Al leer el texto, recuerda que no tienes que entender cada palabra para comprender el punto principal del artículo. Lee el artículo una vez sin buscar las palabras desconocidas en el diccionario. Después de leer el texto una vez, vuelve a leerlo otra vez para comprender mejor su significado. Esta vez, si no conoces alguna palabra, busca su significado en el diccionario.

Los kallawayas: Curanderos nómadas de Bolivia

En la provincia de Bautista Saavedra, al norte del lago Titicaca, viven los kallawayas, los sagrados[1] curanderos cuyos[2] hierbas y ritos tradicionales datan de la época preincaica. Con su *chuspa,* una bolsa llena de hierbas, y la bendición de los dioses aymara,[3] los kallawayas viajan desde esta región andina del noroeste de Bolivia hasta partes de Perú, Argentina, Chile, Ecuador y Panamá para tratar y curar a la gente. Vistiendo su colorido poncho de vicuña[4] y su *lluchu* (gorra de lana[5]), los kallawayas viajan a pie, como lo hacían hace siglos, a pesar de los medios de transporte modernos.

Los kallawayas, como la mayoría de los bolivianos de ascendencia indígena, guardan vínculos con la naturaleza y el entorno físico que los rodea.[6] Creen que los seres humanos deben respetar y vivir en armonía con su medio ambiente. Su enfoque holístico requiere una larga conversación con el paciente sobre su enfermedad y un examen del ambiente que lo rodea.

En algún momento de sus vidas, el 80 por ciento de bolivianos recurren a un curandero tradicional como el kallawaya. Y hasta el 40 por ciento de la población total de este país andino practica solamente la medicina tradicional. Esta cifra sube en las zonas rurales de Bolivia porque en muchas de estas zonas no existe la medicina moderna. Además, la medicina tradicional de los kallawayas es más barata que los servicios de salud modernos.

Tradicionalmente los conocimientos de los kallawayas se transmiten de padres a hijos mediante un idioma secreto conocido solamente por ellos. Sin embargo, muchos dicen que sus tradiciones están en peligro de perderse[7] si los kallawayas no comparten sus secretos con otros. Por ese motivo el gobierno boliviano mantiene un registro permanente de los conocimientos holísticos y aplicaciones prácticas de plantas medicinales de los kallawayas.

[1]**sagrados** *sacred*   [2]**cuyos** *whose*   [3]**aymara** *indigenous group still occupying Bolivia*   [4]**vicuña** *relative to the llama*   [5]**gorra de lana** *wool cap*   [6]**que los rodea** *that surrounds them*   [7]**peligro de perderse** *danger of being lost*

Paso 5: Contesta las siguientes preguntas después de leer dos veces el artículo sobre los kallawayas.

1. ¿De qué parte de Bolivia son los kallawayas?

_____

2. ¿Por qué se llaman curanderos «nómadas»?

_____

3. ¿Por qué prefiere la gente rural la medicina tradicional de los kallawayas?

_____

4. ¿Cómo se conservan las tradiciones de los kallawayas en Bolivia?

_____

¡A escribir!

ESCRIBIR POR EL INTERNET   Acabas de hacer una nueva amiga paraguaya por el Internet. Se llama Alicia Veraní y quiere saber todo de ti, de tu familia y de tu vida. Escribe un email y comenta lo siguiente.

- where you and your family are from
- your nationality
- your marital status
- where your house is located

- your personality traits and your family members' personality traits
- what your family members do for a living
- what your family members are doing as you write her this email

Si necesitas consultar el diccionario, recuerda lo que acabas de aprender sobre cómo usar el diccionario bilingüe.

_____

_____

_____

_____

_____

_____

_____

_____

_____

_____

Autoprueba

I. VOCABULARIO

A. **EL CUERPO HUMANO**   Escribe el nombre de cada parte del cuerpo indicada.

1. _____ 6. _____

2. _____ 7. _____

3. _____ 8. _____

4. _____ 9. _____

5. _____ 10. _____

B. LOS PROBLEMAS MÉDICOS Completa las siguientes frases con las palabras o frases apropiadas de la lista. ¡OJO! Usa cada palabra o frase solamente una vez. Conjuga los verbos si es necesario.

alergia	escalofríos	náuseas
catarro	estornudar	sano(a)
congestionado(a)	examinar	síntomas
enfermedad	fiebre	tomarle la temperatura
enfermo(a)	guardar cama	toser

1. En la primavera las flores me dan una _____ y yo

   _____ mucho.

2. Cuando alguien tiene _____, tose mucho.

3. El SIDA *(AIDS)* puede ser una _____ fatal.

4. Cuando alguien tiene alergia, a veces está _____.

5. El dolor del cuerpo y los _____ son

   _____ de la gripe.

6. Alguien que no está _____ está

   _____ mucho.

7. El médico _____ a sus pacientes antes de darles una receta.

8. Para saber si alguien tiene _____, el médico le

   _____.

9. Si alguien está mareado, puede tener _____ y por eso debe

   _____ para sentirse mejor.

II. GRAMÁTICA

C. LA RUTINA DIARIA Mira los dibujos de la rutina de Beti Villalobos en la página 93 y describe con mucho detalle todo lo que ella hace todos los días. ¡OJO! Vas a usar verbos reflexivos y no reflexivos.

1. _____

2. _____

3. _____

4. _____

5. _____

6. _____

7. _____

8. _____

D. ¡CÓMO VUELA EL TIEMPO!   Ahora imagina que son las 8:00 de la mañana en la vida de Beti Villalobos. Escribe una lista de todo lo que acaba de hacer esta mañana y la última cosa que acaba de hacer al final del día.

1. _____

2. _____

3. _____

4. _____

5. _____

6. _____

7. _____

8. _____

E. LORENA BOBADA   Completa el siguiente párrafo sobre Lorena Bobada, usando las formas apropiadas de los verbos **ser** y **estar.**

Lorena Bobada _____ de Sucre, Bolivia. _____ estudiante de medici-

na y por eso _____ ahora en La Paz donde _____ la universidad.

Lorena ya no _____ casada; _____ divorciada y no tiene novio.

_____ soltera. Lorena _____ una mujer inteligente y

_____ bastante ocupada con sus estudios. Un día ella quiere _____

cirujana (*surgeon*). Para ella una carrera _____ muy importante y por eso ahora

la vida académica _____ la única para ella.

F. COMPARACIONES   Usando la siguiente información, escribe todas las frases de comparación posibles.

1. Carlos tiene 33 años y Julia tiene 22.

_____

_____

_____

_____

2. En San Francisco hoy hace 60ºF y en San Diego hace 72ºF.

_____

_____

_____

_____

3. Hace mucho frío en Alaska y en North Dakota.

_____

_____

_____

4. Rosie Pérez es bonita, pero Victoria Abril es super bonita.

_____

_____

_____

_____

CAPÍTULO

Vamos a comer: Venezuela

VOCABULARIO: *La comida*

¡A practicar!

A. **SOPA DE LETRAS**   Todas las siguientes palabras forman parte de una cena completa. Trata de utilizar el vocabulario que acabas de aprender en tu libro de texto y completa las siguientes palabras. Después, pon todas las letras rodeadas *(encircled)* en orden debajo del dibujo para revelar *(reveal)* la expresión idiomática *(idiom)* representada por el dibujo.

1. ◯N◯A __ __ D __

2. C __ __ L __ ◯ __ ◯

3. __ C E __ ◯E

4. A __ ◯P A __

5. __ ◯A N

6. C◯ __ É

7. __ E R __ U __ A◯

8. __ I N◯

9. __ A P ◯ __

¿Qué piensa esta mujer de su admirador? (Es una expresión idiomática.)

__ __ __ Á   H A __ __ A   __ N __ __ __   __ __ P __.

B. ¿«CÓMO» COME LA GENTE? Tu amiga acaba de regresar de Venezuela y te muestra un folleto de publicidad de su restaurante favorito de Maracaibo, Como. ¿Qué sirven allí? Para saberlo, mira los dibujos del folleto y contesta las siguientes preguntas.

1. Si quieres comida del océano, ¿qué puedes pedir?

   _____

2. ¿Tienen bebidas de fruta?

   _____

3. ¿Qué bebidas alcohólicas sirven?

   _____

4. ¿Qué platos de carne ofrecen?

   _____

5. ¿Qué bebidas no alcohólicas sirven?

   _____

6. ¿Qué platos ofrecen para los que no comen carne roja?

   _____

7. ¿Qué sirven de postre?

   _____

¡Te toca a ti!

C. RECOMENDACIONES Tu amiga venezolana acaba de escribir una carta para decirte que viene a los Estados Unidos con tres de sus amigos. Para planear bien sus vacaciones quiere saber algo sobre los restaurantes de tu ciudad. Contesta sus preguntas.

1. ¿Qué restaurante hace la mejor hamburguesa? ¿Con qué condimentos preparan la hamburguesa?

_____

_____

2. ¿Cuál es el mejor restaurante para comer el desayuno? ¿Qué sirven allí?

_____

_____

3. ¿Qué restaurante hace los mejores sándwiches? ¿Qué tipos de sándwiches sirven?

_____

_____

4. ¿Cuál es el mejor lugar para comer postres? ¿Cuál es la especialidad de la casa?

_____

_____

5. ¿Cuál es tu restaurante favorito? ¿Qué te gusta comer allí?

_____

_____

ASÍ SE DICE: *Accepting and declining invitations*

¡A practicar!

D. **¡VAMOS AL CHINO!**   Marga llama a Carlos por teléfono para invitarlo a comer. Para saber qué dicen, pon las nueve frases de su conversación en orden. Sigue el modelo.

__1__   Hola, Carlos, ¿qué tal?

__2__   Sí, Marga. Mañana a las 8:30. ¡Voy a practicar mi chino!

__4__   ¿Esta noche?

__7__   Me encantaría, ¿pero cuándo?

__6__   Bien, bien. Oye, Carlos, tengo muchas ganas de comer comida china. ¿Quieres ir conmigo al nuevo restaurante chino?

__8__   Me parece perfecto. Mañana a las 8:30 entonces.

__9__   Adiós, pues. Hasta mañana.

__3__   Muy bien, Marga, ¿y tú?

__5__   Esta noche no puedo, Marga, tengo planes. ¿Qué tal mañana? ¿Como a las 8:30?

¡Te toca a ti!

E. «LAS AVENTURAS DE FELIPE HORTERA» Un nuevo episodio de la telenovela, «Las aventuras de Felipe Hortera», está en la tele esta noche, pero el sonido *(sound)* deja de funcionar *(stops working)* cuando Felipe va a invitar a Mónica, una nueva «conquista», a salir con él. Escribe el diálogo que probablemente acompaña las siguientes escenas. Trata de utilizar el vocabulario de invitaciones que acabas de aprender en tu libro de texto. Sigue el modelo.

MODELO: *Felipe saluda a Mónica. Él dice: «Hola, guapa», etc.*

_____

_____

_____

_____

_____

_____

_____

_____

_____

_____

_____

GRAMÁTICA I: *Demonstrative adjectives and pronouns*

¡A practicar!

F. CONVERSACIONES EN LA MESA Mira los siguientes dibujos y completa las conversaciones usando **este, esta, estos, estas, ese, esa, esas, esos, aquel, aquella, aquellos, aquellas, esto** o **eso**.

BETI: ¡_____ comida está rica, mamá!

ROSA: Gracias, hija. ¿Quieres más de _____ arepas?

BETI: No, pero, ¿me sirves más de _____ mariscos, por favor?

ROSA: Sí. ¿Por qué no tomas más de _____ papas fritas también?

BETI: No, gracias, mamá. Prefiero _____ papas. ¿Me las puedes pasar, por favor?

SILVIA: Juan, pásame _____ ensalada, por favor.

JUAN: ¿Prefieres _____ ensalada de verduras, _____ ensalada de pasta o _____ ensalada de mariscos?

SILVIA: La ensalada de verduras. ¿Puedes pasarme _____ pan también?

JUAN: ¡Cómo no! Toma _____ dos panes.

GILBERTO: Tere, ¿qué es _____?

TERE: Es una invención mía. Se llama «Sopa de sorpresa».

GILBERTO: ¡No, gracias! Y, ¿qué es _____? ¿Otra sorpresa?

TERE: ¡Gilberto!

G. **EL REGALO** Tú y tu amigo Gonzalo van de compras en el supermercado para otro amigo que está enfermo. Pero no estás seguro(a) qué quiere tu amigo y le haces varias preguntas a Gonzalo. Mira los dibujos y escribe las respuestas de Gonzalo usando el pronombre demostrativo apropiado (**éste, ésta, ése, ésa, aquél, aquélla...**) según indica cada dibujo. Sigue el modelo.

MODELO: ¿Qué helado prefiere?
Prefiere éste.

1. ¿Qué leche le gusta?

   _____

   _____

2. ¿Qué café quiere?

   _____

   _____

3. ¿Qué verduras come?

   _____

   _____

4. ¿Qué refrescos toma?

_____

_____

5. ¿Qué frutas quiere?

_____

_____

6. ¿Qué queso prefiere?

_____

_____

¡Te toca a ti!

H. **EN EL RESTAURANTE EL CARACOL**   Estás en el nuevo restaurante El caracol donde el servicio es excelente y te tratan muy bien. Acaban de traerte dos carritos *(carts)* con diferentes comidas y bebidas y tienes que decirles qué prefieres. Las cosas en el carrito **A** están más cerca de ti. Las cosas en el carrito **B** están al otro lado de la mesa. Siguiendo el modelo, selecciona tres comidas o bebidas de cada carrito según tus preferencias personales.

M O D E L O S :   *Prefiero ese helado de chocolate.*

　　　　　　 Quiero este vino blanco.

A	B
vino blanco	vino chileno
calamares fritos	camarones fritos
pollo asado	pollo frito
café con leche	cappuccino
helado de vainilla	helado de chocolate
flan	flan de café

_____

_____

_____

_____

_____

_____

_____

VOCABULARIO: *El restaurante*
¡A practicar!

I. **¿CÓMO LO DICEN?** Tu mejor amiga Hillary va a salir esta noche con Francisco Javier, un estudiante de intercambio de Caracas, y sus tres amigos venezolanos. Van a un restaurante venezolano pero ella no habla bien el español. Para ayudarla, selecciona la frase apropiada.

_____ 1. Camarero, el menú por favor.
    a. Te invito.
    b. Sí, ¡cómo no!
    c. Gracias.

_____ 2. ¿Cuál es la especialidad de la casa?
    a. Está muy fresca esta noche.
    b. El menú.
    c. Arepas, ¡por supuesto!

_____ 3. ¿Qué les apetece?
    a. No, gracias.
    b. Me encantan las arepas.
    c. Estoy a dieta.

_____ 4. ¿Desean ver la lista de postres?
    a. ¡Ay, no, no puedo más!
    b. Te invito.
    c. ¡Buen provecho!

_____ 5. Yo invito.
    a. ¡Salud!
    b. Está muy rica.
    c. Gracias, voy a dejar una propina.

J. **AH, EL VENEZOLANO** Otra amiga tuya conoce el restaurante venezolano adonde va Hillary con Francisco Javier. Ella le cuenta a Hillary un poco sobre ese restaurante y sobre una costumbre latina. ¿Qué es esta costumbre? Completa los párrafos con las palabras de la siguiente lista. ¡OJO! Si son verbos, recuerda que tienes que usar la forma apropiada de ese verbo.

a dieta	**desear**	**menú**	**propina**
camarero	**ligero**	**pedir**	**recomendar**
cuenta	**lista de postres**	**picar**	**rico**

¡Me encanta ese restaurante! Tienen de todo y el servicio es excelente. Cuando voy nunca

tengo que ver el _____ porque sé bien lo que voy a _____.

Si no tienes mucha hambre, sabes, cuando sólo quieres algo para _____,

puedes pedir algo _____. Yo _____ la sopa de

chipichipi. No está para nada pesada. Pero si realmente tienes mucha hambre y

_____ algo muy _____, tienes que pedir el pabellón.

¡Está para chuparse los dedos! Siempre pido el pabellón. Después de comer, el

_____ te pregunta que si deseas ver la _____. ¡Tienen

helados y tortas muy, pero muy, ricos! Siempre estoy _____, pero no me importa *(it doesn't matter to me)* —en ese restaurante siempre pido un helado.

Ahora, los restaurantes latinos son un poco diferentes de los restaurantes norteamericanos. Uds. tienen que pedir la _____ cuando todos estén listos para salir. Los camareros no la traen *(bring it)* a la mesa automáticamente. Sé que te va a gustar mucho este restaurante. A propósito, el servicio es tan bueno que tienes que dejar una buena _____, ¿sabes?

¿Qué consejo le da a Hillary?

_____

_____

_____

_____

¡Te toca a ti!

K. ¿QUÉ HACES? Contesta las siguientes preguntas sobre tus costumbres de cocinar y comer en restaurantes.

1. ¿Cuál es la especialidad de tu casa cuando cocinas? ¿Es un plato ligero o pesado?

   _____

   _____

2. ¿Qué comida preparas cuando sólo quieres algo para picar?

   _____

3. Cuando te apetece un postre ligero, ¿qué comes?

   _____

4. Cuando vas a un restaurante, ¿siempre dejas una buena propina? ¿Cuánto dejas?

   _____

   _____

GRAMÁTICA II: *Preterite of regular verbs*

¡A practicar!

L. UNA FIESTA DE SORPRESA La familia de Amalia acaba de hacer una fiesta de sorpresa para su abuela, doña Carmen. Ahora, doña Carmen le cuenta a su amigo todo sobre la fiesta. Para saber lo que dice, forma frases con las siguientes palabras usando el pretérito. Sigue el modelo.

MODELO: Tere / pensar / en la lista de compras
          Tere pensó en la lista de compras.

1. Amalia / comprar / toda la comida

   _____

2. Carlos y Lupe / preparar / empanadas

_____

3. Enrique / invitar / a todos mis amigos

_____

4. los invitados / llegar / a las 8:30

_____

5. yo / llegar / a las 9:00 / y / yo / empezar a bailar / inmediatamente

_____

6. nosotros / comer / las empanadas y otras cosas

_____

7. todos / no salir / hasta las 3:00 de la mañana

_____

M. ¿ALGO MÁS PARA TOMAR?   Anoche Paco celebró su cumpleaños con MariCarmen, Verónica y otros amigos. Ahora MariCarmen y Verónica conversan sobre la noche. Para saber lo que ocurrió, completa su conversación con una forma apropiada del verbo en el pretérito.

MARICARMEN: Pues, ¡qué buena fiesta anoche!, ¿no?

VERÓNICA: Sí, sí, y yo _____ (comer) un montón en esa fiesta. Pero tú

no _____ (comer) nada. ¿Por qué?

MARICARMEN: Bueno, ayer a la 1:00 yo _____ (almorzar) con mi novio,

Jorge. Él me _____ (invitar) a ese restaurante italiano

que tanto me gusta. Yo _____ (decidir) pedir el pescado

frito y él _____ (decidir) pedir los camarones al ajillo.

Después, nosotros _____ (decidir) pedir un postre y no

_____ (salir) del restaurante hasta las 3:30 de la tarde.

VERÓNICA: Ah, entiendo ahora. Bueno, no solamente comí mucho, sino que *(but)* tam-

bién yo _____ (beber) cuatro cervezas anoche.

MARICARMEN: ¡Ay, mujer, eso no es nada! Tú no _____ (beber) nada

comparada con el pobre Paco. Yo _____ (oír) que él

_____ (tomar) muchas cervezas y estaba *(he was)* muy

borracho *(drunk)* anoche.

VERÓNICA: Ya lo sé. Yo _____ (llevar) a Paco a su casa. ¡Qué suerte

que tengo!

MARICARMEN: ¿Tú _____ (llevar) a Paco a casa? Ahhh, ¡por eso! A las

2:00 de la mañana yo _____ (decidir) ir a casa y yo

_____ (buscar) a Paco para llevarlo a su casa, pero yo no

lo _____ (encontrar) en ningún lado. ¿A qué hora

_____ (volver) Uds. a casa?

VERÓNICA: Pues, Paco _____ (llegar) a su casa a la 1:30, pero yo no

_____ (llegar) a mi casa hasta las 4:00 de la mañana.

MARICARMEN: ¡Vero! ¿Hasta las 4:00? ¿Por qué?

VERÓNICA: Pues, porque a la 1:30 cuando Paco y yo _____ (llegar)

a su casa, él _____ (comenzar) a hacer tonterías *(stupidi-*

ties). Él _____ *(leer)* y _____ *(cantar)*

poesía medieval en voz alta. Claro, yo _____ (comenzar) a

gritar *(yell),* pero él no me _____ (oír) porque él

_____ (salir) de la casa.

MARICARMEN: Vero, pobrecita. ¿Cuándo _____ (regresar) Paco a la

casa?

VERÓNICA: Una hora más tarde.

MARICARMEN: ¡Qué increíble!

¡Te toca a ti!

N. ¿UN BUEN DÍA? Tu pen pal venezolano te escribió un email y quiere saber algo sobre tu día ayer. Escribe un párrafo para decirle a este amigo todo lo que hiciste *(you did)* ayer. Por ejemplo, ¿a qué hora te levantaste? ¿A qué hora desayunaste? ¿Qué comiste? ¿Qué decidiste hacer con tus amigos? ¿A quién conociste ayer? ¿A qué hora te acostaste? Sigue el modelo.

MODELO: *¡Fue un día excelente! Me desperté a las 10:00 de la mañana.*

_____

_____

_____

_____

_____

_____

_____

_____

_____

GRAMÁTICA III: *Superlatives*

¡A practicar!

O. LA NUEVA NOVIA Tu amigo Ricardo está super contento con su nueva novia, Alicia. Su familia es de Venezuela y allí tienen un restaurante muy famoso. Ahora, Ricardo describe la familia de Alicia. ¿Qué dice? Siguiendo el modelo, forma frases usando el superlativo.

MODELO: Alicia / simpática / todas mis novias
Alicia es la más simpática de todas mis novias.

1. Alicia / menor / hijas

_____

2. José / mayor / hijos

_____

3. Tomás / alto / familia

_____

4. la familia / conocida / Maracaibo

_____

5. su restaurante / mejor / Maracaibo

_____

P. ENCUESTA Una compañía de marketing quiere saber tu opinión sobre varios productos populares. Escribe tu respuesta en frases completas usando una forma apropiada del superlativo. Sigue el modelo.

MODELO: dos comidas: la hamburguesa / la ensalada (nutritivo)
        La ensalada es la comida más nutritiva.

1. dos programas: «Friends» / «3rd Rock from the Sun» (cómico)

_____

2. dos restaurantes: Jack in the Box / Pizza Hut (peor)

_____

3. dos actores: Denzel Washington / Brad Pitt (mejor)

_____

4. dos dulces: el chocolate / el caramelo (rico)

_____

5. dos frutas: la manzana / la naranja (dulce)

_____

¡Te toca a ti!

Q. TUS PREFERENCIAS Creas una página web en español y tienes que escribir algo sobre tus preferencias personales. Escribe seis frases sobre tus preferencias en cuanto a películas, comidas, actores, deportes, etcétera. Sigue el modelo.

MODELO: grupo musical / chévere _(cool)_
        Los Red Hot Chili Peppers es el grupo musical más chévere de todos.

1. deporte / divertido

_____

2. comida / deliciosa

_____

3. película / mejor / del año

_____

4. programa de televisión / peor

_____

5. novela / interesante

_____

ENCUENTRO CULTURAL: *La comida rápida en Venezuela*

La comida rápida en Venezuela

En Venezuela, como en otros países del mundo, la comida rápida ya ha empezado a integrarse en la gastronomía de los grandes centros urbanos. Pero esta tradición sumamente[1] norteamericana no se limita a los restaurantes típicos del paisaje estadounidense como McDonald's, Wendy's y Pizza Hut. En Venezuela uno puede encontrar varias cadenas[2] propias de ese país, cada una con su especialidad. Éstas incluyen Chipi's, Arturo's, Pecos Bill y Churromanía.

Como en todas las metrópolis, estos restaurantes de comida rápida sirven a la población trabajadora que tiene limitación en su horario para el almuerzo. También sirven a la gente joven que los fines de semana disfruta comer allí y divertirse con sus amigos. Aunque en Venezuela, como en otros países latinos, es más común comer en el sitio que pedir la comida para llevar, estos restaurantes también tienen este servicio. Además, muchas de las cadenas grandes, como McDonald's, Wendy's, Pizza Hut y Subway, ofrecen servicio a domicilio con motorizados.

Seguramente la comida rápida se está haciendo cada vez más[3] común en las grandes ciudades venezolanas como Caracas y Maracaibo. Sin embargo, hay que reconocer que mucha gente no puede comer en estos sitios a menudo.[4] En un país donde el salario mínimo es de aproximadamente US$250.00 mensuales, estos restaurantes son accesibles sólo para las clases medias y altas.

[1]**sumamente** *extremely*   [2]**cadenas** *chains*   [3]**cada vez más** *more and more*   [4]**a menudo** *frequently*

R. **COMPRENSIÓN**   Después de leer **Encuentro cultural,** contesta las siguientes preguntas.

1. ¿Cómo se llaman algunas de las cadenas venezolanas de comida rápida?

_____

2. ¿Cuáles son las similitudes *(similarities)* entre la comida rápida de Venezuela y de los Estados Unidos?

_____

_____

3. ¿Cuáles son dos diferencias entre la comida rápida de Venezuela y de los Estados Unidos?

_____

_____

_____

_____

SÍNTESIS

¡A escribir!

LA DIETA DEL ESTUDIANTE UNIVERSITARIO Uno de tus sitios web favoritos solicita ensayos sobre la dieta típica de los estudiantes universitarios de todas partes del mundo. Escribe un párrafo sobre lo que consideras la dieta típica del estudiante universitario. Para facilitar la escritura, recuerda las estrategias presentadas en tu libro de texto para desarrollar *(develop)* un párrafo detallado y sigue estos pasos.

Paso 1: Piensa en una serie de preguntas que otras personas de países hispanos tienen sobre la dieta típica del estudiante estadounidense. Algunas posibilidades son: ¿Es una dieta equilibrada? ¿Es una dieta variada? ¿Es una dieta de comida rápida?

Paso 2: Después, contesta esta pregunta. Tu respuesta va a ser la frase temática, o la tesis.

Paso 3: Ahora, escribe una lista de detalles o ejemplos que apoyen *(support)* tu opinión. Por ejemplo, si vas a decir que la dieta del estudiante estadounidense no es muy equilibrada, algunos ejemplos de apoyo pueden ser los siguientes.

M O D E L O S : *Los estudiantes comen mucha comida rápida de McDonald's.*

La comida de las residencias universitarias es muy mala.

Paso 4: Ahora, escribe tu párrafo incorporando solamente aquellos detalles que apoyan la tesis.

¡A leer!

ODA A LA MANZANA En tu libro de texto ya leíste una de las odas de Pablo Neruda. Esta oda que vas a leer es de *Tercer libro de odas* de Pablo Neruda.

Paso 1: Como aprendiste en tu libro de texto, tener información sobre el texto antes de leerlo ayuda mucho en tu comprensión. Lee el título de este poema y escribe las ideas, personas o cualidades que asocias con una manzana.

_____

_____

_____

_____

_____

_____

_____

_____

Paso 2: Ahora, mira brevemente el poema sin leerlo y haz una lista de todos los cognados que reconoces en la oda. Después, escribe la palabra inglesa que corresponde a este cognado.

Cognado	Palabra inglesa
_____	_____
_____	_____
_____	_____
_____	_____
_____	_____
_____	_____
_____	_____
_____	_____

Paso 3: Pensando en el título, el dibujo, las ideas que asocias con la manzana y las palabras que reconoces del poema, escribe unas de las ideas que tienes sobre qué va a ser el poema.

_____

_____

_____

_____

_____

_____

Paso 4: Lee el poema y después contesta las preguntas de comprensión.

Oda a la manzana
por Pablo Neruda

A ti, manzana,
quiero
celebrarte
llenándome
con tu nombre
la boca
comiéndote.

Siempre
eres nueva como nada
o nadie,
siempre
recién caída
del Paraíso:
¡plena
y pura
mejilla arrebolada

de la aurora!

Qué difíciles
son
comparados
contigo
los frutos de la tierra,
las celulares uvas,
los mangos
tenebrosos,
las huesadas
ciruelas, los higos
submarinos:
tú eres pomada pura,
pan fragante,
queso
de la vegetación.

Cuando mordemos
tu redonda inocencia
volvemos
por un instante
a ser
también recién creadas
    criaturas:
aún tenemos algo de
    manzana.

Yo quiero
una abundancia
total, la multiplicación
de tu familia,
quiero
una ciudad,
una república,

un río Mississippi
de manzanas,
y en sus orillas
quiero ver
a toda
la población
del mundo
unida, reunida,
en el acto más simple de
    la tierra:
mordiendo una
    manzana.

Paso 5: ¿Con qué otras frutas compara Neruda la manzana?

_____

_____

Paso 6: ¿Qué imagen te sugiere la colección de las siguientes palabras y frases del poema: paraíso, inocencia, nueva, recién creadas criaturas, multiplicación y familia?

_____

_____

_____

Paso 7: ¿Qué piensas que representa la manzana en esta oda?

_____

_____

_____

Paso 8: «El acto más simple de la tierra: mordiendo una manzana» es una metáfora para otro acto. En tu opinión, ¿qué es este acto?

_____

_____

_____

_____

Autoprueba

I. VOCABULARIO

A. LA COMIDA   Pon el nombre de cada comida de la siguiente lista en la categoría más lógica.

aceite	cerveza	lechuga	pollo
agua mineral	chuletas de cerdo	mantequilla	queso
banana	flan	manzana	res
bistec	helado	naranja	sal
café	jamón	papas	té helado
calamares	jugo	pavo	vinagre
camarones	leche	pimienta	vino

Carnes: _____

Pescado/Mariscos: _____

Bebidas: _____

Postres: _____

Frutas: _____

Verduras: _____

Condimentos: _____

B. **EN EL RESTAURANTE**   Escribe la letra de la palabra o frase del vocabulario del restaurante que mejor completa cada frase.

_____ 1. Antes de pedir la comida, el camarero nos trae...
   a. la cuenta.
   b. la propina.
   c. el menú.

_____ 2. Antes de comer con otros amigos, les decimos...
   a. ¡Cómo no!
   b. ¡Estoy a dieta!
   c. ¡Buen provecho!

_____ 3. Antes de tomar una bebida con nuestros amigos, les decimos...
   a. ¡Salud!
   b. ¡Estoy satisfecho!
   c. ¡Está para chuparse los dedos!

_____ 4. Si no tienes mucha hambre, pides algo...
   a. para picar.
   b. para chuparse los dedos.
   c. pesado.

_____ 5. Si alguien te ofrece más comida y ya no quieres comer más, puedes decir...
   a. no gracias, deseo ver la lista de postres.
   b. no gracias, estoy satisfecho(a).
   c. ¡Buen provecho!

_____ 6. Si quieres pagar la cuenta para tu amigo, puedes decir...
   a. te invito.
   b. voy a dejar una propina.
   c. la cuenta, por favor.

II. GRAMÁTICA

C. **GEMELOS DISTINTOS**   Roberto y Gustavo son gemelos *(twins)* pero tienen gustos muy diferentes. Siempre que Roberto quiere algo, Gustavo quiere otra cosa. Ahora van a un restaurante y discuten qué quieren. Para saber lo que dicen, forma frases usando adjetivos y pronombres demostrativos. Sigue el modelo.

M O D E L O : Quiero ir a este restaurante.
      No quiero éste; prefiero ese restaurante.

1. Prefiero esta mesa.

_____

2. Quiero pedir este vino.

_____

3. Quisiera estas arepas.

_____

4. Voy a pedir estos mariscos.

_____

5. Prefiero esto.

_____

D. UN SÁBADO POR LA TARDE   Para saber qué pasó en casa de los Caravallo este sábado, completa la siguiente conversación usando el pretérito de los verbos entre paréntesis.

JULIO: Gloria, ¿ya _____ (almorzar) Juan Carlos?

GLORIA: Sí, yo _____ (almorzar) con él a las 2:00. Nosotros _____

(comer) un sándwich y una ensalada. Yo _____ (tomar) un cafecito y él

_____ (beber) té caliente. ¿Ya _____ (terminar) tu novela?

JULIO: Sí, _____ (terminar) ésa y _____ (comenzar) otra. En la

última hora _____ (leer) 40 páginas.

GLORIA: Ah, ésa es la novela que _____ (leer) Gonzalo el mes pasado. Yo

_____ (buscar) ese libro la semana pasada para ti.

JULIO: Pues, yo _____ (comprar) este libro esta mañana.

E. EL MÁS...   Escribe oraciones completas usando el superlativo. Sigue el modelo.

MODELO: dos hermanas: Beti (22 años) / Lorena (19 años) / menor
Lorena es la hermana menor.

1. dos hijos: Tomás (8 años) / Guillermo (10 años) / mayor

_____

2. dos primos: Alejandro (super paciente) / Alberto (paciente) / paciente

_____

3. dos bebidas: la leche / el jugo / dulce

_____

4. dos jugadores: Michael Jordan (super bueno) / Dennis Rodman (bueno) / mejor

_____

De compras: Argentina

VOCABULARIO: *La ropa*

¡A practicar!

A. **LA ROPA APROPIADA** Selecciona la prenda *(item)* de ropa más apropiada que uno puede llevarse a estos eventos.

_____	1. ir a clase	**a.**	un traje de baño
_____	2. ir a un concierto de música ranchera *(country)*	**b.**	unas botas de cuero
_____	3. ir a una boda *(wedding)*	**c.**	un vestido de seda
_____	4. esquiar	**d.**	un suéter de lana
_____	5. pasar el día en la playa	**e.**	una camisa de algodón

B. **¡EMERGENCIA DE MODA!** Las siguientes personas solicitaron la ayuda del famoso programa de televisión «Emergencia de moda» porque obviamente son desastres. Mira las fotos que mandaron al programa y describe detalladamente la ropa que lleva cada persona. Describe tanto las prendas como los estilos y las telas de estas prendas.

_____

_____

_____

_____

_____

_____

_____

María Inés

_____

_____

_____

_____

_____

_____

_____

Francisco Javier

¡Te toca a ti!

C. ¡DE COMPRAS!   Imagina que tu tienda de ropa favorita te dio «un día de compras», con mil dólares para gastar en esa tienda en un sólo día. ¿Qué vas a comprar? Escribe el nombre de tu tienda favorita y todas las prendas de ropa que vas a comprar. ¡También, escribe el precio aproximado de cada prenda para no pasar del límite de mil dólares!

Tienda: _____

Prendas   **Precio**

_____   _____

_____   _____

_____   _____

_____   _____

ASÍ SE DICE: *Making emphatic statements about possession*

¡A practicar!

D. ¡FUERA, COMPAÑERO NUESTRO!   Alejandro, un estudiante de intercambio de España, se muda de su casa porque ya no le gustan sus compañeros. Completa la conversación con sus compañeros con el adjetivo posesivo apropiado para saber cómo dividen las cosas entre ellos. ¡OJO! Recuerda que los españoles usan las formas informales para dirigirse a *(speak directly to)* una o dos personas de su edad.

TERE: ¿De quién es esta bufanda de lana? Alejandro, ¿es _____?

ALEJANDRO: No, no es _____. No llevo bufandas. Pero estos guantes sí son _____. Los compré el año pasado.

CARLOS: Oye, Alejandro, ¿por qué tienes ese televisor en tu caja *(box)*? Es de Tere y de mí. No es _____ y tú lo sabes.

ALEJANDRO: ¡No es de vosotros! ¡No es _____! El televisor de vosotros está en su habitación.

TERE: Esta vez Alejandro tiene razón, Carlos. Pero, Alejandro, ¿qué haces con esas gafas de sol? Son de Carlos.

ALEJANDRO: ¡No son _____! ¡No son de Carlos! Perdió sus gafas de sol la semana pasada.

CARLOS: No recuerdo. Pero Alejandro, ¿por qué tienes esas medias en tu maleta *(suitcase)*? ¿No son de Tere?

ALEJANDRO: Ah... ah... pues, este, pues, sí. Son de Tere. Son _____ las medias. Yo no sé cómo se metieron *(they got in)* en mi maleta. ¡Qué extraño!

TERE: Sí! ¡Qué curioso!

¡Te toca a ti!

E. **¿CUÁL ES MEJOR?** En cada caso indica quién tiene la mejor cosa o prenda de ropa según tu opinión personal. Siguiendo el modelo, escribe tu respuesta en una frase completa.

MODELO: Analí tiene una bicicleta «Huffy» y tú tienes una «Cannondale».
          La mía es mejor.

1. Tomás y Adolfo tienen un coche Jeep y tú y tu hermano tienen un Range Rover.

   _____

2. Yo tengo un traje de baño «Speedo» y tú tienes un traje de baño «Nike».

   _____

3. Yo tengo unas gafas de sol «CK» y Patricio tiene unas gafas «Ray Ban».

   _____

4. Nosotras tenemos un par de zapatos «Bruno Magli» y tú tienes un par de zapatos «Payless».

   _____

GRAMÁTICA I: *Irregular preterite verbs*

F. **UNA FIESTA** Gloria y Julio tuvieron una fiesta de cumpleaños en su apartamento anoche. No pudiste ir así que Gloria te cuenta todos los chismes *(gossip)* de la fiesta. ¿Qué dice? Añade todo lo necesario para hacer frases completas en el pretérito con el vocabulario. Sigue el modelo.

MODELO: Ledia / saber / de la fiesta / tarde
          Ledia supo de la fiesta tarde.

1. muchas personas / venir / fiesta

   _____

2. haber (hay) / casi 70 personas / en mi casa

   _____

3. Marcos y su novia / traer / mucho vino

   _____

4. yo / ponerse / borracha / y / ser / la reina de la fiesta

   _____

5. Antonio / le / dar / un beso / a la novia de Óscar

   _____

G. **EL VIAJE A ARGENTINA** Bea acaba de regresar de un viaje a Argentina con su novio y le escribió esta carta a su amiga Eva. Parece que Bea y su novio tuvieron un pequeño problema durante su viaje. Para saber lo que fue y cómo lo solucionaron, completa la carta con el verbo indicado en el pretérito. Después contesta las preguntas.

Querida Eva,

Pues, ¿qué te puedo decir? ¡_____ (Ser) un viaje maravilloso! Yo
_____ (ir) primero a Buenos Aires y _____ (estar)
sola allí cuatro días. Mi novio, Rafael, _____ (venir) el quinto (fifth) día
y nosotros _____ (hacer) varias cosas juntos, pues _____
(haber/hay) muchísimas actividades para hacer en Buenos Aires.

    Después nosotros _____ (ir) a Mendoza. Tú _____
(decir) una vez que tu madre nació allí, ¿verdad? Bueno, nosotros _____
(estar) en Mendoza tres días y el último día yo le _____ (dar) a Rafa
una sorpresa. Yo _____ (hacer) reservaciones para ir a Bariloche para
esquiar. Rafa no _____ (saber) de mis planes hasta la última noche en
Mendoza. Yo le _____ (traer) los boletos (tickets) de avión esa noche en
el hotel. Pero, Eva, ¿sabes qué? Rafa no _____ (querer) ir.

    Él _____ (decir) que los boletos costaron demasiado. Yo le _____
(decir) que no costaron mucho, pero él _____ (ponerse) enojado (angry).
Yo no _____ (poder) creerlo. Yo _____ (hacer) todo
lo posible para convencerlo, pero nada. Pero después de dos horas de discusión, yo
_____ (saber) por qué. Él también me _____ (dar) una
sorpresa: compró boletos para visitar las cataratas (falls) del Iguazú. ¡Qué romántico! Pues,
tú sabes, ¡al final nosotros _____ (tener) que ir a los dos sitios!

    Bueno, ya te cuento más en otro momento.

Un beso,
Bea

1. ¿Qué problema tuvieron Bea y Rafa en este viaje?

   _____

2. ¿Cómo solucionaron este problema?

   _____

¡Te toca a ti!

H. ¿QUÉ HICIERON UDS.? Piensa en lo que tú u otras personas hicieron en las siguientes ocasiones. Escribe una frase completa usando el verbo indicado en el pretérito. Sigue el modelo.

MODELO: anoche / tú / no querer
         Anoche yo no quise hacer mi tarea.

1. la semana pasada / tus amigos / tener que hacer

_____

2. un día de fiesta el año pasado / tú y tu madre / hacer

_____

3. ayer para ir a clase / tú / ponerte

_____

4. las vacaciones del verano / tu mejor amigo / ir

_____

5. el año pasado / tú / saber

_____

VOCABULARIO: *De compras*

¡A practicar!

I. **EN LA TIENDA** Escribe la letra de la palabra o frase que mejor describe cada dibujo.

_____ 1. **a.** la talla
        b. un descuento del 20 por ciento
        c. el cheque

_____ 2. **a.** una rebaja
        b. la talla de Michael Jordan
        c. el número que usa Michael Jordan

_____ 3. **a.** Es una ganga.
        b. Es muy cara.
        c. Está de última moda.

_____ 4. **a.** No le quedan bien.
        b. Cuestan mucho.
        c. Hacen buen juego.

_____ 5. **a.** una tarjeta de crédito
        b. un cheque
        c. dinero en efectivo

J. ¡QUÉ BUENA GANGA! Felicidad Shagonera, la famosa espía argentina, quiere comprarle un regalo especial a su novio, el famoso espía internacional, Austín Poderoso. Ahora está en una de sus tiendas favoritas de Buenos Aires y habla con el dependiente. Para saber lo que dicen, pon las frases de conversación en orden. Sigue el ejemplo.

_____ Ah, pues sí, ese traje es del estilo «retro», de los años 60. En su momento estuvo de última moda.

_____ ¡Me parece bárbaro! ¡Qué buena ganga!

_____ Muy bien, aquí está mi tarjeta de crédito.

_____ Quisiera comprar un traje nuevo para mi novio, Austin.

_____ Gracias, y aquí está el traje. Hasta luego.

_____ No, gracias. Entonces, ¿cuánto le debo?

_____ Muy bien, señorita. Por aquí tenemos los trajes de última moda.

_____ ¡Qué bueno! ¿Cuánto cuesta ese traje?

_____ No sé su talla, pero creo que esa talla que Ud. tiene por allí le va a quedar my bien.

_____ Bien, ¿necesita algo más, señorita?

_____ Sí, señorita, es una ganga. ¿Sabe Ud. qué talla necesita su novio?

_____ A ver, el traje cuesta 1.400 pesos.

__16__ Gracias. Chau.

_____ Pues, normalmente ese traje cuesta unos 2.000 pesos, pero le puedo hacer un pequeño descuento. ¿Qué le parece un descuento del 30 por ciento?

__1__ Buenas tardes, señorita, ¿en qué puedo servirle?

_____ Bueno, creo que le va a gustar ese traje de cuadros y lunares que Ud. tiene por allí. ¡Qué lindo es!

¡Te toca a ti!

K. ¡GASTA ESE DINERO! Escribe una conversación entre un(a) dependiente de una tienda de ropa y su cliente, según la siguiente situación. Trata de usar todas las palabras y frases del vocabulario sobre la ropa que acabas de aprender en tu libro de texto.

DEPENDIENTE: Esta persona trabaja a comisión. Si vende mucha ropa, gana mucho dinero, pero si vende poca, gana poco. Por eso, él (o ella) necesita persuadir a los clientes a comprar la ropa.

CLIENTE: Esta persona tiene dinero, pero es muy conservadora. Hoy quiere comprar un traje de baño y varias camisas.

_____

_____

_____

_____

_____

_____

_____

_____

GRAMÁTICA II: *Preterite of stem-changing verbs*

¡A practicar!

L. ¿UNA CITA DIVERTIDA? Anoche Patricio salió con una nueva amiga, Laura. Ahora habla con Silvina sobre la cita. Completa su conversación con la forma apropiada del pretérito de los verbos entre paréntesis.

SILVINA: Pues, dime, Patricio, ¿_____ (**divertirse**) anoche con

Laura?

PATRICIO: Bueno, sí y no. Ella sí _____ (**divertirse**) conmigo,

pero no sé si yo realmente _____ (**divertirse**) con

ella. ¿Sabes?

SILVINA: Pues, cuéntame. ¿Qué pasó?

PATRICIO: Mira, yo _____ (**conseguir**) mi primera tarjeta de crédito y

para impresionar bien a Laura, yo _____ (**sugerir**) que

fuéramos *(we go)* a ese restaurante muy caro. Ella dijo que sí. Esa noche yo

_____ (**vestirme**) muy elegantemente y...

SILVINA: ¿También _____ (**vestirse**) Laura elegantemente?

PATRICIO: Sí, Laura estuvo muy linda. Bueno, llegamos al restaurante y el mesero

nos _____ (**servir**) vasos de vino tinto. Pero Laura

_____ (**pedir**) una botella de champán muy caro.

SILVINA: ¿Qué hiciste?

PATRICIO: Pues, en ese momento _____ (**preferir**) no decir nada, así que

simplemente _____ (**sonreír**) y no dije nada.

SILVINA: ¿Qué _____ (**pedir**) tú para comer?

PATRICIO: Yo _____ (**pedir**) el pollo asado, pero ella

_____ (**preferir**) comer la langosta y el bistec.

SILVINA: ¿La langosta y el bistec? Esa chica tiene gustos muy caros, ¿no? Pues, ¿hablaron

mucho durante la cena?

PATRICIO: Sí, hablamos mucho y ella _____ (**reírse**) mucho. Yo diría

(would say) que durante la cena nosotros sí _____

(**divertirse**) mucho. Pero cuando el mesero me trajo la cuenta, yo casi

_____ (**morirse**) de miedo.

SILVINA: ¿Cuánto costó la cena?

PATRICIO: ¡200 pesos!

SILVINA: ¡Caray!

PATRICIO: Sí, y después de pagar la cena, Laura _____ (sugerir) ir a tomar copas y escuchar música en algún bar. Pero cuando le dije que mi tarjeta de crédito ya no pudo más, dijo que se sentía *(she felt)* enferma y que (nosotros) _____ (tener) que volver a casa.

SILVINA: ¡No me digas!

PATRICIO: Sí, es la pura verdad. Entonces, nosotros _____ (despedirse) y fui a mi casa y _____ (dormirse) en seguida.

SILVINA: ¿Y la pobre tarjeta de crédito?

PATRICIO: ¡Yo creo que la pobre tarjeta ya _____ (dormirse) para siempre!

¡Te toca a ti!

M. **LA ÚLTIMA VEZ**   Piensa en qué hicieron tú y otras personas en las siguientes ocasiones y cuándo fue la última vez que lo hicieron. Contesta las preguntas en frases completas, usando el verbo indicado en el pretérito. Sigue el modelo.

MODELO: ¿Cuándo fue la última vez que pediste comida rápida?
Pedí una chalupa en Taco Bell la semana pasada.

1. ¿Cuándo fue la última vez que tú y tus amigos se divirtieron en una fiesta?

   _____

2. ¿Cuándo fue la última vez que alguien que conoces se durmió durante una película?

   _____

3. ¿Cuándo fue la última vez que todos los estudiantes se rieron en la clase de español?

   _____

4. ¿Cuándo fue la última vez que una estrella de cine se murió?

   _____

5. ¿Cuándo fue la última vez que un(a) escritor(a) hispano(a) consiguió un premio literario?

   _____

ASÍ SE DICE: *How to tell how long something has been happening or how long ago it happened*

¡A practicar!

N. **¡TANTO TIEMPO!**   La familia de Juan es bastante monótona: nunca cambian su rutina. ¿Cuánto tiempo hace que los miembros de su familia hacen las siguientes cosas? Siguiendo el modelo, escribe tu respuesta en una frase.

MODELO: Teresa / estudiar alemán / cuatro años
Hace cuatro años que Teresa estudia alemán.

1. doña María / trabajar de dependiente en una tienda / 20 años

   _____

   _____

2. don José / tomar copas con sus amigos después del trabajo / 30 años

   _____

   _____

3. Olivia y su hermana / jugar con las muñecas Barbie / dos años

   _____

   _____

4. toda la familia / acostarse a las 11:00 de la noche / mucho tiempo

   _____

   _____

5. la abuela / no salir de la casa los domingos / diez años

   _____

   _____

¡Te toca a ti!

O. **¿CUÁNTO TIEMPO HACE?** Contesta las siguientes preguntas, indicando cuánto tiempo hace que estas personas hacen las siguientes cosas o cuándo fue la última vez que hicieron las siguientes cosas. Sigue los modelos.

MODELOS: ¿Cuándo fue la última vez que tus amigos hicieron una fiesta?
Hace dos días que mis amigos hicieron una fiesta.

¿Cuánto tiempo hace que estudias español?
Hace dos años que estudio español.

1. ¿Cuándo fue la última vez que viste una película extranjera?

   _____

   _____

2. ¿Cuándo fue la última vez que tus padres se vistieron elegantemente?

   _____

   _____

3. ¿Cuánto tiempo hace que no compras nada nuevo?

   _____

   _____

4. ¿Cuánto tiempo hace que tú y tus amigos son amigos?

   _____

   _____

5. ¿Cuándo fue la última vez que tu y tu familia fueron de vacaciones?

_____

_____

GRAMÁTICA III: *Direct object pronouns*

¡A practicar!

P. LA VIDA DE UNA SUPER-MODELO Mientras lees el periódico argentino *El clarín* en el Internet, encuentras la siguiente entrevista con la super-modelo argentina Carolina Peleritti. El reportero le hizo varias preguntas sobre cómo es ser super-modelo. Completa la entrevista seleccionando la respuesta más apropiada. **¡OJO!** Presta atención al uso de los pronombres de objeto directo. Sigue el modelo.

MODELO: ¿Levantas pesas con frecuencia?

_____ Sí, los levanta con frecuencia.

___X___ Sí, las levanto con frecuencia.

_____ Sí, me levanto con frecuencia.

1. ¿Tienes que hacer muchos ejercicios todos los días?

_____ No, no las tengo que hacer.

_____ Sí, tengo que hacerla todos los días.

_____ Sí, los tengo que hacer todos los días.

2. ¿Te llama todos los días tu entrenador personal?

_____ Sí, me llama todos los días.

_____ Sí, te llama todos los días.

_____ Sí, te llamo todos los días.

3. ¿Compras la ropa de última moda?

_____ No, no las compro.

_____ Sí, me compran siempre.

_____ Sí, la compro cada mes.

4. ¿Conoces a Donna Karan?

_____ Sí, me conocen.

_____ Sí, lo conozco.

_____ Sí, la conozco.

5. ¿Puedes tomar muchas vacaciones?

_____ Sí, las puedo tomar cada año.

_____ Sí, lo puedo tomar cada verano.

_____ No, la podemos tomar mucho.

6. ¿Te invitan a muchas fiestas los diseñadores famosos?

_____ Sí, los invito a muchas fiestas.

_____ Sí, me invitan a muchas fiestas.

_____ Sí, nos invitan a muchas fiestas.

Q. DE COMPRAS Amalia y Elvia están en una tienda de ropa y hablan de qué quieren comprar. Lee cada pregunta que hacen y escribe las repuestas usando los pronombres de objeto directo. Sigue el modelo.

MODELO: **AMALIA:** Elvia, ¿vas a comprar esa blusa?
        ELVIA: *Sí, la voy a comprar.*

1. **ELVIA:** Amalia, ¿tienes ahí tu tarjeta de crédito?

   AMALIA: _____

2. **AMALIA:** Elvia, ¿quieres comprar esas bufandas?

   ELVIA: _____

3. **ELVIA:** Amalia, ¿conoces estos diseñadores?

   AMALIA: _____

4. **AMALIA:** Elvia, ¿vas a gastar tanto dinero?

   ELVIA: _____

¡Te toca a ti!

R. ¡A TRABAJAR! Contesta las siguientes preguntas personales en frases completas usando un pronombre de objeto directo. Sigue el modelo.

MODELO: ¿Con quién estudias el español?
        Lo estudio con mis compañeras de casa.

1. ¿Por qué estudias español?

   _____

2. ¿Vas a estudiar alemán?

   _____

3. ¿Tienes que hacer tu tarea cada día?

   _____

4. ¿Miras muchas películas de Pedro Almodóvar?

   _____

5. ¿Con qué frecuencia limpian su casa o apartamento tú y tus compañeros(as) o tu familia?

   _____

   _____

GRAMÁTICA IV: *The imperfect tense*

¡A practicar!

S. CÓMO CAMBIARON LOS TIEMPOS Ana María Pregolini habla con su nieto, Emilio, y recuerda el pasado y cómo eran las cosas. Para completar sus recuerdos, escribe frases completas usando los verbos indicados en el imperfecto. Sigue el modelo.

MODELO: Hoy la gente siempre está ocupadísima.
en el pasado / la gente / no estar tan ocupada
En el pasado la gente no estaba tan ocupada.

1. Hoy los jóvenes comen mucho en restaurantes de comida rápida.
    en el pasado / los jóvenes / comer / en casa

    _____

2. Hoy siempre llevas la ropa de última moda.
    en el pasado / tú / nunca llevar / la ropa de última moda

    _____

3. Hoy la ropa cuesta muchísimo.
    en el pasado / la ropa / no costar / mucho

    _____

4. Hoy nosotros miramos muchas películas en casa.
    en el pasado / nosotros / ir al cine / más

    _____

5. Hoy tus padres trabajan diez horas al día.
    en el pasado / tus padres / trabajar / sólo ocho horas al día

    _____

6. Hoy la gente joven no lee mucho.
    en el pasado / la gente joven / leer / más

    _____

T. CUANDO YO ERA NIÑO Carmen le dijo a su abuelo Ramón algunas cosas que ella hace todos los sábados. Luego, Ramón le dijo que él hacía las mismas cosas cuando era niño. ¿Qué le dijo a su nieta? Sigue el modelo.

MODELO: **CARMEN:** Los sábados me levanto a las 8:00 y...
RAMÓN: *Los sábados me levantaba a las 8:00 y...*

CARMEN: Los sábados **me levanto** a las 8:00 y luego **voy** al baño. A veces, **tengo** mucho sueño. Después, **desayuno** mientras **miro** la televisión por media hora. Entonces **me baño** y **me visto.** Luego **juego** un poco en casa o, si **veo** a mis amigos en la calle, **jugamos** juntos. **Tengo** muchos amigos y **somos** un grupo muy unido. A veces **vamos** todos a la plaza para hablar con otros amigos y otras veces **vamos** al cine. Nunca **gastamos** mucho dinero, pero siempre **nos divertimos** mucho.

RAMÓN: _____

_____

_____

_____

_____

_____

_____

_____

_____

_____

_____

_____

_____

U. RECUERDOS DE MALLORCA Elena está de vacaciones en Mallorca, España, y quiere mandarle la siguiente carta a su novio, Tomás, pero necesita tu ayuda. Escribe la carta, cambiando los infinitivos por las formas correctas del pretérito o del imperfecto. **¡OJO!** Lee la carta una vez para entender el contexto antes de tratar de seleccionar entre el pretérito e imperfecto.

Querido Tomás,

Lo estamos pasando muy bien en Mallorca. Rita, Simón, Toño, Amalia y yo **(llegar)** a la isla a mediodía y ya **(hacer)** calor. ¡Qué bonito día **(ser)**, Tomás! Nosotros **(ir)** directamente a nuestro hotel donde **(tener)** una reserva por una semana. ¿Sabes cuál **(ser)** la primera cosa que **(hacer)**? ¡**(Ponernos)** el traje de baño y **(nadar)** en el Mediterráneo! El agua **(estar)** maravillosa. Después, **(cambiarnos)** de ropa y **(tomar)** un taxi al Restaurante Torremolinos. Allí, **(haber)** un papagayo en la terraza. Creo que Rita **(enamorarse)** de él porque le **(dar)** muchas galletas saladas.

Elena

[handwritten margin notes:]
fui

- llegaba
- hacían
- íbamos
- fui
- hice   nos poníamos
  estuve   nadábamos
                  cambiábamos
                  tomábamos

di

_____

_____

_____

_____

_____

_____

_____

_____

_____

_____

_____

_____

_____

       _____

       _____

       _____

       _____

       _____

       _____

       _____

       _____

       _____

       _____

       _____

¡Te toca a ti!

V. **¡CÓMO CAMBIAN LOS TIEMPOS!**   Para ver si tu vida hoy es muy diferente de lo que era cuando eras más joven, describe cómo eran las siguientes personas y cosas cuando eras niño(a). Siguiendo el modelo, forma frases usando el imperfecto.

MODELO: tu rutina diaria los días de escuela
Me levantaba a las 6:00 de la mañana y desayunaba con mi familia.

1.   tu casa o apartamento

_____

2. la ropa que llevabas

_____

3. tu escuela y tus maestros

_____

4. los programas de televisión que veías

_____

5. tu cantante favorito

_____

6. qué hacías después de la escuela

_____

ENCUENTRO CULTURAL: *Las prendas de ropa populares de Argentina*

Bursar es una mayorista *(wholesaler)* de prendas argentinas que son a veces difíciles de encontrar fuera de Argentina. ¿Cuáles son algunas de estas prendas? Lee el siguiente folleto publicitario y las descripciones de las prendas disponibles *(available)*. Después, escribe el nombre de la prenda que indica cada dibujo.

BURSAR

Artículos regionales mayoristas — importación — exportación
Azcuenaga 245 — (1029) Buenos Aires — Argentina
Llame gratis al 0800-22-287727 (Bursar)
TELEFAX: 54 (11)–4951–3548 / 54 (11)–4952–7348

Bombachas de campo
Las bombachas de campo fueron introducidas en la Argentina por los ingleses. Su comodidad y porte han hecho que se conviertan en una de las prendas de vestir mas utilizadas en nuestro país.

Alpargatas
Le acercamos el calzado de yute —detalle fundamental para los días soleados del verano.

Cinturones y fajas
Tanto los cinturones de cuero crudo como las fajas utilizadas por los gauchos continúan siendo elementos de uso diario. Aquí le ofrecemos distintas opciones de cinturones y fajas.

Camisetas de fútbol
Le acercamos la camiseta oficial de su equipo, para que demuestre su pasión deportiva. Ésta es también una prenda ideal para regalar a otros amantes del deporte.

El poncho
El poncho, utilizado de norte a sur de nuestro país, es un fiel exponente de nuestra tierra. Aquí le acercamos ponchos de distintos dibujos y materiales.

W. ¿QUÉ VAS A COMPRAR? Después de leer el folleto de Bursar, escribe el nombre de cada prenda en los espacios correspondientes.

1.
2.
3.
4.
5.

1. _____   4. _____

2. _____   5. _____

3. _____

SÍNTESIS

¡A escribir!

¿Cómo es diferente la moda de ahora y la moda de tus años en la secundaria? ¿Qué ropa se llevaban los estudiantes de la secundaria que ahora no llevan? ¿Qué tiendas o diseñadores estaban de moda en tus años de la secundaria que ahora no están de moda? Escribe un breve ensayo para comentar las diferencias. Recuerda todas las estrategias para la composición y para la redacción *(editing)* de tu ensayo. Escribe el primer borrador *(draft)* en otro papel y vuelve a las preguntas de redacción de tu libro de texto para revisarlo. Después, escribe tu última versión a continuación.

_____

_____

_____

_____

_____

_____

_____

_____

_____

_____

_____

_____

_____

_____

¡A leer!

MÁS SOBRE EL TANGO   En tu libro de texto aprendiste algo sobre el tango. Para aprender más de los orígenes del tango baile y canción, lee el siguiente artículo y después contesta las preguntas de comprensión. Antes de leer, piensa en las estrategias para leer que aprendiste en tu libro de texto.

El tango: baile, canción, música, poesía

El tango surgió de los suburbios de la ciudad de Buenos Aires a fines del siglo XIX cuando, por razones de inmigración y progreso, la ciudad se transformaba en un inmenso centro urbano. Este mosaico cultural incluía por un lado inmigrantes españoles, italianos, alemanes, árabes, judíos y negros, y por otro, gauchos e indios del interior del país. Esa mezcla hizo del tango un producto cultural único en el mundo y capaz de resaltar[1] en él todas las características de los habitantes de Buenos Aires.

En sus primeros años de vida el tango era ejecutado y bailado en prostíbulos[2] y se comenzó a bailar de un modo muy provocador, cercano, explícito: en pocas palabras, de una forma socialmente poco aceptable. Por eso el tango permaneció durante muchos años como algo marginal y de clase baja. Todo esto cambió, sin embargo, cuando el fenómeno del tango llegó a París, capital de la moda y cuna[3] del chic. Allí el tango triunfó y desde entonces ha entrado en los salones de baile más nobles de mundo.

En sus comienzos musicales, las canciones tango eran solamente instrumentales, ejecutadas por tríos de guitarra, violín y flauta. Más tarde se incorporó un instrumento procedente de Alemania llamado el bandoneón. Éste le dio al tango su sonido característico por el cual hoy es reconocido en todo el mundo. Al principio las letras de las canciones tango también fueron de un contenido vulgar y grotesco, pero todo esto cambió en segunda década del siglo XIX. Es cuando los grandes poetas de la música ríoplatense[4] comenzaron a escribir canciones sobre el amor y el amor perdido, así elevando el prestigio de la música tango.

Aunque no cabe duda que Buenos Aires es el lugar de nacimiento del tango, el origen del nombre mismo es todavía un misterio. Algunos creen que es de origen español, pues en el siglo XIX se usaba el término para un palo flamenco. Otros creen que su origen es africano ya que la geografía africana cuenta con algunos topónimos[5] de ese nombre. Además, en varios documentos coloniales españoles se usa el nombre «tango» para referirse al lugar en que los esclavos negros celebraban sus reuniones festivas. Lo que no es misterio, sin embargo, es el completo fenómeno cultural que es el tango —baile, música, canción, poesía— que por una u otra razón atrae a tanta gente.

[1]**resaltar** *emphasize*   [2]**prostíbulos** *houses of ill repute*   [3]**cuna** *origin*   [4]**ríoplatense** *from Río de la Plata, Argentina*   [5]**topónimos** *place names*

PREGUNTAS DE COMPRENSIÓN

1. ¿Dónde originó la música tango?

   _____

2. ¿Por qué dice el artículo que el tango es un hecho cultural?

   _____

3. ¿Qué le da al tango su sonido único?

   _____

4. ¿Por qué al principio el tango era de clase baja?

   _____

5. ¿Dónde originó el nombre «tango»?

   _____

Autoprueba

I. VOCABULARIO

A. LA ROPA Para cada categoría escribe las prendas de ropa apropiadas de la lista. Sigue el modelo.

MODELO: Para las manos: *los guantes*

la blusa	el impermeable	el traje
las botas	las medias	el traje de baño
los calcetines	los pantalones	el vestido
la corbata	las sandalias	los zapatos
la falda	el sombrero	

1. Para nadar: _____

2. Para la cabeza: _____

3. Para los pies: _____

4. Para las mujeres: _____

5. Para los hombres: _____

6. Para la lluvia: _____

B. EN LA TIENDA Completa la conversación con las palabras o frases apropiadas de la siguiente lista. **¡OJO!** No vas a necesitar todas las palabras o frases.

en qué puedo servirle	moda	rebaja
ganga	número	talla
hace juego	probarme	tarjeta de crédito
le debo	queda bien	

DEPENDIENTE: Buenas tardes, señor. ¿_____?

CLIENTE: Buenas tardes. Busco un traje nuevo. ¿Puedo _____ este

traje?

DEPENDIENTE: Sí, por aquí.

CLIENTE: Ay, este traje no es mi _____. No me

_____.

DEPENDIENTE: Lo siento, señor. Aquí está otro.

CLIENTE: Sí, éste es mejor. Y esta camisa, ¿qué opina? ¿_____ con

el traje?

DEPENDIENTE: Sí, es un juego perfecto. Además, es de última _____.

CLIENTE: Muy bien, ¿cuanto _____?

DEPENDIENTE: En total son 200 dólares.

CLIENTE: ¡Qué _____! Puedo pagar con _____?

DEPENDIENTE: ¡Claro que sí!

II. GRAMÁTICA

C. **¿SON TUYOS?**   Tu amigo Carlos es un poco tonto y te sigue haciendo las mismas preguntas. Quiere saber de quiénes son las siguientes cosas. Ya estás harto(a) *(fed up)* y le contestas con una respuesta bastante enfática. Siguiendo el modelo, escribe la respuesta usando los adjetivos posesivos.

M O D E L O :   ¿De quién es esta mochila? / yo
  ¡La mochila es mía!

1.   ¿De quién es este sombrero? / tú

   _____

2.   ¿De quiénes son estos cinturones? / Tomás y Ricardo

   _____

3.   ¿De quiénes son estos zapatos? / Uds.

   _____

4.   ¿De quién son estas gafas de sol? / yo

   _____

5.   ¿De quién es este paraguas? / Teresa

   _____

D. **ENTRE AMIGAS**   Completa la siguiente conversación con el pretérito de los verbos.

DELIA: ¿Adónde _____ (ir) este fin de semana?

NORA: (Yo) _____ (Ir) con mi familia a Santa Fé.

DELIA: ¿Qué _____ (hacer) Uds. allí?

NORA: _____ (Tener) que ir a una fiesta con nuestros amigos.

DELIA: Ah, ¿_____ (venir) muchas personas a la fiesta?

NORA: Sí, y todos _____ (traer) algo distinto para comer. ¡La comida

   _____ (estar) riquísima! ¿Y tú? ¿Qué _____ (hacer) este

   fin de semana?

DELIA: Bueno, para mí el fin de semana no _____ (ser) muy bueno. No

   _____ (hacer) nada. El viernes quería ir a una fiesta, pero a mi novio

   no le gusta la persona que hacía la fiesta y él no _____ (querer) ir. El

   sábado había una exposición de arte en el museo, pero yo no _____

   (saber) que el museo estaba abierto hasta demasiado tarde.

NORA: ¡Qué pena!

E. PADRE E HIJO Completa el párrafo usando formas del pretérito de los siguientes verbos.

  divertirse   dormirse   pedir   servir

Anoche Julio y Juan Carlos _____ mucho mirando un video de Disney.

Mientras lo miraban, el niño _____ un refresco y su padre le

_____ una Coca-Cola. Más tarde el niño _____

en el sofá.

F. ¿CUÁNTO TIEMPO HACE? ¿Cuánto tiempo hace que las siguientes personas no hacen las siguientes cosas? Escribe la respuesta usando una expresión con **hacer** + tiempo + verbo en el presente. Sigue el modelo.

MODELO: Juan / no comprar un traje nuevo / dos años
          Hace dos años que Juan no compra un traje nuevo.

1. Lucía / no trabajar / tres meses

    _____

2. Santi y Silvina / no estar casados / un año

    _____

3. nosotros / no ir al centro comercial / una semana

    _____

4. yo / no tener novio(a) / demasiado tiempo

    _____

5. tú / no estar en la secundaria / dos años

    _____

G. A LA HORA DE LA CENA Completa las conversaciones con los pronombres de objeto directo.

1. —Preparaste una cena muy buena, Julio. ¡Eres tan simpático!

    —Gracias, Gloria. _____ preparé porque sé que estás ocupada hoy.

2. —Juan Carlos, ¿ya comiste tu pescado?

    —Pues... no, papá. El gato _____ está comiendo.

3. —¿_____ quieres, mamá?

    —Sí, tu papá y yo _____ queremos mucho, Juan Carlos.

4. —De postre quiero una de esas naranjas, papá.

    —Bien, Juan Carlos. Acabo de comprar_____ en el mercado.

H. **LA PEQUEÑA ELENA**   Completa el siguiente párrafo sobre la niñez de Elena Navarro, usando el imperfecto de los verbos apropiados de la lista.

comer   comprar   gustar   ir   limpiar   sacar   tener   vivir

De niña yo _____ cerca de Buenos Aires. (Yo) _____ algunos queha-

ceres en casa. Por ejemplo, _____ la basura y _____ mi dormitorio.

Cada sábado mi mamá y yo _____ de compras al centro. A veces ella no

_____ nada, pero nos _____ mirar las cosas de las tiendas. Por la

tarde nosotras _____ en un café pequeño.

I. **PACA Y PECA**   Completa la siguiente conversación usando el pretérito y el imperfecto de los verbos entre paréntesis.

PACA: Anoche mientras nosotras _____ **(trabajar)** en la cocina, Marcos me

_____ **(llamar)** por teléfono.

PECA: ¿Marcos? ¿El hombre que _____ **(conocer)** en el supermercado? Pues,

qué _____ **(querer)** él, Paca?

PACA: Pues, Marcos me _____ **(invitar)** a salir a bailar el próximo sábado.

_____ **(Ser)** una sorpresa para mí.

PECA: Oye, ¡qué sorpresa más buena _____ **(recibir)** tú! ¿Y qué le

_____ **(decir)** a Marcos?

PACA: Le _____ **(decir)** que no _____ **(poder)** salir con él el sábado

porque ayer mis tíos nos _____ **(invitar)** a Rita y a mí a su casa.

PECA: Luego, ¿qué te _____ **(decir)** Marcos cuando _____ **(oír)** tu

respuesta?

PACA: Pues, Marcos _____ **(ser)** tan simpático. Me _____ **(invitar)**

a bailar el domingo y yo _____ **(aceptar)** su invitación.

De viaje por el Caribe: La República Dominicana, Cuba y Puerto Rico

VOCABULARIO: *Viajar en avión*

¡A practicar!

A. CRUCIGRAMA Sigue las pistas horizontales y verticales para completar el crucigrama sobre el vocabulario de viajes.

Horizontal

1. Colección de maletas
4. Donde guardas la ropa para un viaje

6. Un viaje directo de Miami a Puerto Rico es un vuelo sin ___.
9. El momento en que el avión sale del aeropuerto
10. Para saber cuándo sale un vuelo tienes que consultar un ___.
11. Para comprar un boleto de avión, vas a una ___ de viajes.

Vertical

2. Un boleto de San Francisco a Puerto Rico a San Francisco es un boleto de ___.
3. Donde esperas el avión justo antes del vuelo
5. La persona que te trae bebidas y comida durante el vuelo
7. El documento necesario para pasar por la aduana
8. Las personas que viajan

¡Te toca a ti!

B. UN VIAJE GRATIS   En un concurso *(contest)* de radio ganaste un viaje en avión gratis. Ahora consultas con el agente de viajes para planear estas vacaciones. Contesta sus preguntas según tus preferencias.

1. ¿Adónde quieres viajar? ¿Cuándo?

   _____

2. ¿Cuándo piensas viajar? ¿Deseas un pasaje de ida y vuelta o solamente de ida?

   _____

3. ¿Con qué aerolíneas vuelas normalmente?

   _____

4. ¿Dónde prefieres sentarte en el avión?

   _____

5. Por lo general, ¿facturas las maletas cuando vuelas?

   _____

6. ¿Qué piensas hacer en esta destinación?

   _____

GRAMÁTICA I: *Indirect object pronouns*

¡A practicar!

C. ¿LOCOS DE AMOR?   Pablo e Inés están en su luna de miel y hablan sobre su familia y los recuerdos *(souvenirs)* que van a comprar. ¿Qué recuerdo le regaló Pablo a Inés? Para saberlo, completa su conversación con los pronombres de objeto indirecto apropiados.

PABLO: Inés, mi amor, ¿a mi mamá ya _____ mandamos una tarjeta postal?

  INÉS: Pues, yo no _____ mandé nada, cielo. Y ahora no queda tiempo. A tus padres

  _____ compramos un recuerdo; no necesitan tarjeta postal.

PABLO: Tienes razón, mi amor. Pero me siento mal porque ellos a nosotros ya _____ mandaron dos cartas, ¡y ellos no están de vacaciones!

INÉS: Pero tus padres son así. ¡No te preocupes *(Don't worry)*! No van a estar enojados.
Ahora, a tu hermana, ¿qué _____ compraste ayer en San Juan?

PABLO: Nada, mi amor, porque no sabía que quería algo de San Juan.

INÉS: Pues, Pablito, a ti _____ pidió una estatua de Lladró, que son muy caras donde
vive ella. ¿No lo recuerdas, cielo?

PABLO: No, no recuerdo nada. Creo que estoy demasiado enamorado de ti como para pensar
en otras personas.

INÉS: Ah, ¡qué mono eres! Pues, ayer cuando estabas de compras, a mí _____ compraste
algo?

PABLO: Claro que sí. ¡A ti _____ compré mil años más conmigo!

INÉS: ¡Qué romántico! Pero, Pablo, entonces, ¿a quién _____ vas a regalar este equipo
de buceo que tienes escondido *(hidden)* en el armario?

PABLO: Eh, eh, pues, mi amor, sabes cuánto me gusta bucear... y el año pasado a ti yo
_____ pedí un equipo de buceo y tú nunca _____ regalaste el equipo que
quería.... y pues el precio era muy bueno....

INÉS: ¡PABLO! Creo que tienes que volver a San Juan, «mi amor».

¿Qué recuerdo le regaló Pablo a Inés? ¿Le gustó? _____

D. ¿QUÉ HICISTE? Tu amiga, Teresa Enrollada, siempre está en situaciones difíciles. Ahora
quieres saber cómo va a resolver sus problemas. Lee cada una de sus problemas y escribe la
pregunta que le vas a hacer, usando un pronombre de objeto indirecto. Sigue el modelo.

MODELO: La profesora está enojada y quiere hablar conmigo. (¿hablar?)
            ¿Le vas a hablar?
       o: *¿Vas a hablarle?*

1. Mis amigos quieren copiar mi tarea. (¿enseñar / tarea?)

    _____   _____

2. Mi ex-novio necesita 300 dólares. (¿dar / dinero?)

    _____

3. Tengo que hacerte una pregunta importante. (¿hacer / pregunta?)

    _____

4. Mi nuevo amigo del Internet quería una foto de mí. (¿ofrecer / foto?)

    _____

5. Este amigo del Internet quiere mandarnos una foto a nosotros dos. (¿mandar / foto?)

    _____

¡Te toca a ti!

E. EXPRESIONES DE AMOR   Contesta las siguientes preguntas con frases completas, usando pronombres de objeto indirecto. Sigue el modelo.

MODELO: ¿A quién vas a escribir esta semana?
Voy a escribirle a mi amigo Alberto.

1. ¿A quién le escribes frecuentemente? ¿Quién te escribe a ti frecuentemente?

   _____

2. ¿A quiénes les das regalos durante el año? ¿Quiénes te dan regalos a ti durante el año?

   _____

3. ¿A quién le ofreces ayuda con frecuencia? ¿Quién te ofrece ayuda frecuentemente?

   _____

4. ¿A quién le pides dinero?

   _____

5. ¿A quiénes les hablas por teléfono regularmente? ¿Quién te habla a ti por teléfono con frecuencia?

   _____

GRAMÁTICA II: *Double object pronouns*

¡A practicar!

F. ¡FELIZ CUMPLEAÑOS!   Carmen le cuenta a Delia de la fiesta de cumpleaños de Olga anoche. Completa su narración con la forma correcta del pronombre de objeto directo o del pronombre de objeto indirecto. **¡OJO!** Vas a usar **uno** de los pronombres y no los dos al mismo tiempo. Antes de hacer esta actividad, vuelve a tu libro de texto para repasar las formas de los dos tipos de pronombres de objeto.

Ayer fue el cumpleaños de Olga y ella _____ pasó muy bien. Todos sus amigos _____ dieron muchos regalos. _____ compraron en diferentes tiendas especializadas del viejo San Juan. Por ejemplo, Paco _____ compró una blusa de seda. A Olga le gustó mucho la blusa y ella _____ dio un beso a Paco.

Mateo, el novio de Olga, también _____ dio un regalo especial. A nosotros Mateo _____ dijo que iba a ser algo increíble, y realmente fue increíble. Después de que Olga abrió todos sus regalos, Mateo miró a Olga y _____ dijo, «Olga, _____ quiero mucho, y tú _____ sabes. Y también creo que tú _____ quieres a mí, ¿verdad? Pues, _____ compré este regalo, ¡ábre_____ ahora mismo!». Cuando Olga _____ abrió, empezó a gritar. Fue un anillo de diamantes. De repente ella _____ miró a nosotros y _____ dijo, «¡Voy a casarme con Mateo!».

G. REGALOS PARA TODOS Fernando habla con su amigo Ernesto sobre los regalos que Ernesto recibió y los que les dio a otras personas el día de los Reyes Magos. ¿Qué recuerda Ernesto de ese día? Selecciona la respuesta que mejor describe cada dibujo. Después, pon un círculo alrededor del objeto indirecto y subraya el objeto directo de la respuesta correcta. Sigue el modelo.

MODELO: ¿Quién te dio las maletas?

____✔____ Tú (me) las diste.

_____ Uds. mes las dieron.

_____ Nos las dieron Uds.

1   2   3   4

1. ¿A quién le regalaste el libro?

_____ Me lo regaló mi abuela.

_____ Me la regaló mi abuela.

_____ Se lo regalé a mi abuela.

2. ¿A quién le regalaste los discos compactos?

_____ Se las regalé a mis hermanas.

_____ Se los regalé a mis hermanas.

_____ Me las regaló mis hermanas.

3. ¿Quién les compró las bicicletas a ti y a tu hermano?

_____ Nos las compraron nuestros padres.

_____ Se las compramos a nuestros padres.

_____ Nos los compraron nuestros padres.

4. ¿A quién le mandaste dinero?

_____ Se los mandé a mis sobrinos.

_____ Nos los mandaron mis sobrinos.

_____ Se lo mandé a mis sobrinos.

H. ¡HÁZMELO! Es el última día de sus vacaciones y Alfonso está enfermo y no puede salir de su cuarto del hotel. Le pide varios favores a su compañero, Javier. Lee lo que necesita Alfonso y con los verbos indicados, forma mandatos informales, usando los pronombres de objeto directo e indirecto. **¡OJO!** Cuando usas los dos pronombres con los mandatos afirmativos, tienes que ponerle un acento escrito a la vocal tónica *(stressed)*. Sigue el modelo.

MODELO: Tengo sed y necesito un vaso de agua. (traer / el vaso de agua / a mí)
Tráemelo, por favor.

1. A mi novia todavía no le compré su regalo. (comprar / el regalo / a mi novia)

    _____

2. Tengo que preparar mis maletas, pero no puedo. (preparar / las maletas / a mí)

    _____

3. Tengo que mandar la tarjeta postal a mis padres, pero no puedo. (mandar / la tarjeta postal / a ellos)

    _____

4. Quiero comer fruta. (servir / fruta / a mí)

    _____

5. Necesito aspirina. (dar / la aspirina / a mí)

    _____

6. Necesitamos reconfirmar los vuelos. (reconfirmar / los vuelos / a nosotros)

    _____

¡Te toca a ti!

I. CUANDO VAS DE VIAJE Contesta las siguientes preguntas sobre lo que haces cuando vas de viaje. Usa pronombres de objeto directo e indirecto en tus respuestas.

1. Cuando viajas, ¿quién te hace los planes (las reservaciones del avión, del hotel, etc.)?

    _____

    _____

2. ¿A quiénes les escribes cartas o tarjetas postales cuando estás de viaje?

    _____

    _____

3. ¿A quiénes les tienes que traer recuerdos cuando vuelves de tu viaje?

    _____

    _____

4. Cuando vuelves del viaje, ¿a quiénes les enseñas tus fotos?

    _____

    _____

VOCABULARIO: *El hotel*

¡A practicar!

J. **¿UN HOTEL DE CUATRO ESTRELLAS?**   El señor Vargas piensa quedarse en un hotel de cuatro estrellas durante su viaje a la República Dominicana. ¿Encontró este hotel de cuatro estrellas? Completa su conversación con la recepcionista del hotel Las Brisas con las palabras apropiadas de la lista.

aire acondicionado	**camas sencillas**	**limpio**
ascensor	**cómodos**	**llave**
baño privado	**cuarto**	**quedarse**
cama doble	**cuatro estrellas**	**quejarse**

SEÑOR VARGAS: Buenos días. Quiero un _____ para dos personas, por favor.

RECEPCIONISTA: ¿Con una _____ o con dos _____, señor?

SEÑOR VARGAS: Una doble, por favor, con un _____.

RECEPCIONISTA: Bien. Tengo un cuarto en el sexto piso: número 606. ¿Está bien, señor?

SEÑOR VARGAS: Pues, el hotel tiene _____, ¿verdad?

RECEPCIONISTA: No, señor. Lo siento. Ése es el encanto del hotel. A nuestros clientes les ofrecemos un descanso de la modernidad.

SEÑOR VARGAS: Pues, hace mucho calor allí. ¿Tiene _____ el cuarto?

RECEPCIONISTA: No, señor, pero cada cuarto sí tiene abanico *(handheld fan)*. ¡No se preocupe, señor! Nuestros cuartos son muy _____.
¿Cuántas noches quiere _____?

SEÑOR VARGAS: Tres noches, pero no sé si puedo aguantar *(put up with)* el calor y las escaleras.

RECEPCIONISTA: No va a haber ningún problema, señor. A Ud. nuestro pequeño paraíso le va a gustar mucho. Éste no es un hotel de _____, pero todo está muy _____ y Ud. no va a _____ de nada.

SEÑOR VARGAS: Pues, no sé. ¿Puedo ver el cuarto antes de decidir?

RECEPCIONISTA: Sí, señor. Aquí está la _____.

¿Es el hotel Las Brisas un hotel de cuatro estrellas? ¿Por qué?

_____

_____

¡Te toca a ti!

K. **HOTELES** Lourdes acaba de regresar de su viaje a Puerto Rico, donde se quedó en dos hoteles muy distintos. ¿Cómo eran estos hoteles? Mira las fotos de estos dos hoteles y describe cada uno, usando el vocabulario que aprendiste en tu libro de texto.

1. Hotel El Lagarto

_____

_____

_____

_____

2. Hotel Sol y Luna

_____

_____

_____

_____

VOCABULARIO: *Indicaciones*

¡A practicar!

L. **EN LA CIUDAD** Mira el plano de la siguiente ciudad y luego pon un círculo alrededor de la preposición apropiada en cada oración de la descripción de esta ciudad.

La plaza está en el centro de la cuidad. Allí hay un parque que está (**al lado de / detrás de / cerca de**) la biblioteca. Hay un museo (**entre el / a lado del / a la derecha del**) banco y la oficina de correos. (**Lejos del / Entre / Al lado del**) parque está la gasolinera. La gasolinera está (**a la derecha de / delante de / cerca de**) la terminal de autobuses. (**Cerca de / Lejos de / Detrás de**) la terminal está la estación de trenes, que está (**a la izquierda del / a la derecha del / lejos del**) mercado central. (**A la derecha del / En frente del / Detrás del**) hotel hay una iglesia. La iglesia está (**lejos de / entre / delante de**) la oficina de correos. El aeropuerto está (**cerca de / lejos de / enfrente de**) la cuidad.

¡Te toca a ti!

M. **EN TU CIUDAD** ¿Cómo vas de la biblioteca de la universidad a la cafetería? De la universidad, ¿cómo llegas a tu restaurante favorito? Escribe las indicaciones para que Julio Rojas, un nuevo estudiante de Puerto Rico, pueda llegar. Indica si puedes ir a pie, o si tienes que usar otro modo de transporte.

1. de la biblioteca de la universidad a la cafetería

_____

_____

_____

2. de la universidad a tu restaurante favorito

_____

_____

_____

GRAMÁTICA III: *Formal commands*

¡A practicar!

N. **DE COMPRAS** Es la primera semana que Gloria está en San Juan y no conoce la ciudad. Les pide indicaciones a muchas personas que encuentra. Completa las siguientes conversaciones usando mandatos formales de los verbos indicados.

EN LA CALLE

GLORIA: Perdón, señor. ¿Sabe Ud. si hay un supermercado por aquí?

SEÑOR ORTEGA: Sí, señora. _____ **(Seguir)** Ud. derecho hasta la esquina.

Luego, _____ **(doblar)** a la derecha en la calle Unamuno y

_____ **(pasar)** dos cuadras más hasta la Sexta Avenida. Allí está el supermercado.

GLORIA: Gracias, señor.

SEÑOR ORTEGA: De nada, señora.

EN EL SUPERMERCADO

EMPLEADO: Señora, _____ **(decirme)** qué quiere Ud.

GLORIA: _____ **(Darme)** medio kilo de esas naranjas, por favor. Y, ¿están frescos los melones?

EMPLEADO: Sí, _____ **(mirar)** Ud. Están super frescos.

GLORIA: Muy bien. Y, ¿dónde puedo encontrar la sección de carnes?

EMPLEADO: Lo siento, señora. Aquí no vendemos carnes. _____ **(Ir)** a la carnicería. Queda muy cerca de aquí.

GLORIA: Bien. Entonces, eso es todo. Gracias.

EMPLEADO: De nada. _____ **(Tener)** Ud. un buen día. ¡Y _____ **(volver)** pronto!

GLORIA: Gracias. ¡Adiós!

O. **¡DESPIÉRTENSE!**   Ernesto y sus amigos querían pasar las vacaciones de primavera en un club deportivo en Puerto Rico, pero su agente de viajes se equivocó y están en un balneario para gente que quiere bajar de peso *(to lose weight)*. A las 6:00 de la mañana del primer día el director del club viene a despertarlos. Forma mandatos formales plurales con los siguientes elementos. **¡OJO!** Los pronombres van conectados al final de los mandatos afirmativos y van delante de los mandatos negativos. Sigue el modelo.

MODELO: levantarse todos
               ¡Levántense todos!

1.   vestirse rápidamente

_____

2.   no ducharse

_____

3.   ponerse los zapatos de tenis

_____

4.   echarse a correr 10 millas

_____

5.   no pararse para descansar

_____

6.   subirse la escalera

_____

7.   quitarse los zapatos y meterse en la piscina

_____

¡Te toca a ti!

P. **¡QUÉ ALIVIO!**   Después de analizarte, el psicólogo determinó que sufres de estrés porque nunca expresas tus opiniones. Te dijo que para aliviarlo, tienes que decirles a todas las personas lo que quieres de ellos. Escribe un mandato apropiado para cada una de las personas indicadas. **¡OJO!** Si es más de una persona, tienes que usar la forma plural del mandato.

1.   tu profesor(a) de español

_____

2.   los autores de tu libro de español

_____

3.   tu jefe del trabajo

_____

4.   tus ex-novios(as)

_____

5.   tus padres

_____

ASÍ SE DICE: *The subjunctive mood*

¡A practicar!

Q. ¡QUÉ MALO ES! Tomás encontró el diario de su compañera, Laura, y empezó a leerlo. Lee los siguientes pensamientos de Laura y nota que cada frase usa el subjuntivo. Siguiendo el modelo, pon un círculo alrededor del verbo en el subjuntivo y después escribe la razón *(doubt, emotion, negation, volition)* por la que está en el subjuntivo.

MODELO: Quiero que Tomás (limpie) la casa más.
          volition

doubt   emotion   negation   volition

1. Dudo que la novia de Tomás lo quiera. _____

2. Siento que la novia de Tomás tenga otro novio. _____

3. Estoy muy contenta de que Tomás viva conmigo. _____

4. No hay otra mujer que conozca mejor a Tomás que yo. _____

5. Estoy muy triste que Tomás no sepa cómo es su novia. _____

6. Teresa recomienda que yo hable con Tomás sobre mis sentimientos. _____

7. Es imposible que yo le diga a Tomás cómo me siento. Tengo demasiado miedo.

    _____

¿Qué descubrió Tomás al leer el diario de Laura?

_____

ENCUENTRO CULTURAL: *El habla popular de Puerto Rico*

Cualquier parte del mundo tiene su propio manera de hablar, así como su propio argot *(slang)*. La isla de Puerto Rico no es ninguna excepción. Lee el siguiente ejemplo de las palabras y los refranes *(sayings)* que se escuchan en Puerto Rico y piensa en cuáles serían las palabras y frases equivalentes en tu argot.

EL ARGOT PUERTORRIQUEÑO

1. **bochinche** *(sustantivo):* Un problema o una situación difícil. **Uso:** ¡Ay, mira el bochinche en que tú me metiste!

2. **buchi-pluma** *(sustantivo):* Alguien que habla mucho y hace poco o nada.

3. **chapucero** *(adjetivo):* Una persona que no hace bien las cosas, que es ineficiente. **Uso:** ¡Ese Pedro es un chapucero! Tenía que arreglar la lámpara, y mira lo que hizo… todavía no funciona.

4. **¡Chévere!** *(adjetivo):* Usado cuando algo está super bueno. **Uso:** ¡Qué chévere está la fiesta!

5. **Cuco** *(nombre):* Nombre folklórico del «espíritu feo» que viene para asustar a los niños que no se portan bien. **Uso:** Duérmete, niño, —si no, el Cuco va a venir y te va a comer.

6. **guagua** *(sustantivo):* Un autobús

Refranes

7. Mas vale tarde que nunca. (Es mejor hacer algo tarde que nunca hacerlo.)

8. Zapatero a su zapato y carpintero a su madera. (Cada persona sabe lo que hace.)

9. Como así siembras, cosechas. (Otras personas van a tratarte como tratas a ellos.)

10. No hay mal que dure cien años, ni cuerpo que lo resista. (Tarde o temprano cualquier problema tiene una solución.)

R. Y, ¿EN TU DIALECTO? Escribe la palabra o el refrán de tu argot local que mejor exprese el significado de cada una de estas palabras y refranes puertorriqueños.

Palabras

1. _____
2. _____
3. _____
4. _____
5. _____
6. _____

Refranes

7. _____
8. _____
9. _____
10. _____

SÍNTESIS

¡A escribir!

EXPLORANDO TU CIUDAD Los señores Álvarez, los padres de un amigo hispano tuyo, vienen a visitar tu ciudad en dos meses y quieren saber más de las atracciones turísticas de esa zona. Escríbeles una carta, describiéndoles qué deben hacer y dónde deben quedarse durante su visita. Incluye también una descripción de tu lugar preferido en tu ciudad. Diles cómo llegar a ese lugar del aeropuerto. ¡OJO! Usa mandatos formales y pronombres de objeto directo e indirecto si es necesario. Antes de escribir, repasa las estrategias para escribir lo que aprendiste en tu libro de texto.

_____
_____
_____
_____
_____
_____

_____

_____

_____

¡A leer!

CUANDO ERA PUERTORRIQUEÑA: ESMERALDA SANTIAGO

Paso 1: La siguiente selección literaria viene de la novela *Cuando era puertorriqueña,* escrita por Esmeralda Santiago. En esta novela la autora, quien ha vivido tanto la cultura puertorriqueña como la de los Estados Unidos, recuerda tiernamente su niñez en Puerto Rico. Escrita desde la perspectiva de una niña, la novela explora varios aspectos de la cultura de la isla tropical. En la siguiente selección, Santiago nos explica uno de los muchos dilemas que enfrentó de niña: ¿Era jíbara o no? ¿Qué es una jíbara exactamente? Después de leer esta selección, trata de adivinarlo.

Paso 2: Para facilitar la comprensión de la lectura, es importante anticipar elementos de la historia. Una de las maneras de hacerlo es pensar en lo que ya sabes del contexto de la historia. En este caso la historia que vas a leer toma lugar en Puerto Rico. Escribe varias oraciones sobre lo que ya sabes de Puerto Rico: su geografía, su clima, la gente, etcétera.

_____

_____

_____

_____

Paso 3: Otra estrategia que facilita la comprensión de un texto literario es leer solamente el primer párrafo del texto y luego reflexionar sobre la escena que pinta la descripción. Lee solamente el primer párrafo del siguiente texto y después contesta las siguientes preguntas.

1. La novela está escrita desde la perspectiva de una niña. ¿Cuáles son algunas de las palabras o ideas que ayudan a establecer este tono de la novela?

_____

_____

_____

2. ¿Cuáles son algunas de las palabras o ideas que pintan la escena de la isla tropical de Puerto Rico?

_____

_____

_____

3. ¿Cuáles son las personas que describe Santiago en este párrafo? ¿Qué es lo que sabes de estas personas (de su personalidad, de su posición social, etc.) después de leer el párrafo?

_____

_____

_____

Paso 4: Ahora lee esta parte de la novela, y luego contesta las preguntas de comprensión.

Mis hermanas y yo dormíamos en hamacas colgadas de las vigas[1] con nudos fuertes de que Mami o Papi hacían y deshacían todas las noches. Una cortina separaba nuestra parte de la casa del área donde Mami y Papi dormían en una cama de caoba[2] velada con mosquitero.[3] Los días de trabajo, Papi salía antes de la madrugada y decía que era él quien despertaba a los gallos que despertaban el barrio. No lo veíamos hasta el anochecer,[4] cuando bajaba por el camino con su caja de herramientas[5] jalándole del brazo, haciéndole caminar ladeado. Cuando no salía a trabajar, él y Mami murmuraban detrás de la cortina, haciendo rechinar los muelles de su cama,[6] cuchicheando palabras que yo trataba de oír pero no podía.

Yo era madrugadora, pero no se me permitía salir afuera hasta que un rayito de sol se metiera por entre las grietas[7] de la pared al lado de la máquina de coser y barriera una franja dorada en el piso anaranjado.

Al otro día, salté de la hamaca y salí corriendo afuera tan pronto el sol se metió dentro de la casa. Mami y Papi tomaban su pocillo de café fuera del ranchón[8] que servía de cocina. Mis brazos y vientre estaban salpicados[9] de puntillos rojos. La noche anterior, Mami me había bañado en alcoholado, lo que alivió la picazón[10] y refrescó el ardor en mi piel.

—¡Ay, bendito! —exclamó Mami—. Pareces que tienes sarampión.[11] Ven acá, déjame ver —me hizo voltear, sobando las motas—. ¿Te pican?[12]

—No, ya no me pican.

—Quédate en la sombra hoy pa' que no se te marque la piel.

Papi vocalizaba con el cantante de la radio. Él no salía sin su radio de batería. Cuando trabajaba en casa, la colocaba sobre una piedra, o la colgaba de un palo, y la ponía en su estación favorita, la cual tocaba boleros, cha-cha-chás y un noticiero cada media hora. A él le encantaban las noticias de tierras lejanas como Rusia, Madagascar, Estambul. Cuando el locutor mencionaba un país con un nombre particularmente musical, Papi lo convertía en una cancioncita. «Pakistán. Sacristán. ¿Dónde están?» cantaba mientras mezclaba cemento o clavaba tablas,[13] su voz un eco contra la pared.

Todas la mañanas escuchábamos el programa «El club de los madrugadores», el cual presentaba música jíbara. Aunque las canciones y la poesía jíbara describían una vida dura y llena de sacrificios, decían que los jíbaros eran recompensados con una vida comtemplativa, independiente, vecina con la naturaleza, respetuosa de sus caprichos,[14] orgullosamente nacionalista. Yo quería ser una jíbara más que nada en el mundo, pero Mami dijo que eso era imposible ya que yo nací en Santurce, donde la gente se mofaba de[15] los jíbaros por sus costumbres de campo y su dialecto peculiar.

—¡No seas tan jíbara! —me regañaba,[16] dándome cocotazos[17] como para despertar la inteligencia que decía que yo tenía en mi casco.

Yo salía corriendo, casco ardiendo, y me escondía detrás de las matas[18] de orégano. Bajo su sombra aromática me preguntaba, ¿si no éramos jíbaros por qué vivíamos como ellos? Nuestra casa, un cajón sentado sobre zancos bajos,[19] parecía un bohío. Nuestro programa de radio favorito tocaba la música tradicional del campo y daba información acerca de la cosecha, la economía agrícola y el tiempo. Nuestra vecina, doña Lola, era jíbara, aunque Mami nos había advertido nunca llamarla eso. Poemas y cuentos relatando las privaciones y satisfacciones del jíbaro puertorriqueño era lectura obligatoria en cada grado de la escuela. Mis abuelos, a los cuales yo tenía que respetar tanto como querer, me parecían a mí jíbaros. Pero yo no podía serlo, ni podía llamar a nadie jíbaro, porque se ofenderían. Aún a la edad tierna, cuando todavía no sabía ni mi nombre cristiano, me dejaba perpleja la hipocresía de celebrar a una gente que todos despreciaban,[20] pero no había manera de resolver ese dilema, porque en aquellos tiempos, los adultos lo sabían todo.

[1]**vigas** *beams*   [2]**caoba** *mahogany*   [3]**mosquitero** *mosquito netting*   [4]**anochecer** *dusk*   [5]**herramientas** *tools*   [6]**haciendo rechinar… cama** *making their bedsprings creak*   [7]**grietas** *cracks*   [8]**ranchón** *shed*   [9]**salpicados** *pimpled*   [10]**alivió la picazón** *soothed the itching*   [11]**sarampión** *measles*   [12]**¿Te pican?** *Does it itch?*   [13]**mezclaba… tablas** *mixed cement or hammered nails*   [14]**caprichos** *whims*   [15]**se mofaba de** *mocked*   [16]**me regañaba** *she would scold me*   [17]**cocotazos** *head bangs*   [18]**matas** *bushes*   [19]**un cajón… bajos** *a box on low stilts*   [20]**despreciaban** *looked down on*

1. Santiago dice que cuando era niña escuchaba música jíbara. ¿Cómo era esta música?

   _____

2. ¿Por qué decía la mamá de Santiago que ella no era jíbara?

   _____

3. ¿Cuál era el dilema de Santiago con respecto a ser jíbara?

   _____

4. ¿Por qué se burlaban (made fun) los puertorriqueños de los jíbaros?

   _____

5. ¿Qué piensas que es un jíbaro?

   _____

Autoprueba

I. VOCABULARIO

A. **VIAJES**   Empareja las descripciones apropiadas de la columna de la izquierda con las palabras de la columna de la derecha.

_____ 1. maletas y mochilas	**a.** la aduana
_____ 2. las horas de salida y llegada	**b.** el horario
_____ 3. las personas que viajan	**c.** el equipaje
_____ 4. donde hacen la inspección de las maletas	**d.** los pasajeros
_____ 5. donde los turistas presentan los pasaportes	**e.** el pasaporte
_____ 6. donde los turistas compran sus boletos de viaje	**f.** la inmigración
_____ 7. el documento oficial para entrar en otro país	**g.** la agencia de viajes

B. **EN EL HOTEL**   El señor Morales tiene que pasar tres noches en un hotel de San Juan, Puerto Rico. Ahora el gerente le explica cómo es el hotel. Completa su descripción usando las palabras apropiadas de la lista.

aire acondicionado	**cuartos**	**limpios**	**sencillas**
ascensor	**cuatro estrellas**	**privado**	**sucios**
cómodo	**dobles**	**recepción**	

Éste es un hotel de lujo, es decir de _____. En este hotel todos

los _____ siempre están _____ y nunca

están _____. Según su preferencia, tenemos habitaciones con

camas _____ o _____. Todas tienen baño

_____. Como esta zona es tropical y normalmente hace mucho calor,

todos las habitaciones también tienen _____. La mejor habitación está en

el octavo piso, pero no se preocupe, tenemos _____. Si durante su visita

necesita cualquier cosa, por favor, llame a la _____. Le pueden traer todo

lo que Ud. necesite. Creo que Ud. va a estar muy _____ en este hotel.

C. ¿DÓNDE ESTÁ TODO? Mira el siguiente plan de una pequeña parte de una ciudad. Estás en la avenida Constitución y tratas de decidir dónde están varios lugares. Escoge las palabras apropiadas de la lista y no repitas ninguna palabra. ¡OJO! Recuerdas que las respuestas tienen que representar la perspectiva de alguien que está en la avenida Constitución.

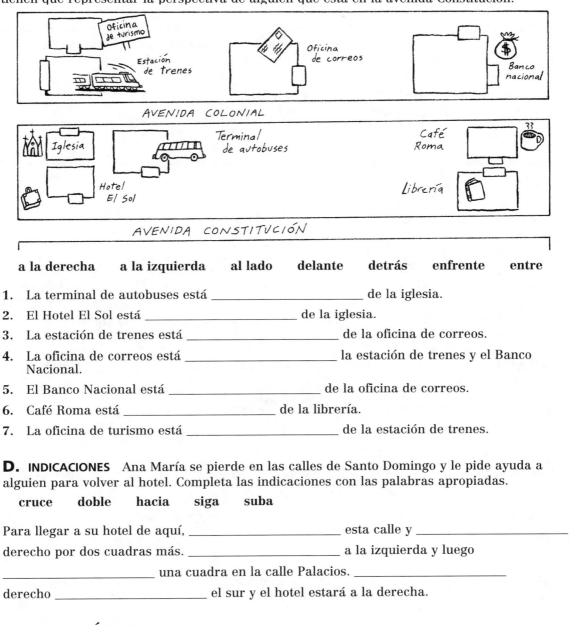

a la derecha   a la izquierda   al lado   delante   detrás   enfrente   entre

1. La terminal de autobuses está _____ de la iglesia.

2. El Hotel El Sol está _____ de la iglesia.

3. La estación de trenes está _____ de la oficina de correos.

4. La oficina de correos está _____ la estación de trenes y el Banco Nacional.

5. El Banco Nacional está _____ de la oficina de correos.

6. Café Roma está _____ de la librería.

7. La oficina de turismo está _____ de la estación de trenes.

D. INDICACIONES Ana María se pierde en las calles de Santo Domingo y le pide ayuda a alguien para volver al hotel. Completa las indicaciones con las palabras apropiadas.

cruce   doble   hacia   siga   suba

Para llegar a su hotel de aquí, _____ esta calle y _____

derecho por dos cuadras más. _____ a la izquierda y luego

_____ una cuadra en la calle Palacios. _____

derecho _____ el sur y el hotel estará a la derecha.

II. GRAMÁTICA

E. UNA CARTA Completa la siguiente conversación usando pronombres de objeto indirecto.

JUAN CARLOS: Celina, _____ escribí una carta a mis padres hoy.

GLORIA: ¿Qué _____ dijiste?

JUAN CARLOS: A mi mamá _____ dije que estoy muy contento aquí y a mi papá _____ dije que necesito más dinero. Pero es interesante porque cuando fui a enviar_____ la carta, encontré que ellos _____ escribieron una carta a mí.

GLORIA: ¡Qué coincidencia! ¿Qué _____ dijeron a ti?

JUAN CARLOS: Pues, _____ dijeron que están bien y que no _____ van a enviar más dinero. Al final, decidí no mandar_____ la carta.

F. ELENA, LA BUENA Los amigos de Elena siempre le piden muchos favores y Elena, la buena, siempre dice que sí. Escribe sus respuestas a los siguientes amigos usando los pronombres de objeto directo e indirecto. **¡OJO!** No te olvides que el pronombre de objeto indirecto va delante del pronombre de objeto directo.

1. Elena, ¿me puedes prestar *(loan)* tu chaqueta azul?

   _____

2. Elena, ¿nos preparas una cena especial?

   _____

3. Elena, ¿nos puedes escribir el ensayo?

   _____

4. Elena, ¿te podemos pasar nuestra tarea?

   _____

5. Elena, ¿le puedes comprar un regalo a Rosa?

   _____

G. ANTES DE SALIR DEL MERCADO Completa la siguiente conversación con mandatos formales de los verbos indicados. **¡OJO!** En algunos casos tienes que usar el pronombre también.

CLIENTE: _____ **(Perdonar)**, señor. Por favor, _____ **(darme)** una bolsa plástica para estos tomates.

VENDEDOR: Cómo no, señora. _____ **(Tomar)** Ud. esta bolsa limpia.

CLIENTE: Gracias. _____ **(Decirme)** una cosa, señor. ¿Sabe Ud. si hay un banco cerca de aquí?

VENDEDOR: Pues, sí. _____ **(Salir)** al mercado y _____ **(ir)** dos cuadras todo derecho. El banco está a la izquierda.

CLIENTE: ¡Muchas gracias! _____ **(Tener)** Ud. un buen día.

VENDEDOR: Y Ud., señora. _____ **(Volver)** pronto. Hasta luego.

H. ¿QUÉ DICE? Lee lo que dice José de su clase de español y pon un círculo alrededor de las formas verbales en el subjuntivo. Luego, indica por qué el verbo está en el subjuntivo. Sigue el modelo.

MODELO: Siento que Lola (tenga) que estudiar tantas horas para la clase.
emotion

1. La profesora duda que nosotros hagamos la tarea todos los días. _____

2. No hay ninguna profesora que sea más inteligente que la nuestra. _____

3. No creo que a Jenny le guste la clase. _____

4. Recomiendo que todos los estudiantes tomen más clases de español. _____

5. No quiero que mis compañeros saquen una mala nota en la clase. _____

Las relaciones sentimentales: Honduras y Nicaragua

VOCABULARIO:
Las relaciones sentimentales

¡A practicar!

A. BUSCAPALABRAS Lee las pistas y trata de encontrar las palabras relacionadas con el amor y el matrimonio que describen. Luego, separa aquellas letras en negrilla *(bold)* y organízalas para encontrar la frase escondida.

A	N	O	V	I	A	Z	G	O	L	P	E
O	I	Ñ	I	**E**	R	O	**M**	P	L	E	F
P	E	I	N	E	R	**I**	E	E	A	L	A
E	L	R	A	M	O	R	I	S	O	O	**R**
ñ	E	A	C	E	Z	M	A	R	E	I	R
U	R	C	U	L	E	I	D	**A**	S	T	S
A	E	O	R	D	I	V	O	R	C	I	O
R	G	E	A	A	L	U	B	A	U	J	**I**
D	A	N	T	**R**	E	D	E	P	**T**	A	E
O	U	E	N	E	F	I	A	E	D	R	D
L	U	C	I	B	**C**	E	R	S	E	C	**A**

1. Otro nombre para el amor que demuestran los novios _____

2. El viaje que hacen los novios después de casarse _____

3. El opuesto al matrimonio _____

4. Lo que hacen los novios que no se llevan bien _____

5. Decoración utilizada en la ceremonia _____

6. Lo que lleva la novia durante la ceremonia _____

7. La fase de la relación amorosa justo antes del matrimonio _____

8. Nombre para la ceremonia que inicia el matrimonio _____

La frase escondida: (Es un momento memorable para los novios.)

— — — — — — — — —   — — — —

¡Te toca a ti!

B. **UNA BODA TÍPICA** ¿Cómo son las bodas típicas en tu familia? Describe cómo son usando el vocabulario de bodas y recepciones que aprendiste en tu libro de texto.

_____

_____

_____

_____

_____

_____

GRAMÁTICA I: *The present perfect tense*

¡A practicar!

C. **¡LO HE PERDIDO!** Marta ha perdido algo en la universidad. Para saber lo que es, completa la siguiente conversación con formas apropiadas del verbo **haber.**

MARTA: Hola, soy Marta.

CATALINA: Hola, soy Catalina. ¿Qué te _____ pasado?

MARTA: _____ perdido mi bolsa con mi pasaporte. ¿Lo _____ visto tú por aquí?

CATALINA: Pues, no. Lo siento. No _____ visto ninguna bolsa. ¿De dónde eres?

MARTA: Soy de Managua. Mi hermana y yo _____ venido a la universidad para estudiar la informática.

CATALINA: ¡Qué bueno! Uds. son nicaragüenses. ¿_____ llamado Uds. a la policía?

MARTA: No, nosotras no lo _____ hecho todavía. Lo vamos a hacer ahora mismo.

CATALINA: Bien. ¡Buena suerte!

D. **LOS ÚLTIMOS DETALLES** Linda y su mamá están hablando de las preparaciones para la boda de Linda. Completa su conversación con la forma de los verbos indicados en el presente perfecto. **¡OJO!** Recuerda que varios de los verbos tienen participios irregulares.

LINDA: Bueno, mamá, ¿qué más tenemos que hacer?

MAMÁ: ¿_____ _____ (comprar) las invitaciones?

LINDA: Sí, y ya les _____ _____ (mandar) invitaciones a todos los invitados.

MAMÁ: ¿_____ _____ (pagar) el vestido de boda?

LINDA: Ahhh. Se me olvidó. Y tampoco _____ _____ (hablar) con el

sastre *(tailor)* sobre las alteraciones. Y mamá, ¿sabes si papá ya _____

_____ (reservado) su smoking *(tuxedo)*?

MAMÁ: Sí, Linda. ¡No te preocupes! Tu papá ya lo _____ _____ (hacer).

¿No _____ _____ (ver) el recibo?

LINDA: No, mamá. Papá todavía no me lo _____ _____ **(traer).** Se lo voy
a pedir. Bueno, mamá, ¿algo más?

MAMÁ: No, Linda, creo que nosotras _____ _____ **(recordar)** todo. Ay, a
lo mejor queda un detalle. Tu novio, ¿_____ _____ **(decir)** que
quiere casarse contigo?

LINDA: ¡Mamá!

E. **QUERIDOS ABUELOS** Hace dos meses que Miguel y Ana están casados y ahora Ana le
escribe una carta a sus abuelos para decirles cómo les va todo. Siguiendo el modelo, forma
frases con las siguientes palabras, usando el presente perfecto.

M O D E L O: nosotros / pasarlo bien
Nosotros lo hemos pasado bien.

Queridos abuelos,

1. nosotros / volver / de la luna de miel

_____

_____

2. la vida de casados / ser / perfecto

_____

_____

3. cada día / Miguel / decir / que me quiere mucho

_____

_____

4. nuestros amigos / escribirnos / muchas cartas

_____

_____

5. nosotros / abrir / una cuenta bancaria

_____

_____

6. Y, ¿saben qué?, ¡el conejo / morir!

_____

_____

Con mucho cariño,

Ana y Miguel

¡Te toca a ti!

F. CITA A CIEGAS (BLIND DATE)   Te has ofrecido para salir en una cita a ciegas con un(a) amigo(a) de tu amigo José y esta persona quiere saber más de ti. Contesta sus preguntas en frases completas, usando el presente perfecto donde sea apropiado.

1. ¿Te gusta ir al cine? ¿Qué películas has visto en los últimos dos o tres meses?

    _____

    _____

    _____

2. ¿Tienes un buen sentido del humor? ¿De qué te has reído últimamente?

    _____

    _____

    _____

3. ¿Qué clases has tomado este año en la universidad?

    _____

    _____

4. ¿Qué tipo de cosas te gusta hacer con tus amigos? ¿Cuáles son varias de las actividades que tú y tus amigos han hecho este mes?

    _____

    _____

    _____

    _____

ASÍ SE DICE: *Describing reciprocal actions*

¡A practicar!

G. LA PAREJA FAMOSA   Julio y Ana María están enamorados y todos sus amigos están hartos *(fed up)* porque Julio y Ana María demuestran su cariño en todas partes. Míralos en los siguientes dibujos y describe todo lo que la pareja hace. Escribe frases completas usando las formas recíprocas. Puedes seleccionar entre las siguientes acciones. Sigue el modelo.

abrazarse / y mirarse / profundamente
besarse / en público
contarse secretos / en público
escribirse cartas / durante la clase
hablarse por teléfono / muy tarde

MODELO: *Se hablan por teléfono hasta muy tarde.*

1. _____   2. _____

_____   _____

3. _____   4. _____

_____   _____

¡Te toca a ti!

H. **¡LA GUERRA DE LAS ROSAS!**   Claudia y Juan José Rosas están a punto de divorciarse y hablan con su consejero *(counselor)* matrimonial. Se quejan de su relación. Forma frases recíprocas para explicar lo que está mal con su relación. Puedes usar los siguientes verbos u otros que conoces. Sigue los modelos.

MODELOS: *Claudia y yo no nos vemos nunca; trabajamos demasiado.*
Juan José y yo ya no nos ayudamos en la casa.

abrazarse	**comunicarse**	**darse**	**hablarse**
besarse	**conocerse**	**decirse**	**llevarse bien/mal**

1. _____

_____

2. _____

_____

3. _____

_____

4. _____

_____

5. _____

_____

VOCABULARIO: *La recepción*

¡A practicar!

I. ASÍ SE HACE Maribel le cuenta a su amiga Ángela cómo son las recepciones en su país. Para saber cómo son, completa la descripción con las palabras apropiadas de la siguiente lista. ¡OJO! Tienes que conjugar los verbos.

agarrar   aplaudir   asistir   banquete   felicitar   orquesta   terminar

Después de la ceremonia todos los invitados _____ a una fiesta elegante

para celebrar el matrimonio. Todo empieza con un brindis para los novios. Después los invita-

dos toman su champán y _____ los recién casados.

Generalmente el _____ comienza a las 9:00 de la noche. Hay todo tipo

de comida rica, y mientras comen los invitados, la _____ toca música

moderna y tradicional.

Después de la cena, todos se divierten mucho bailando y charlando hasta muy tarde. Al

final, la novia tira su ramo de flores y una chica lo _____. Eso significa que

ella va a casarse pronto. La fiesta _____ cuando los novios se van. Todos

_____ y los recién casados salen para su luna de miel.

¡Te toca a ti!

J. EN LOS ESTADOS UNIDOS Mariana Flores vive en Tegucigalpa, Honduras, y el mes que viene, va a venir a los Estados Unidos para asistir a la boda de su primo que vive aquí y que se va a casar con una chica estadounidense. Ahora quiere saber cómo son las bodas típicas en los Estados Unidos. Contesta sus preguntas, basándote en tus propias experiencias.

1. Típicamente, ¿son elegantes las bodas? ¿Cómo se visten los invitados?

_____

_____

2. ¿Dónde tuvo lugar la última boda a que asististe?

_____

_____

3. ¿Bailaste mucho en la última boda a la que fuiste?

_____

4. ¿Cómo son las recepciones? ¿Hay orquestas? ¿Qué tipo de música tocan?

_____

_____

5. ¿Cuáles son algunas de las costumbres que se siguen en las recepciones?

_____

_____

ASÍ SE DICE: *Using adverbs to qualify actions*

¡A practicar!

K. **DON JUAN** Berta acaba de conocer a Esteban, el «don Juan» de su residencia universitaria. Ahora le hace preguntas a Cristina sobre cómo es este don Juan. Escribe las respuestas de Cristina, convirtiendo los adjetivos en adverbios. Sigue el modelo.

M O D E L O : ¿Es paciente Esteban cuando conquista a las chicas?
Sí, conquista a las chicas pacientemente.

1. ¿Es fácil para Esteban conquistar a las chicas?

_____

2. ¿Es elocuente cuando habla con las chicas?

_____

3. ¿Les hace llamadas frecuentes a las chicas?

_____

4. ¿Les da besos apasionados?

_____

5. ¿Es rápido cuando corta con las chicas?

_____

¡Te toca a ti!

L. **TUS HÁBITOS** ¿Cómo haces las siguientes actividades? Escribe frases usando adverbios para describir cómo las haces. ¡OJO! Selecciona un adjetivo distinto para cada caso y conviértalo en adverbio y no repitas ningún adverbio. Sigue el modelo.

básico	**frecuente**	**rápido**
constante	**inmediato**	**regular**
contento	**lento** *(slow)*	**tranquilo**
cuidadoso	**nervioso**	

M O D E L O : ir al cine
Voy al cine frecuentemente.

1. estudiar para un examen

_____

2. prepararte para salir en una cita

_____

3. leer el periódico

_____

4. responder a tus llamadas telefónicas

_____

5. resolver un problema difícil

_____

ASÍ SE DICE: *Adverbial expressions of time and sequence*

¡A practicar!

M. **LAS VACACIONES DE PEDRO** Pedro escribió una carta a su pen pal sobre sus vacaciones. Termina la carta, escogiendo los adverbios apropiados de la siguiente lista.

a veces   cada   nunca   siempre   solamente

_____ año voy de vacaciones a las lindas playas de Nicaragua. Cuando era

joven _____ iba con mi familia, pero ahora que soy mayor, voy solo. De hecho,

prefiero viajar solo; _____ invito a nadie. Normalmente paso tres semanas, pero

este año, _____ voy a poder pasar una semana. Pero, ¡voy a aprovechar el

tiempo! _____ día voy a bañarme en el mar y después voy a explorar la selva.

_____ me gusta pasar tiempo en Managua con algunos de mis amigos, pero este

año con tan poco tiempo, creo que voy a quedarme cerca de la playa y la selva. Sé que lo voy

a pasar super bien!

¡Te toca a ti!

N. **¿QUÉ PASÓ?** La semana pasada la ex-novia de Javier se casó y obviamente Javier no pudo asistir a la boda. Como es masoquista, Javier quiere saber paso por paso lo que ocurrió. Decides mandarle algunas fotos con una carta para contarle lo que pasó. Basándote en las siguientes fotos, escríbele la carta, usando los adverbios de secuencia de abajo. **¡OJO!** Antes de escribir, repasa el vocabulario de bodas y recepciones y también repasa el uso de los tiempos pasados.

después   finalmente   luego   por fin   primero

_____
_____
_____
_____
_____
_____
_____
_____
_____
_____
_____

GRAMÁTICA II: *Relative pronouns*

¡A practicar!

O. CHISMES *(GOSSIP)*   Antonio le cuenta los últimos chismes a sus amigos de su residencia. Para saber lo que dice, escribe la forma apropiada de los pronombres relativos de abajo.

lo que   que   quien

1. Marta, la chica _____ vive en el tercer piso está saliendo con Roberto.

2. La chica con _____ salía Roberto el mes pasado está saliendo ahora con el hermano de Roberto.

3. _____ sorprende a Roberto es que esa chica está saliendo también con el chico con _____ cortó hace dos meses.

4. Carlos rompió la computadora _____ está en la habitación de Tomás.

5. Tomás cree que su compañero, a _____ le prestó *(loaned)* la computadora la rompió.

6. Carlos no le dijo a Tomás _____ pasó.

¡Te toca a ti!

P. ¿Y TUS CHISMES? Ahora Antonio quiere saber algo de tus chismes. Contesta sus preguntas en frases completas, usando los pronombres relativos de abajo. Sigue los modelos.

MODELOS: ¿Quién es la persona que más quieres?
Juan Carlos es la persona que más quiero.

¿Cuál es lo que más te molesta?
La falta de cortesía es lo que más me molesta.

lo que   que   quien

1. ¿Quién es la chica que sale con tu mejor amigo?

_____

2. ¿Cuál es la comida que más te gusta?

_____

3. ¿Quién es la persona con quien sales ahora?

_____

4. ¿Cuál es lo que más te molesta?

_____

ENCUENTRO CULTURAL: *Los piropos*

La palabra española **piropo** deriva de dos palabras griegas, *pyr* y *opos,* que significan **fuego** y **aprecio.** En español, su significado sigue reflejando estos dos conceptos. En todo el mundo hispano, el piropo es una expresión de seducción y de admiración por la belleza hacia otra persona. Típicamente son frases u oraciones que los hombres les tiran a las mujeres, pero más y más, las mujeres también se los tiran a los hombres. Aquí van algunos de los más conocidos.

—Si ésta es la cola *(trailer),* ¡cómo será la película!
—Quisiera ser lágrima para nacer en tus ojos, rodar en tu mejilla y morir en tu boca.
—Si la belleza es pecado, no tienes perdón de Dios.
—¡Así que las demás mujeres eran fotocopias! ¡Acabo de conocer la original!
—¿Dónde venden los números para ganarse este premio?
—Quisiera ser computadora para verificar tu sistema.
—Ser esclavo de tu amor es tener como prisión el paraíso.
—Tantas curvas y yo sin frenos *(brakes).*
—Si cocinas como caminas, me lo como todo.

Q. ¿Y TÚ? Contesta estas preguntas con frases completas.

1. ¿Qué piropo les gusta más a los chicos y las chicas en tu universidad?

_____

2. Siguiendo el ejemplo de los piropos mencionados, escribe dos o tres piropos que piensas que pueden tener éxito.

_____

_____

_____

SÍNTESIS

¡A escribir!

EL RESUMEN   En tu libro de texto aprendiste a escribir un resumen de una narración. El resumen recuenta todos los acontecimientos importantes que llegan a la resolución de una historia. En esta sección, vas a escribir un resumen de tu película favorita o de algún episodio de tu programa de televisión favorito. Sigue los siguientes pasos.

Paso 1: ¿Cuál es la película o el episodio que vas a resumir? _____

Paso 2: Escribe la siguiente información sobre la película o el episodio en una hoja de papel.

1. Escribe un nuevo título.
2. ¿Dónde tiene lugar?
3. ¿Cuándo ocurre?

4. ¿Quiénes son los personajes principales?
5. ¿Cuál es el suceso central?

Paso 3: Empleando la información que pusiste en el **Paso 2,** escribe un breve resumen de la historia.

Paso 4: Vuelve a escribir el resumen abajo, corrigiendo la gramática y la ortografía y prestando atención especial al contenido.

_____

_____

_____

_____

_____

_____

_____

_____

_____

_____

¡A leer!

AMOR EN EL CIBERESPACIO

Paso 1: El siguiente artículo comenta las posibilidades que ofrece el Internet para buscar una relación amorosa. Antes de leerlo, piensa en todas las estrategias para leer que has aprendido. Por ejemplo, trata de anticipar las ideas que vas a encontrar en este artículo. Escribe estas ideas en las siguientes líneas.

_____

_____

_____

_____

_____

Paso 2: Otra estrategia para facilitar la lectura es la de buscar los cognados. Mira rápidamente el siguiente artículo y subraya todos los cognados que ves.

Amor en el ciberespacio

Si el día de San Valentín te encuentra sin pareja, no importa. Desde la oficina o la casa se puede lanzar a la conquista amorosa con la ayuda del Internet. No hace falta ponerte ropa especial ni buscar el club más popular. Las posibilidades de cultivar el amor que ofrece la computadora no sólo son amplias sino que llegan hasta el asombro. Hay para todos los gustos.

Para establecer un romance primero hay que buscar pareja. Para eso te pueden ser útiles los miles de sitios de la World Wide Web dedicados a los asuntos del amor. Hoy día abundan sitios que mantienen bases de datos personales, y con un método de búsqueda refinado que rastrea[1] por sexo, rango de edad, estado civil, ciudad y gustos, es bastante fácil pescarte una pareja compatible. Cada vez que se da con alguna persona que interese, se podrán ver todos sus datos, su dirección de email y hasta su foto. A partir de ese momento, todo queda librado al gusto y la imaginación del navegante. Para explorar las posibilidades más, siempre se puede probar con el Chat, es decir, con las charlas por computadora.

Ahora, si el romanticismo llega hasta el extremo de invertir unos pesos, no viene mal invertir en un ramito de flores. No hace falta salir de casa o de la oficina. Y se las puede enviar a cualquier parte del mundo. Existen varias florerías internacionales y en cualquiera de estas tiendas virtuales se puede comprar un ramo con tarjeta de dedicatoria y todo. Eliges las flores y la tarjeta, escribes unas líneas y pagas, claro está, y dentro de poco tiempo el ramo parte hasta su destinación. Y para los bolsillos vacíos hay otras posibilidades. Se trata de mandar tarjetas, flores, regalos y hasta besos virtuales. O sea, imágenes de los mismos a las que se puede añadir alguna frase dulce.

De aquí si todo va viento en popa[2] y la relación tiene solidez, puedes empezar a sustituir los encuentros virtuales por algunos encuentros «reales», en algún café o restaurante. Pero, ¡no te preocupes! Si las cosas van hacia la otra dirección, el Internet también te puede ayudar. Hay sitios que ofrecen consejos y hasta te escriben cartas de ruptura que, por su contenido, aseguran una separación inmediata.

[1]**rastrea** *checks* [2]**va viento en popa** *is successful*

Paso 3: Ahora, lee el artículo otra vez y después contesta las preguntas de comprensión.

PREGUNTAS DE COMPRENSIÓN

1. Según el artículo, ¿cuál es la ventaja del email con respecto a las relaciones amorosas?

   _____

2. ¿Qué tipo de información personal ofrece las bases de datos personales del Internet?

   _____

3. ¿Qué opción ofrece el Internet para los amantes que quieren quedar bien *(to impress)* con alguien, pero que no tienen dinero para gastar?

   _____

4. ¿Qué servicio ofrece el Internet para las relaciones amorosas que fracasan *(fail)*?

_____

Paso 4: Otra estrategia de comprensión que aprendiste en tu libro de texto consiste en escribir un resumen de los puntos más importantes. Para hacerlo, sigue estos pasos.

1. Vuelve al texto y subraya la oración temática o la idea principal de cada párrafo.

2. Pon un círculo alrededor de las palabras claves de cada párrafo.

3. Escribe un resumen del artículo en tus propias palabras, sin añadir tus opiniones personales.

_____

_____

_____

_____

_____

_____

_____

_____

Autoprueba

I. VOCABULARIO

A. **EL NOVIAZGO**   Gregorio y María hablan de su relación. Completa su conversación con las palabras apropiadas de la siguiente lista. **¡OJO!** Si seleccionas un verbo, tienes que conjugarlo. No repitas ninguna palabra.

amor	casados	enamorarse	matrimonio
cariño	enamorados	llevarse	noviazgo

GREGORIO: Mi amor, ¿no es cierto que nuestro _____ comenzó el día que nos conocimos?

MARÍA: Sí, cariño, fue _____ a primera vista, ¿verdad?

GREGORIO: Claro porque _____ en un instante.

MARÍA: Tan grande era nuestro _____ desde el principio.

GREGORIO: Ay, cómo recuerdo nuestra primera cita. Me invitaste al cine y luego fuimos a un café.

MARÍA: Sí, y _____ tan bien juntos, estábamos

_____. ¡Ay!

GREGORIO: Y al poco tiempo te hice una propuesta de _____.

MARÍA: Y cinco años después, ¡todavía estamos _____!

B. LA BODA Mónica le cuenta a su amiga Ledia cómo son las bodas norteamericanas. Completa su descripción usando palabras y frases de la siguiente lista. ¡OJO! Si seleccionas un verbo, es posible que tengas que conjugarlo.

agarrar	casarse	novios	recién casados
aplaudir	divorciarse	orquesta	separarse
banquete	felicitar	ramo de flores	tener lugar
besarse	luna de miel	recepción	tirar
brindis			

Muchas veces los _____ deciden _____ en una

iglesia. Cuando _____ delante del altar, ya están casados. Después de

esa ceremonia, los _____ salen de la iglesia y todos

_____ y les _____ arroz. Luego todos salen

para la _____.

   A veces estas fiestas _____ en un restaurante o también en un par-

que bonito. Allí es típico tener un _____ elegante, pero antes de comer

alguien les hace un _____ a la pareja. Todos los invitados

_____ a los novios y entonces empiezan a comer. Después de comer, la

_____ empieza a tocar música y todos salen a bailar. Más tarde, la

novia tira el _____ y una chica lo trata de _____.

Finalmente, los novios salen para la _____ y los otros continúan la

fiesta.

   Con suerte, los novios no _____, pero típicamente, el 50 por ciento

de los novios _____ después de siete años de matrimonio.

II. GRAMÁTICA

C. ¿QUÉ HAN HECHO? Leonel acaba de volver de un viaje de negocios y quiere saber qué han hecho los diferentes miembros de su familia durante la última semana. Forma frases completas con las siguientes palabras, usando el presente perfecto.

1. Pablo / leer / tres libros

   _____

2. Teresa y Ángela / ver / una película nueva

   _____

3. mamá y yo / escribir / cartas a la familia

   _____

4. yo / divertirse / con mis amigos

   _____

5. tú / volver / de un viaje largo

   _____

D. EL ROMANCE DE KEN Y BARBIE ¿Cuál es la historia de la relación entre Ken y Barbie? Forma frases recíprocas con las siguientes palabras. **¡OJO!** Recuerda que tienes que conjugar los verbos en el pretérito y usar los pronombres apropiados. Sigue el modelo.

MODELO: Ken y Barbie / presentarse / un día en la playa
Ken y Barbie se presentaron un día en la playa.

1. Ken y Barbie / conocerse / en Malibú

   _____

2. ellos / mirarse / intensamente

   _____

3. ellos / abrazarse / fuertemente

   _____

4. ellos / enamorarse / inmediatamente

   _____

5. ellos / casarse / en junio de ese año

   _____

E. MIGUEL LO HACE ASÍ ¿Cómo hace Miguel las cosas? Selecciona una actividad de la columna A y forma un adverbio de los adjetivos de la columna B para escribir frases completas.

Columna A	Columna B
leer el periódico	fácil
hablar con las chicas	rápido
comer	frecuente
sacar buenas notas	nervioso
ir a fiestas	detenido *(careful)*

1. _____
2. _____
3. _____
4. _____
5. _____

F. LA RUTINA Arcelia describe su rutina diaria. Completa su descripción con los adverbios apropiados de la siguiente lista.

a veces   muchas veces   nunca   siempre   solamente   todos los días   una vez

_____ me despierto a las 6:00 de la mañana porque tengo muchísimas cosas que hacer en un día típico. _____ tengo ganas de volver a dormirme, pero no puedo, así que me levanto en seguida. _____ los sábados y domingos puedo levantarme tarde, ya que son mis días de descanso. Cuando me levanto, me preparo rápidamente y en seguida me voy corriendo a la universidad.

_____ voy a un café para tomar un cafecito, pero normalmente no tengo tiempo porque mi primera clase empieza a las 7:30. _____ pensé que tenía tiempo para el café, pero no lo tenía. Llegué tarde a la clase y el profesor me regañó enfrente de todos. ¡Qué vergüenza!

Después de la clase como el desayuno. _____ pierdo el desayuno con mis amigos porque es casi la única oportunidad que tengo para descansar durante todo el día. Después de desayunar, voy a mis otras clases, y finalmente, a trabajar. Vuelvo a la casa a las 9:30 de la noche y _____ estoy cansada.

G. ¿CÓMO LO HAGO? La novia de Jorge está fuera del país y Jorge quiere mandarle un email, pero él no sabe hacerlo. Para ayudarlo, escribe las instrucciones para mandar un email. Pon en orden las instrucciones y usa los adverbios de secuencia abajo.

después   entonces   finalmente   luego   primero

_____ Te compras software para el email.

_____ Te sacas una cuenta electrónica de Internet.

_____ Le pides a tu novia su dirección electrónica.

_____ Le envías el mensaje.

_____ Puedes escribir el mensaje que quieres mandar.

_____

_____

_____

_____

_____

_____

_____

H. ¿EL NUEVO NOVIO DE VALERIA? Para saber cómo es este nuevo novio, completa cada frase con un pronombre relativo apropiado.

1. Es el chico _____ vive con su hermano.

2. Tiene ese coche viejo _____ siempre hace tanto ruido.

3. Valeria está loca porque no sabe _____ dice todo el mundo de él.

4. Creo que el chico con _____ salía antes Valeria era mucho más guapo.

CAPÍTULO

El mundo del trabajo: Panamá

VOCABULARIO: *Las profesiones y los oficios*

¡A practicar!

A. SOPA DE PALABRAS Pon en orden las letras de los siguientes nombres de profesiones y después, escribe una breve descripción. Sigue el modelo.

MODELO: feje *jefe*
Supervisa a los empleados.

1. dabaogo _____

_____

2. iroiranetev _____

_____

3. narquebo _____

_____

4. ótagarfof _____

_____

5. enioringe _____

_____

6. urisaqita _____

_____

7. ostepridia _____

_____

8. dorcanot _____

_____

¡Te toca a ti!

B. ¿QUÉ MATERIAS? Para cada una de las profesiones mencionadas, escribe una de las materias académicas que uno tiene que estudiar para prepararse para esa carrera. ¡OJO! Antes de hacer esta actividad, repasa el vocabulario de materias académicas del **Capítulo 1** en tu libro de texto.

1. contador: _____

2. siquiatra: _____

3. abogado: _____

4. veterinario: _____

5. programador: _____

GRAMÁTICA I: Por *vs.* para

C. ¿*POR* O *PARA*?   Lee las siguientes frases con las preposiciones **por** y **para**. Luego pon la letra de la razón por la que se utiliza **por** o **para**.

a.	in order to / for the purpose of	**g.**	duration of time
b.	during	**h.**	cost
c.	through	**i.**	destination
d.	employment	**j.**	specific time
e.	opinion	**k.**	member of a group
f.	on behalf of		

_____   **1.**   Alicia tiene que estudiar para el examen.

_____   **2.**   Claudio gana $40,00 por hora.

_____   **3.**   Antonio sale para el trabajo a las 6:00.

_____   **4.**   Antonio trabaja para Telefónica.

_____   **5.**   Para Carmela, ser dentista es muy agradable.

_____   **6.**   Julia iba a trabajar por su amiga ayer.

_____   **7.**   Juan Carlos trabajó por 30 años.

_____   **8.**   Compró el CD para Julieta.

_____   **9.**   Para extranjera, Teresita habla español muy bien.

_____   **10.**   Nidia necesita el artículo para el martes que viene.

D. ¿*PUEDES IR*?   Tita y Sara hacen planes para ir de compras, pero Sara tiene que trabajar. Completa su conversación con la forma apropiada de **por** o **para**.

SARA: ¿Aló?

TITA: Hola, Sara, habla Tita. Oye, ¿quieres ir de compras hoy _____ la tarde?

SARA: Sí, me encantaría, pero hoy tengo que trabajar _____ Amanda. Está enferma hoy y no puede trabajar.

TITA: ¡Otra vez! Ésta es la tercera vez este mes. _____ una chica tan joven, está enferma muchísimo.

SARA: Ya lo sé. _____ mí ya es demasiado, pero ¿qué puedo hacer? Es mi hermanita.

TITA: Bueno, ¿_____ cuántas horas tienes que trabajar hoy?

SARA: Sólo dos o tres. ¿_____ qué no pasas _____ mi casa a las 7:00 de la tarde?

TITA: A las 7:00 va a haber mucho tráfico así que voy a salir _____ tu casa a las 6:00. ¿Sabes qué? ¿Va a estar allí Mónica?

SARA: No lo sé. ¿Qué quieres con Mónica?

TITA: Pues, mi hermano, Carlos, le compró algo _____ su cumpleaños, pero le da mucha vergüenza dárselo. Entonces, se lo voy a traer yo.

SARA: ¡Ay, _____ Dios! ¡Esa Mónica tiene a todos los chicos pero locos de verdad!

¡Te toca a ti!

E. ENTREVISTA Solicitas un puesto de trabajo con la división de países hispanos de la compañía Hewlett-Packard. Parte de la solicitud te pide que contestes las siguientes preguntas en frases completas. **¡OJO!** Presta atención especial al uso de **por** y **para.**

1. ¿Por cuántos años ha trabajado Ud.?

_____

_____

2. ¿Para qué compañías ha trabajado?

_____

_____

3. Para Ud., ¿cuál es el mejor lugar en el mundo hispano para trabajar y vivir? ¿Por qué?

_____

_____

4. ¿Cree Ud. que es difícil para un norteamericano vivir y trabajar en un país extranjero?

_____

_____

5. ¿Cuánto dinero piensa Ud. ganar al año?

_____

_____

VOCABULARIO: *La oficina, el trabajo y la búsqueda de un puesto*

¡A practicar!

F. ¡UN BUEN TRABAJO! Carolina Corral le escribe una carta a su hermana, Tita, para decirle un poco sobre lo que hace su hijo, Jorge. Completa la carta con las palabras apropiadas de la siguiente lista. **¡OJO!** Tienes que conjugar algunos de los verbos en el pretérito.

beneficios	currículum	llamar	reunirse
candidato	empresa	llenar	solicitud
contratar	entrevista	pedir un aumento	sueldo
correo electrónico	jubilarse	puesto	tiempo completo

Hola Tita,

Espero que estés bien de todo. Aquí te cuento que mi querido Jorgito acaba de graduarse de la universidad y ahora busca trabajo con una

_____ internacional. La semana pasada encontró

un _____ con AT&T en el campo de telecomunicaciones.

Ya que las telecomunicaciones son su especialidad, Jorge va a ser un

buen _____ para el trabajo. Jorge los

_____ por teléfono y pidió una _____.

Se la mandaron inmediatamente y en seguida (right away) él la _____

y se la mandó de vuelta. Y, ¡ahora quieren hacerle una _____!

Es un trabajo de _____, es decir, cinco días a la semana desde

las 8:00 de la mañana hasta las 6:00 de la tarde. Tal vez va a ser difícil, pero la compañía ofrece

muy buenos _____. Le van a pagar los seguros médicos privados

y le van a dar tres semanas de vacaciones durante el primer año. Además, el

_____ es relativamente alto para un principiante (beginner):

¡ofrecen 20.000 pesos al año! Jorge dice que después de su primer año, si todo va bien, él puede

_____. Jorge dice que la persona que antes hacía este trabajo

acaba de _____ y él, al final de su carrera de 20 años con la

compañía, ganaba 60.000 pesos al año. La única desventaja del trabajo, para mí, es que Jorge

va a tener que viajar mucho. Pero, bueno, en esta época de la tecnología, siempre puedo mandarle

algún _____ para estar en contacto con él.

Jorge quiere prepararse bien, así que hoy va a _____ con

su consejero y él le va a ayudar a pulir (polish) su _____. Jorge

quiere saber si ha incluido toda la información necesaria porque sabe que es una parte muy impor-

tante de la presentación. Jorge está super preocupado porque quiere este trabajo, pero yo sé que

AT&T lo va a _____. Claro, es mi hijo, así que ¡es perfecto!

Bueno, Tita, ya te aviso si tengo alguna noticia del trabajo.

Un abrazo fuerte y un besito,

Carolina

¡Te toca a ti!

G. SOLICITANDO TRABAJO Javier Gutiérrez es de la ciudad de Panamá pero quiere solicitar un trabajo en los Estados Unidos. Quiere saber más sobre los trabajos y la manera en que se consiguen en los Estados Unidos. Contesta sus preguntas.

1. ¿Cuál es la información más importante para incluir en el currículum?

_____

_____

2. ¿Cuáles son algunos de los beneficios que les ofrecen las grandes empresas a sus empleados?

_____

_____

3. ¿Cuáles son algunas de las preguntas que se hacen típicamente en las entrevistas?

_____

_____

4. ¿Qué recomendaciones tienes para conseguir un buen trabajo con una empresa grande en los Estados Unidos?

_____

_____

GRAMÁTICA II: *Negative tú commands*

¡A practicar!

H. CONSEJOS PRÁCTICOS Mañana es el primer día de trabajo para Marilina y su amiga Silvia le da varios consejos para tener éxito en este puesto. Siguiendo el modelo, forma mandatos informales negativos con los siguientes elementos. ¡OJO! Recuerda que varios verbos tienen formas irregulares en el mandato informal negativo. También, recuerda que los pronombres se colocan delante del mandato negativo.

MODELO: no / dormirse / en la oficina
         ¡No te duermas en la oficina!

1. no / llegar / tarde

_____

2. no / hacer / fotocopias de partes del cuerpo

_____

3. no / ponerse / ropa provocativa

_____

4. no / contar / chismes / con otras personas de la oficina

_____

5. no / salir a fumar / muchas veces durante el día

_____

6. no / pedir / un aumento / el primer día

_____

7. no / escribir / correos electrónicos personales / desde la oficina

_____

¡Te toca a ti!

I. **DOCTOR(A) SABELOTODO**   En tu lugar de trabajo todos te conocen como el (la) doctor(a) Sabelotodo. Siempre puedes solucionar los problemas de los otros y hoy varios compañeros de tu oficina te explican sus situaciones. Lee las situaciones y para cada una escríbele un manda-to afirmativo y uno negativo.

1. Paulo: Quiere salir con Elizabeth, pero Elizabeth no sabe que él existe.

_____

_____

2. Alicia: No puede pagar su alquiler _(rent)_ con lo que gana, pero es muy tímida y no le gusta hablar con el jefe.

_____

_____

3. Adolfo: Solicita otro trabajo pero no sabe cómo decírselo a la jefe.

_____

_____

4. Eva: Ha roto _(She has broken)_ la fotocopiadora por la tercera vez este mes y no sabe qué hacer.

_____

_____

5. Carlos: Tiene que terminar un proyecto importante para mañana y no lo ha empezado.

_____

_____

VOCABULARIO: _Las finanzas personales_

¡A practicar!

J. **GEMELOS DISTINTOS**   Juan y Juana son gemelos, pero son muy distintos, sobre todo con respecto a sus hábitos financieros. Para saber cómo son diferentes, mira los dibujos y escoge las palabras o los verbos apropiados de la lista. ¡OJO! Si es verbo, vas a tener que conjugarlo para usarlo.

a plazos	facturas
cajero automático	prestar
cuenta de ahorros	presupuesto
depositar	sacar
efectivo	tarjeta de crédito

JUANA   **JUAN**

1. Todos los días Juana   Todos los días Juan

_____ dinero   _____ dinero

en su _____.   del _____.

2. Juana compra poco y siempre paga en   Juan compra mucho y lo paga todo con

_____. Sólo gasta lo   su _____.

que le permite su _____.

3. Juana siempre le _____   Juan no puede pagar sus

dinero a Juan porque él nunca lo tiene.   _____ con todo el

                                             dinero a la vez. Siempre tiene que pagar

                                             _____.

¡Te toca a ti!

K. **¿JUAN O JUANA?** ¿Eres más como Juan o como Juana? ¿Por qué? Escribe un párrafo explicando tus hábitos financieros.

_____

_____

_____

_____

_____

GRAMÁTICA III: *Formation of the present subjunctive and statements of volition*

¡A practicar!

L. **MARIMANDONA** Gloria es la jefe de una compañía y no es muy popular entre sus empleados porque nunca los deja en paz; siempre les dice que hagan algo. Luz Consuelo le cuenta a un amigo qué les dice su jefe. Forma frases completas con las siguientes palabras. ¡OJO! Tienes que usar el presente del subjuntivo en la frase subordinada. Sigue el modelo.

MODELO: Gloria / querer / Juan Carlos y Antonio / traerle café / todas las mañanas
Gloria quiere que Juan Carlos y Antonio le traigan café todas las mañanas.

1. Gloria / insistir en / todos los empleados / trabajar / 10 horas al día

_____

_____

2. Gloria / no permitir / Magaly y yo / usar / el correo electrónico

_____

_____

3. Gloria / prohibir / nosotros / hacerle / preguntas

_____

_____

4. Gloria / no querer / yo / divertirme / durante las horas de trabajo

_____

_____

5. Gloria / mandar / Alejandro / servirle / el almuerzo / todos los días

_____

_____

M. **TERTULIA** Estás en el café donde Cecilia, Felipe y otros amigos se reúnen todos los días para tener su tertulia *(get-together)*. Como siempre, charlan sobre sus vidas y los problemas del mundo. Cada uno expresa sus deseos y los escuchas. Escoge una palabra de cada columna para formar frases lógicas que expresen estos deseos. ¡OJO! Tienes que usar el presente del subjuntivo en la frase subordinada. Sigue el modelo.

MODELO: *Alicia espera que los sueldos suban.*

yo	insistir en	nosotros	ser más justa
tú	desear	tú	no dormirse mientras hablamos
Felipe	esperar	la policía	subir
Cecilia	recomendar	yo	ir de vacaciones más a menudo
nosotros	preferir	el presidente	no tener que trabajar tanto
Felipe y Cecilia	querer	ellos	haber más trabajos para todos
ellos	desear	la gente	estar felices por toda la vida
Alicia	esperar	los sueldos	saber más de las necesidades de la gente

1. _____

2. _____

3. _____

4. _____

5. _____

6. _____

7. _____

N. ¡QUÉ HORROR!   Tere tiene que cuidar a su primo, Manuel, que es un niño travieso *(rascal)*. Son las 11:00 de la noche y Manuel todavía no quiere dormirse y Tere está desesperada. Decide mandarle un correo electrónico a su mamá, que trabaja en su oficina, para decirle lo que hace Manuel. En tu correo electrónico, tienes que decidir si necesitas usar el infinitivo o el presente del subjuntivo. **¡OJO!** Sólo cuando hay un cambio de sujeto es necesario usar el subjuntivo.

Hola, Lupe,

Te cuento que ahora quiero _____ **(matar)** a tu hijo. Manuel insiste en no

_____ **(acostarse)** y no sé qué hacer. Deseo que Manuel

_____ **(dejar)** de jugar con sus juguetes porque ya es demasiado tarde, pero

prefiere que nosotros _____ **(jugar)** más. De hecho, insiste en que nosotros

_____ **(seguir)** jugando. No deseo _____ **(ser)** antipática, pero

te juro que ¡este niño me tiene loca! Espero que tú _____ **(poder)** ayudarme.

Me interesa saber qué recomiendas que yo _____ **(hacer)** con este niño

travieso. Por favor, ¡contéstame pronto!

Tere

¡Te toca a ti!

O. ¿QUÉ LE RECOMIENDAS?   Imaginas que eres el (la) secretario(a) de Lupe. Ella está muy ocupada ahora y no puede contestarle a Lupe. Te ha pedido que le escribas el correo electrónico y que le des tus recomendaciones para la situación. Escríbele el correo electrónico con por lo menos cuatro recomendaciones. **¡OJO!** Recuerda que tienes que usar el subjuntivo en la frase subordinada.

Hola, Tere,

_____
_____
_____
_____
_____
_____
_____
_____
_____

P. **SITUACIONES**   ¿Qué les recomiendas a tus amigos en las siguientes situaciones? Para cada situación escribe por lo menos dos recomendaciones. Trata de usar diferentes verbos de volición.

1. Un amigo tuyo quiere estudiar en Costa Rica el próximo año. El problema es que no ha ahorrado suficiente dinero y necesita 1.000 dólares más. ¿Qué sugieres que haga?

_____
_____
_____
_____
_____

2. Una amiga tuya acaba de cortar con tu mejor amigo. Dice que piensa en él todo el día y no sabe qué hacer. ¿Qué le recomiendas?

_____
_____
_____
_____

3. Dos amigos tuyos necesitan un lugar donde vivir porque acaban de botarlos *(kick them out)* de su propio apartamento y ahora quieren vivir contigo. No quieres ofenderlos, pero no quieres que vivan en tu casa. ¿Qué les recomiendas?

_____
_____
_____
_____
_____

ENCUENTRO CULTURAL: *La economía de Panamá*

La economía de Panamá

La moneda nacional de Panamá es el balboa y junto con sus fracciones está a la par del dólar de los Estados Unidos, que desde 1904 es de circulación legal. Panamá no imprime papel moneda excepto para propósitos conmemorativos, pero acuña[1] sus propias monedas. A diferencia del resto de sus hermanas americanas, aproximadamente 72% de la economía de la República de Panamá se basa en el sector servicios mientras los sectores agrario y manufactura son minoritarios.

Muchas de las empresas de este sector de servicios participan en la Bolsa de Valores de Panamá, S.A. Ésta es una sociedad anónima organizada bajo las Leyes de la República de Panamá y es parecido a la bolsa estadounidense de Wall Street. A pesar del título «sociedad anónima», la bolsa panameña no es una empresa secreta. S.A. es el término utilizado para aquellas empresas que se forman por medio de la venta de acciones.

La misión de la bolsa panameña es la de servir como intermediario entre el Estado y la Empresa Privada por una parte y los inversionistas por la otra, para la compraventa de títulos-valores. También intenta canalizar el ahorro nacional hacia la inversión y proporcionar y mantener a disposición del público, información financiera y comercial sobre las empresas inscritas en ella. Algunas de las empresas inscritas en la Bolsa de Valores de Panamá, S.A. incluyen las siguientes:

- Banco de Finanzas, S.A.
- Banco de Latinoamérica
- Bolsa de Valores de Panamá, S.A.
- Cervecería Baru-Panamá
- Cervecería Nacional
- Chase Investment Bank
- Citibank
- Coca Cola de Panamá, S.A.
- Grupo Editorial Universal
- Industrias de Nata, S.A.
- Leasing Empresarial, S.A.
- Panameña de Motores
- Summit Golf and Resorts
- Tropical Resorts International

[1]acuña *mints*

Q. LA ECONOMÍA Después de leer el artículo sobre la economía de Panamá, contesta las siguientes preguntas.

1. ¿Cómo se llama la moneda oficial de Panamá? ¿Sabes a quién se debe el nombre?

   _____

   _____

2. ¿Cuánto valen 20 dólares en Panamá?

   _____

3. ¿Puedes adivinar cuál es el título equivalente a «S.A.» en los Estados Unidos?

   _____

4. ¿Cómo se difiere la economía de Panamá de la de otros países de Latinoamérica?

   _____

5. ¿Eres accionista? ¿En qué compañías has invertido dinero?

   _____

6. ¿Reconoces algunas de las compañías de la Bolsa de Ventas de Panamá, S.A.? ¿Qué tipo de negocio crees que es la Cervecería Nacional?

_____

_____

_____

_____

SÍNTESIS

¡A leer!

EL CURRÍCULUM VITAE   El siguiente artículo ofrece consejos para escribir un currículum vitae. Antes de leerlo, piensa en todas las estrategias que has aprendido para facilitar la comprensión de los textos. En tu libro de texto aprendiste a adivinar el significado de las palabras desconocidas por el contexto en que aparecen. Para hacerlo, siempre ayuda anticipar los detalles del contexto de la lectura.

Paso 1: Lee el título del texto y mira el dibujo que lo acompaña. Después, escribe una lista de las ideas o palabras que esperas encontrar en el artículo.

_____

_____

_____

_____

_____

_____

_____

_____

Paso 2: Lee el texto entero una vez sin buscar ninguna palabra en el diccionario. Si no entiendes el significado de alguna palabra o frase, subráyala y sigue leyendo. Después de leer el texto una vez, busca las siguientes palabras en el texto y, usando el contexto en la que aparecen, trata de identificar su significado.

_____ 1. reclutador   **a.** absolutamente necesario

_____ 2. rechazar   **b.** apoyar; aportar evidencia que demuestre algún punto

_____ 3. imprescindible   **c.** persona que busca candidatos para puestos de trabajo

_____ 4. respaldar   **d.** no seleccionar

EL CURRÍCULUM VITAE: CONSEJOS PRÁCTICOS

Tu currículum es uno de los instrumentos más importantes a la hora de solicitar trabajo. Cuando las empresas tratan de llenar un puesto, hay ocasiones en las que los reclutadores reciben más de 200 currículum vitae y, claro está, sólo pueden escoger los que más se asemejen a[1] las características de la posición. Para evitar que tu solicitud sea rechazada, es imprescindible tener un currículum con un contenido bien organizado, conciso y, sobre todo, fácil de leer.

El contenido de un currículum vitae

El contenido de tu currículum es lo que te vende al empleador. Es por medio de este documento que el empleador decide si quiere comprar tus servicios y hacerte parte de su equipo de trabajo. Por eso, al considerar el contenido que vas a incluir, piensa en todos los logros[2] que hayas alcanzado en tus anteriores empleos. Por ejemplo, si en algún trabajo anterior contribuiste un método nuevo para realizar más ventas, no dudes en mencionarlo. Sin embargo, sé modesto y no exageres tu potencial. Es mejor escribir el contenido de tu información de tal manera que la puedas respaldar con tu experiencia profesional. A la hora de la entrevista no quieres que el empleador descubra que has mentido.

Junto con tu experiencia profesional, es necesario incluir los datos sobre tu formación académica. Incluye el nombre de tu universidad o instituto, el grado que obtuviste (por ejemplo, bachillerato o posgrado) y las fechas del período que estuviste allí. Si ganaste algún premio durante tus años universitarios, es preciso mencionarlo sólo si es relevante para el puesto que solicitas.

Recuerda que entre más concisa y corta sea tu información, las posibilidades de que los reclutadores la lean son mucho mejores. Esto implica que no debes incluir información innecesaria. No incluyas, por ejemplo, datos personales como el número de tu permiso de manejar, tu fecha de nacimiento o cualquier otro documento de identidad. Así también, no menciones tu estado civil, tus preferencias religiosas ni tu estado de salud. Enfócate en lo que estás vendiendo y no en lo que podrían utilizar los empleadores para rechazarte.

El formato del currículum

Un gerente tiene aproximadamente de 28 a 45 segundos para hojear rápidamente un currículum y decidir si le interesa o no. Por esto es importante que sigas un formato estándar para mantener tu currículum conciso y fácil de leer. Limita tu contenido a una hoja solamente, dos hojas como máximo. Aconsejamos que utilices hojas de tamaño carta (8–1/2 x 11) y de buena calidad que tengan peso y alguna textura.

No te olvides que la primera impresión de tu currículum puede ser un factor definitorio en la decisión de ofrecerte una entrevista o para rechazarte. Por eso, es imprescindible que el documento tenga un alto nivel de organización y que no tenga ningún error. Revisa el documento varias veces y muéstraselo a por lo menos cuatro personas antes de mandarlo con una solicitud de trabajo. Un solo error de ortografía puede costarte una oportunidad de empleo.

Con estos consejos estás listo para prepararte tu propio currículum. Explota todos los recursos disponibles para escribir un currículum que se destaque[3] entre los demás. ¡Buena suerte!

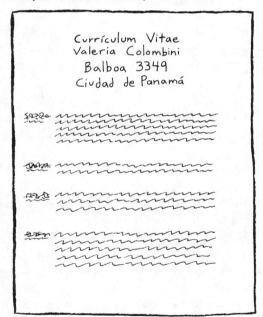

---

[1]**se asemejen a** *resemble*   [2]**logros** *achievements*   [3]**se destaque** *stands out*

Paso 3: Lee el texto entero una vez más. Esta vez, pensando en el contexto del artículo, trata de adivinar el significado de cualquier palabra que subrayaras *(you underlined)* cuando leíste el artículo la primera vez. Luego, contesta las siguientes preguntas de comprensión.

PREGUNTAS DE COMPRENSIÓN

1. Según el artículo, ¿cuáles son dos datos necesarios para incluir en cualquier currículum?

   _____

2. Según el artículo, ¿es siempre buena idea incluir información sobre premios que has ganado?

   _____

3. ¿Por qué no debes mencionar información personal en el currículum?

   _____

4. Imagina que tu amigo(a) solicita trabajo y quiere que tú le des algunas sugerencias para escribirlo bien. Pensando en el artículo que acabas de leer, ¿qué le vas a aconsejar? Escribe dos recomendaciones, usando un mandato informal o una frase con el subjuntivo.

   _____

   _____

¡A escribir!

EL EMPLEADO IDEAL En tu libro de texto aprendiste a organizar tus ideas usando un mapa temático antes de escribir un ensayo. Aquí vas a practicar esta estrategia para escribir un párrafo sobre tus cualidades personales que te hacen el empleado ideal.

Paso 1: Durante 10 minutos, piensa en tus cualidades personales que te hacen un(a) buen(a) empleado(a). Escribe cada una de estas cualidades en una hoja de papel. No te preocupes ni por la ortografía ni por la gramática —simplemente pon tus ideas en el papel.

Paso 2: Mira todas las ideas que has escrito y trata de organizarlas bajo diferentes categorías. Por ejemplo, ¿has mencionado información sobre tu carácter? ¿sobre tu experiencia profesional? ¿sobre tu formación académica? Estas categorías pueden ayudarte a organizar el párrafo.

Paso 3: Para cada una de tus cualidades, dibuja una línea a otro espacio del papel donde vas a escribir un dato o un ejemplo que demuestre esta cualidad. Por ejemplo, si has mencionado que has estudiado en una de las mejores universidades en el país, escribe el nombre de la universidad. Estos datos van a formar el contenido de tu ensayo.

Paso 4: Mira el mapa que has dibujado y escribe una oración que resuma la información que has incluido. Ésta va a ser la oración temática del párrafo. Un ejemplo puede ser: **Tanto mi experiencia profesional como mi preparación académica me hacen el (la) empleado(a) ideal.**

Paso 5: Elabora tu párrafo siguiendo la organización y contenido que has puesto en tu mapa temático.

Paso 6: Después de escribir una primera versión, vuelve a revisar la gramática y la ortografía y escribe la segunda versión abajo.

_____

_____

_____

_____

_____

_____

_____

_____

_____

_____

_____

_____

_____

_____

Autoprueba

I. VOCABULARIO

A. **¿QUÉ DEBE HACER?**   Ernesto está un poco perplejo sobre su futura carrera. Quiere hacerlo todo. Ahora describe lo que le gusta hacer. Para cada una de sus descripciones, escribe el nombre de la profesión que describe.

1. Me gusta dibujar y diseñar edificios. _____

2. Me gusta cortar pelo. _____

3. Me encantan los animales. _____

4. Quiero escribir artículos interesantes. _____

5. Me interesa escribir programas de software. _____

6. Quiero enseñar en una escuela. _____

7. Me encantan las lenguas. _____

8. Quiero proteger a la gente. _____

9. Me interesa analizar los problemas de la gente. _____

10. Me fascinan los dientes. _____

B. SOLICITANDO TRABAJO Juan Antonio trabaja para un servicio de empleos. Cada día él ayuda a la gente en su búsqueda de trabajo. Hoy ayuda a Ana María y le explica los pasos que tiene que seguir para conseguir un buen puesto. Para saber lo que dice, escoge las palabras apropiadas de la lista.

beneficios	entrevista	proyectos
computadora	fotocopias	solicitar
contratar	impresora	solicitud
currículum	imprimir	sueldo
despedir	jubilarte	tiempo completo
empleados	llamar	tiempo parcial

Si vas a _____ un puesto, lo primero que tienes que hacer es actualizar *(to update)* tu _____. Tienes que escribirlo en la _____ e _____ el documento en un papel muy fino. Recomiendo una _____ laser. Después, tienes que hacer muchas _____ porque lo vas a mandar a muchas compañías.

Si encuentras un trabajo que te interesa, tienes que pedir una _____ de la compañía. Creo que debes _____ por teléfono para pedirla. Así vas a tener tu primera oportunidad de impresionar a los empleados de la compañía. Si les caes bien, pueden ofrecerte una _____ inmediatamente.

Si te invitan a la compañía, vístete bien. Llévate un traje azul o negro. Ese día te van a explicar mejor el puesto y los _____ que vas a tener que llevar a cabo. También te van a describir los _____ que ofrecen a los _____. Ése no es el momento de hablar del _____. Si la compañía decide que te quiere _____, te lo van a decir y entonces puedes hablar de dinero.

Antes de aceptar el trabajo, tienes que establecer si es un puesto de _____ o de _____. También vas a querer hablar más de los beneficios. Vas a querer saber cuál es la edad para _____, y vas a querer saber qué seguros ofrecen si te tienen que _____.

C. CONSEJOS FINANCIEROS Vas a comprar un coche nuevo y tus padres quieren darte algunos consejos. ¿Qué te dicen? Completa los siguientes párrafos con las palabras apropiadas. **¡OJO!** Si es verbo, tienes que conjugarlo y decidir entre el infinitivo y el presente de subjuntivo.

a plazos	cuenta de ahorros	prestar
ahorrar	depositar	presupuesto
cajero automático	en efectivo	sacar
cheques	facturas	tarjeta de crédito

Primero, tienes que _____ mucho dinero. Para hacerlo, recomendamos que _____ dinero en tu _____ todas las semanas. También, recomendamos que no _____ dinero del _____ todos los días. Es mejor escribirte un

_____ y sólo gastar el dinero que sabes que puedes gastar.

Claro, esperamos que no uses tu _____. Debes pagar todo

con tus _____ porque así al fin del mes no vas a recibir

_____ que te espanten *(frighten you)*.

Para comprar el coche, nosotros te queremos _____ el

dinero. Así puedes pagar _____ y no vas a tener que pagar

_____ y perder dinero en interés.

II. GRAMÁTICA

D. **DE VACACIONES** Marta ha estado de vacaciones y ahora ha vuelto a su oficina. Completa su conversación con Elena con las preposiciones **por** o **para**.

MARTA: ¿Sabes qué, Elena? La semana pasada estuve en un crucero y pasamos _____ el canal de Panamá. ¡Fue fantástico! Regresé anoche _____ la tarde.

ELENA: ¡Que bueno, Marta! ¿_____ cuánto tiempo estuviste en el crucero?

MARTA: Fue un crucero de 14 días. No te diste cuenta de que yo no estaba aquí.

ELENA: Ay, Marta, lo siento, pero no. Tuve que preparar un informe _____ el jefe y él lo quería _____ hoy. No noté nada porque estaba trabajando como loca.

MARTA: Ay, sí, Hector, el jefe horrible. _____ padre de dos hijos tan simpáticos, es un hombre demasiado antipático. Pues, dime, ¿lo terminaste?

ELENA: Sí, casi. Sólo hace falta sacar una fotocopia, pero la máquina está descompuesta. ¿No hay otra _____ aquí?

MARTA: Sí, en la oficina de Juan. Pero antes de irte, compré este regalito _____ ti. Si no te gusta, selecciona otro. Compré un montón de cosas en el Caribe _____ muy poco dinero.

ELENA: Bueno, gracias. Pues, ahora, ¿qué vas a hacer?

MARTA: Me siento un poco cansada todavía. Creo que voy _____ la casa para descansar. No le digas nada a Hector.

ELENA: No, no le digo nada. ¡Adiós!

MARTA: Chau.

E. **¡QUE NO!** Tu compañero de cuarto está muy antipático hoy y te critica todo lo que haces. Para saber lo que dice, forma mandatos negativos con los elementos que siguen.

1. no / mirar / la tele

_____

2. no / poner / esa música

_____

3. no / olvidarte / de limpiar la casa

_____

4. no / dormirte / en el sofá

_____

5. no / salir / de la casa

_____

F. EL AMOR EN EL LUGAR DEL TRABAJO   Trabajas en la computadora de un colega del trabajo y encuentras el siguiente correo electrónico que Paulino le escribe a una chica que trabaja para la compañía rival. ¡Evidentemente Paulino está enamorado! Termina este correo electrónico, seleccionando los verbos apropiados de la lista con la forma apropiada del presente del subjuntivo.

divertirse   enamorarse   escribir   ir   llamar   mandar   mirar   pensar   perder   tener

> Querida amor,
> Gracias por tu mensaje. También he pensado mucho en ti. Quiero que me
> _____ más cartas y que me _____ por
> teléfono a veces. Espero que _____ un buen día hoy, y que
> no te _____ ningún otro hombre. También prefiero que tú no
> _____ en otros hombres. ¡Sabes que soy muy celoso!
>   Sabes que te quiero mucho y espero con todo el corazón que tú _____ de
> mí. Sé que tu jefe no quiere que sus empleados _____ mucho tiempo
> con los emails, pero te pido que me _____ por lo menos uno al día y así
> voy a saber que estás pensando en mí.
>   Quiero invitarte a salir el viernes que viene. Quiero que nosotros _____
> al nuevo restaurante caribeño y que _____ mucho. Espero verte muy
> pronto.
>
> Con todo mi cariño,
> Paulino

G.   ENTRE AMIGOS   Completa la siguiente conversación entre Luis y Jorge, dos colegas del trabajo. Tienes que decidir entre el infinitivo y el presente de subjuntivo de los verbos indicados.

LUIS: Tengo ganas de descansar un poco, Jorge. Quiero _____ **(salir)** a tomar

algo. ¿Quieres _____ **(venir)** conmigo al Coyote Pub?

JORGE: No, prefiero que nosotros _____ **(seguir)** trabajando un poco más. Sólo

nos queda una hora más.

LUIS: Tienes razón, pero quiero que _____ **(trabajar)** rápidamente para así

terminar temprano.

JORGE: Bueno, pero después de terminar no quiero _____ **(ir)** al Coyote. Mi

esposa insiste en que yo siempre _____ **(volver)** a casa después del tra-

bajo. Así prefiero que tú me _____ **(acompañar)** a mi casa para tomar

algo. ¿Qué te parece?

LUIS: Pues, está bien. Entonces te acompaño.

C A P Í T U L O

12

El medio ambiente:
Costa Rica

VOCABULARIO: *La geografía rural y urbana*

¡A practicar!

A. **CRUCIGRAMA** Lee las pistas y soluciona la siguiente crucigrama.

Horizontal

1. La causa de mucho ruido urbano
3. Río
5. Demasiada gente concentrada en una metrópolis
10. Lo que ya no se usa y se tira
11. Echar agua a las plantas
12. La ____ Amazona
13. Sin problemas o complicaciones

Vertical

1. Autobuses, metros y trenes son formas de ____ público.
2. Lugar donde se producen varios productos
4. Lugar donde se cultivan plantas
6. Edificios altísimos
7. La persona que cultiva la tierra
8. La persona que trabaja en el campo
9. Destinación popular para una luna de miel

¡Te toca a ti!

B. ¿CÓMO ES TU VIDA? Contesta las siguientes preguntas sobre tu vida y tu ciudad.

1. ¿Vives en una zona urbana o una zona rural? ¿Cuáles son algunas de las características de este lugar?

_____

_____

2. ¿Cómo es el sistema de transporte público donde vives? ¿Es eficiente? ¿Es conveniente?

_____

_____

3. ¿Cuáles son algunos de los problemas ambientales actuales en tu ciudad?

_____

_____

GRAMÁTICA I: *Present subjunctive following verbs of emotion, impersonal expressions, and* ojalá

¡A practicar!

C. LA PRIMERA VISITA A COSTA RICA Éste es el primer viaje que hacen Luis y Ana a Costa Rica. ¿Qué opinan del país después de su primer día? Completa su conversación con la forma apropiada de los verbos en el presente del subjuntivo.

ANA: ¡Es increíble este país! ¿No te parece, Luis?

LUIS: Sí, Ana. ¡Qué bueno que _____ **(estar)** aquí y no en Atlanta!

ANA: Me alegro de que el lugar _____ **(ser)** tan bonito y tranquilo.

LUIS: Tranquilo, sí. Es increíble que acá en San José, la capital, no _____ (**haber**) mucho tráfico ni mucho ruido.

ANA: Es cierto. Me sorprende a mí que en un lugar tan grande, la ciudad no _____ (**tener**) problemas de sobrepoblación, como la contaminación, el tráfico, la basura, etcétera.

LUIS: De acuerdo. Es muy interesante eso porque vivimos en una ciudad más pequeña pero nos quejamos siempre de que la gente no _____ (**respetar**) el medio ambiente. Es una lástima que todo el mundo no _____ (**poder**) ser como Costa Rica.

ANA: Bueno, Luis, es imposible que todo el mundo _____ (**ajustarse**) *(to adjust itself)* al modelo de Costa Rica. Pero de todas formas, sería *(it would be)* una situación ideal.

LUIS: Pues, sí. Oye, mañana es necesario que nosotros _____ (**hacer**) el tour por el bosque nuboso Monteverde. ¿Está bien?

ANA: Sí, pero, ¿por qué es necesario hacerlo mañana?

LUIS: Pues mañana es viernes, y si no lo hacemos mañana es posible que el sábado no _____ (**ir**) a poder hacerlo porque va a haber mucha gente.

ANA: Tienes razón, pero entonces es importante que tú _____ (**llamar**) ahora para hacer la reserva.

LUIS: Bueno, la voy a hacer ahora mismo.

D. **UNA REUNIÓN DE GREENPEACE** Estás en una reunión de la organización Greenpeace y todos los miembros expresan sus opiniones sobre varios temas importantes. Forma frases completas, emparejando frases verbales de la primera columna con frases subordinadas de la segunda columna. ¡OJO! Recuerda que solamente los verbos en la frase subordinada van a estar en el presente del subjuntivo. Sigue el modelo.

M O D E L O : *Yo siento que algunas de nuestras actividades sean radicales.*

yo sentir que	nuestro grupo conservar el medio ambiente
nosotros tener miedo de que	la gente tener miedo de nosotros
es necesario que	el gobierno nos apoyar
ojalá que	algunas de nuestras acciones ser radicales
es una lástima que	mucha gente no entender los objetivos de Greenpeace
es ridículo que	nuestros esfuerzos no tener éxito en este caso
nosotros sentir que	las grandes compañías no hacer más inversiones «verdes»

1. _____

2. _____

3. _____

4. _____

5. _____

6. _____

¡Te toca a ti!

E. TUS OPINIONES ¿Qué opinas de los siguientes temas? Expresa tu opinión usando una frase con una expresión de emoción y el presente del subjuntivo. Siguiendo el modelo, usa una expresión distinta en cada frase.

MODELOS: vivir en una finca
Ojalá que viva en una finca algún día.

los sueldos de los trabajadores de las fábricas
Me molesta que los sueldos de los trabajadores de las fábricas sean tan bajos.

1. algunas organizaciones activistas son radicales

_____

2. la basura en tu ciudad

_____

3. el sistema de transporte público de tu ciudad

_____

4. el gobierno construye menos carreteras

_____

5. la gente destruye los bosques tropicales

_____

6. vivir una vida tranquila

_____

7. vivir una vida acelerada

_____

VOCABULARIO: *La conservación y la explotación*

¡A practicar!

F. UNA CLASE DE ECOLOGÍA Jorge acaba de tomar una clase de ecología y dice que la clase le ha cambiado la vida. Completa el siguiente párrafo con las palabras apropiadas de la lista para saber cómo ha cambiado Jorge.

capa de ozono	escasez	reciclar
conservar	medio ambiente	recursos naturales
contaminación	naturaleza	resolver
energía solar	proteger	transporte público

Antes de tomar la clase de ecología yo nunca pensaba en la _____.

Nunca me preocupaban los problemas del _____ como

la _____ de petróleo o la destrucción de la

_____. Sin embargo, en la clase aprendí que cada persona

tiene que _____ nuestros _____ y

tenemos que _____ el aire y la tierra. Ahora sé que tengo que

hacer mi parte para _____ nuestros problemas ambientales. Voy a

_____ todos los productos de plástico y de papel que uso en mi casa

para evitar el desperdicio. También, voy a tratar de usar la _____

para calentar mi piscina. Finalmente, siempre que sea posible, voy a tomar el autobús o

cualquier otra forma de _____ para así no contribuir a la

_____ del aire. Sé que yo solo no puedo cambiar el mundo, pero en

la clase aprendí que puedo hacer mi parte.

¡Te toca a ti!

G. LEYENDO LAS NOTICIAS Mientras desayunas esta mañana, ves los titulares de la última edición de la revista *La naturaleza,* una publicación sobre los problemas del medio ambiente. ¿Qué opinas de los titulares? Escribe tus reacciones en forma de frases completas usando las frases de emoción. Sigue el modelo.

MODELO: *Me alegro de que Costa Rica desarrolle más programas de reciclaje.*

Greenpeace batalla por las energías limpias

El gobierno colombiano consigue la suspensión de exploración petrolera

Los incendios destruyen la vegetación natural de Asturias

Muchos de los huracanes son productos de la destrucción de la capa de ozono

Costa Rica desarrolla más programas de reciclaje

Costa Rica desarrolla más programas de reforestación

1. _____

2. _____

3. _____

4. _____

5. _____

GRAMÁTICA II: *Using the subjunctive to state uncertain, doubtful, or hypothetical situations*

¡A practicar!

H. ¿QUÉ HACEMOS AHORA?   Luis y Ana todavía están en Costa Rica y están planeando cómo quieren pasar los próximos días de vacaciones. Completa su conversación con la forma apropiada de los verbos entre paréntesis. **¡OJO!** Tienes que decidir si los verbos deben estar en el presente del indicativo o del subjuntivo.

LUIS: Ana, mañana creo que nosotros _____ (deber) ir al parque nacional

Volcán Poás. Tomás y María también van mañana. ¿Qué te parece?

ANA: Bueno, no pienso que ellos _____ (ir) mañana. Me dijeron que iban a otro

lugar. Pienso que _____ (ser) mejor ir a Puntarenas mañana. Allí es donde

está el parque nacional Palo Verde.

LUIS: No creo que _____ (estar) allí el Palo Verde. En Puntarenas pienso que

_____ (poder) visitar las playas y tal vez el parque de Manuel Antonio.

ANA: Ay, Manuel Antonio. Sí, lo quiero ver. No creo que _____ (quedar) muy

lejos del hotel La Mariposa, ¿verdad?

LUIS: Es cierto que La Mariposa _____ (estar) al lado del parque. Pero, bueno…

¿Qué hacemos, entonces?

ANA: Mañana es lunes y es dudoso que _____ (haber) mucha gente en

cualquier lugar, así que todo depende de ti.

LUIS: Como no estamos seguros que Tomás y María _____ (visitar) el Volcán

Poás mañana, ¿por qué no los llamamos y así averiguamos? Si van mañana, los

podemos acompañar.

ANA: Pienso que _____ (ser) una buena idea.

I. ¡QUÉ PRECIOSIDAD!   Luis y Ana decidieron ir al parque nacional Manuel Antonio y comentan el viaje y el lugar. Completa su conversación formando frases con las siguientes palabras. Determina si las frases requieren los verbos en el presente de indicativo o en el subjuntivo. Sigue el modelo.

M O D E L O :   **LUIS:** ¿tú / estar seguro / Catalina ir al parque hoy?
　　　　　　ANA: sí / yo / no tener duda / Catalina ir al parque hoy.
　　　　　　LUIS: *¿Estás segura que Catalina vaya al parque hoy?*
　　　　　　ANA: *Sí, no tengo duda que Catalina va al parque hoy.*

1. **LUIS:** yo / no poder creer / el viaje a Quepos pasar tan rápidamente

　　ANA: yo / creer / nosotros haber tardado demasiado tiempo en llegar

　　LUIS: _____

　　_____

　　ANA: _____

　　_____

2. LUIS: María y Tomás / pensar / los titís *(squirrel monkeys)* venir a jugar en la playa de Manuel Antonio

ANA: yo / dudar / los titís venir a jugar en la playa

LUIS: _____

_____

ANA: _____

3. LUIS: yo / creer / haber más de 600 tipos de aves en el parque de Manuel Antonio

ANA: no ser cierto / haber tantos aves en ese lugar

LUIS: _____

_____

ANA: _____

4. LUIS: yo / no estar seguro / el parque estar abierto toda la noche

ANA: ser imposible / el parque cerrar temprano

LUIS: _____

_____

ANA: _____

J. MÁS PLANES Ahora Ana y Luis planean un viaje al parque nacional Volcán Poás y conversan sobre los arreglos del viaje. Empareja las frases de la primera columna con frases adjetivales apropiadas de la segunda columna para formar frases completas. **¡OJO!** Antes de empezar, repasa el uso del subjuntivo en las frases adjetivales en tu libro de texto.

Tenemos que buscar el autobús	que puede hacer el viaje de San José a Poás
Queremos un autobús	que es muy barato
Es mejor alquilar un coche	que va a Poás
Tomás tiene un coche	que dure por lo menos tres horas
Podemos tomar ese servicio de taxi	que vaya directamente a Poás
Tomás conoce un tour muy bueno	que dura cuatro horas
Necesitamos buscar un tour del parque	que pueda hacer el viaje de San José a Poás
En el hotel no conocen ningún servicio de taxi	que sea muy barato

1. _____

2. _____

3. _____

4. _____

5. _____

6. _____

7. _____

8. _____

¡Te toca a ti!

K. LO QUE QUIERAS   Imagínate que alguien te va a hacer la vida mucho más fácil y te va a dar todo lo que quieras. ¿Cómo quieres que sean las siguientes cosas? Siguiendo el modelo, escribe frases completas para describirlas.

MODELO: una ciudad
           Quiero una ciudad que no tenga contaminación.

1.   una casa

   _____

2.   compañeros de cuarto

   _____

3.   un coche

   _____

4.   un trabajo

   _____

5.   una clase

   _____

VOCABULARIO: *Los animales y el refugio natural*

¡A practicar!

L. EN EL ZOO   Estás en el zoo y ves los siguientes animales. ¿Cuáles son? Sigue el modelo.

MODELO: *Es un elefante.*

1

2

3

4

5

6   7   8

1. _____   5. _____
2. _____   6. _____
3. _____   7. _____
4. _____   8. _____

¡Te toca a ti!

M. ¿DÓNDE SE VEN?   Para cada uno de los siguientes animales, describe el ambiente ecológico donde es más común encontrarlo. Sigue el modelo.

MODELO: el oso
          El oso vive en el bosque.

1. el elefante

_____

2. la culebra

_____

3. la gorila

_____

4. el ave

_____

ENCUENTRO CULTURAL: *Costa Rica y sus animales en peligro de extinción*

Costa Rica y sus animales en peligro de extinción

Sin duda, Costa Rica es un país privilegiado al conservar buena parte de su territorio —unos 13.000 kilómetros cuadrados (*square*)— en parques y reservas nacionales. Estas zonas silvestres (*wild*) protegen un número extraordinario de especies animales y vegetales además de áreas de interés geológico, arquitectónico e histórico. A continuación se presentan algunos de los animales del país que se encuentran en peligro de extinción.

N. **¿CUÁLES SON LOS ANIMALES EN PELIGRO DE EXTINCIÓN?** Lee las descripciones y empareja cada descripción con la letra del dibujo del animal que describe. Luego, debajo de cada descripción, escribe si el animal es **reptil, mamífero, anfibio, ave** o **arácnido**.

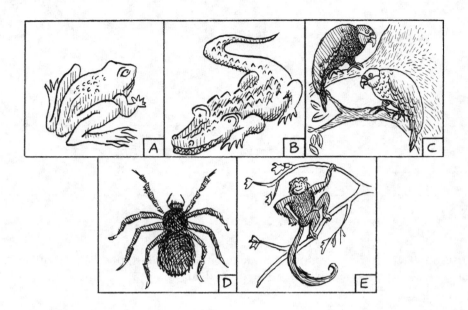

_____ **1. Tarántula**

Características: Tiene el cuerpo cubierto por pelos cortos de color negro con apariencia aterciopelada *(velvety)*. Las patas *(feet)* están cubiertas por pelos de color rojizo *(reddish)* o café. Se alimentan de insectos, lagartijas *(lizards)*, roedores *(rodents)* pequeños, pichones y aves pequeñas.

Peligros que enfrenta: Su cacería *(hunting)* ilegal para ser comercializadas en el mercado negro como mascotas.

Clase: _____

_____ **2. Cocodrilo**

Características: Parecido al caimán, pero se diferencia porque contrariamente al caimán, cuando descansa en el barro o la arena *(sand)* de las orillas de los ríos y lagunas donde habita, su cabeza reposa *(rests)* horizontalmente sobre el suelo. Sus nidos *(nests)* los construye en la arena, en donde cava y deposita los huevos, generalmente en sitios donde no llega el agua.

Peligros que enfrenta: La cacería para la extracción de sus pieles con fines comerciales, actividad que es prohibida por ley y que se da de forma ilícita, sobre todo en la zona norte del país. También sufren de la matanza indiscriminada, porque la gente cree que es un animal peligroso.

Clase: _____

_____ **3. Sapo dorado**

Características: Al igual que el resto de variedades de sapos, es de forma rechoncha, piel verrugosa *(with warts)* y ojos saltones con pupila horizontal. Los machos tienen una coloración anaranjada brillante. La hembra *(female)* es negra o verde oliva con manchas *(spots)* grandes de color brillante. Tiene costumbres terrestres y sólo va al agua para depositar los huevos. Es una especie endémica de la zona de Monteverde, en donde vivía únicamente en dos pequeños pantanos *(swamps)* del bosque nuboso.

Peligros que enfrenta: En los últimos años fue disminuyendo su población hasta no volverlos a encontrar en los últimos cinco años. Todavía no se tiene certeza sobre lo que ha pasado con respecto a esta especie. Se especula que pudo ser afectada por la lluvia ácida o por pequeñas variaciones en el clima, que se han registrado en los últimos años en la zona de Monteverde.

Clase: _____

_____ 4. **Tití o mono ardilla**

Características: Es el más pequeño de los monos que habitan los bosques costarricenses. Su cuerpo mide aproximadamente unos 75 cm, de los cuales 40 cm corresponden a la cola. Sus comidas preferidas son los insectos y las frutas del bosque.

Peligros que enfrenta: La destrucción del bosque reduce su área de alimentación y reproducción. Además son especies interesantes para quienes buscan tener animales en cautiverio *(captivity)*.

Clase: _____

_____ 5. **Lapa (roja y verde)**

Características: Son aves de vistosos colores y de gran tamaño, aunque la lapa verde es de mayor tamaño, pues llega a medir hasta 84 cm de distancia entre las alas. Los dos pájaros tienen la cara sin plumas, mostrando la piel de un color blanco hueso. Tienen un pico fuerte. Su principal alimento son las semillas *(seeds)* de árboles.

Peligros que enfrenta: La deforestación que elimina sus nidos y su fuente de alimentación. También enfrentan el comercio ilegal para utilizarla como mascota.

Clase: _____

O. **¿CUÁNTO ENTENDISTE?**   Después de leer sobre los animales en peligro de extinción, contesta las siguientes preguntas.

1.   ¿Cuál es el hábitat del cocodrilo?

   _____

2.   ¿Por qué está en peligro de extinción el Sapo dorado?

   _____

3.   ¿Cuál es la comida preferida de las lapas?

   _____

4.   ¿Cuáles son los dos peligros de extinción más comunes entre los animales mencionados?

   _____

SÍNTESIS

¡A leer!

En tu libro de texto aprendiste a anticipar el contenido de un texto por medio de la información biográfica sobre su autor. Otra estrategia es por reconocer el género, o el tipo de texto, que vas a leer y el lugar en donde se publicó. El siguiente texto es un ensayo argumentativo que apareció en *Rebelión,* una revista ecológica. Siendo un artículo argumentativo, es de esperar que el tema sea controvertido y algo que se debata actualmente. Además, ya que *(since)* apareció en una revista ecológica, es probable que trate algún asunto *(topic)* ecológico y tal vez político. Antes de leer el artículo, sigue los siguientes pasos para mejor anticipar, y así comprender, su contenido.

Paso 1: Mira el título del artículo. Sabiendo *(Knowing)* que el artículo apareció en una revista ecológica, ¿qué puede ser su tema?

_____

Paso 2: Pensando otra vez en el tipo de artículo y en dónde se publicó este artículo, ¿qué va a ser la opinión o la actitud de los escritores sobre el tema que van a comentar?

_____

Paso 3: Puesto que el texto es un ensayo, es probable que el tema, es decir, la opinión de los autores sobre su tema, se encuentran en el primer párrafo. Lee ahora solamente el primer párrafo. Después de leerlo, contesta las siguientes preguntas.

1. ¿Cuál es el tema del artículo? ¿Parece ser diferente de lo que esperabas?

_____

2. ¿Encontraste algunas palabras o frases que demuestren la opinión de los autores sobre este tema? ¿Cuáles son? ¿Parece ser diferente su opinión de lo que pensabas?

_____

_____

_____

Paso 4: Ahora, lee todo el artículo en la próxima página y después contesta las preguntas de comprensión.

PREGUNTAS DE COMPRENSIÓN

1. ¿Cuáles son las palabras que usan los autores para establecer el tono controvertido y político?

_____

_____

2. ¿Por qué la industria de la carne va a convertir al campesino en víctima?

_____

_____

Comer o ser comido
Nieves y Miro Fuenzalida

Se ha dicho que «la historia del hombre es sólo inteligible en el contexto de la historia del alimento». Y nunca esto ha sido más evidente que en la cultura del vacuno,[1] con sus rituales y prácticas, que han sido y continúan afectando y moldeando cuestiones de diferenciación de clase, de identidad nacional, de política colonial e imperialista, de teorías raciales y discriminación femenina y masculina. Y hasta el día de hoy, más que nunca, la industria de la carne, continúa influyendo la psicología, el estilo de vida y valores a través del mundo, transformándolo en una fuerza cultural formidable en los asuntos humanos. Es por esta razón que su cuestionamiento es válido y el caso en favor del vegetarianismo no es banal, sino que muy por el contrario, tiene ramificaciones políticas y emancipadoras[2] importantes.

Doscientos millones de individuos participan en la industria de la carne, lo que la convierte en un gran negocio. Y gran negocio es, cuyo control radica en[3] corporaciones internacionales en manos mayormente de intereses norteamericanos y europeos. La nueva forma de la explotación neocolonial, cuyo interés es el mantenimiento y la extensión de la cultura carnívora, tiene consecuencias enormes, especialmente en Latinoamérica, en donde los pobres, que constituyen su mayoría, se transforman nuevamente en sus víctimas. Más y más tierras cultivables se convierten en áreas de pastoreo[4] con el consecuente desplazamiento[5] masivo de campesinos, de la tierra que tradicionalmente les da de comer.

Esta necesidad de tierras también tiene la consecuencia de la continua y progresiva deforestación y desertización de nuestro planeta. En los Estados Unidos 260 millones de acres son perdidos en beneficio del complejo industrial de la carne, un 25% de la foresta de América Central. En Costa Rica la deforestación alcanza al 80%. En México 37 millones de acres sacrificados por la producción vacuna. Por cada hamburguesa consumida, el precio ecológico es la deforestación de 6 yardas cuadradas. La continuación, a largo plazo, de este rápido y continuo proceso de deforestación es la erosión y la pérdida y destrucción total de miles de otras especies. De hecho, en este proceso 40 especies se extinguen al día.

«El mundo y todo lo que contiene está aquí para mi satisfacción y placer.» Ésta es la premisa implícita de nuestro antropocentrismo. Y hoy en día, a lo largo del desarrollo tecnológico, su culminación parece ser el egocentrismo inflado a proporciones cósmicas. El moverse más allá de[6] la cultura de la carne, no es sólo una cuestión de gusto culinario, sino que es un acto político emancipador. Esto es el deseo de reconstituirnos y empezar una nueva sensibilidad basada en una consciencia ecológica, capaz de restablecer nuestros lazos[7] vitales con la Madre Tierra.

[1]**vacuno** *culture of raising cattle for beef production*   [2]**emancipadoras** *liberating*   [3]**radica en** *is rooted in*
[4]**pastoreo** *pasture*   [5]**desplazamiento** *displacement*   [6]**más allá de** *beyond*   [7]**lazos** *ties*

3. ¿Cuál es la conexión entre la industria de la carne y la deforestación en Latinoamérica?

_____

_____

4. ¿Crees que «el mundo y todo lo que contiene está aquí para mi satisfacción y placer»? ¿Por qué?

_____

_____

5. ¿Eres vegetariano(a)? ¿Por qué sí o por qué no?

_____

_____

¡A escribir!

En tu libro de texto aprendiste a escribir un ensayo argumentativo _(persuasive)_. Ahora, vas a practicar estas estrategias.

Paso 1: Formula tu opinión sobre uno de los siguientes temas (uno que no seleccionaste para la sección de escritura en tu libro de texto).

- El problema global más grande
- La mejor manera de resolver los problemas del mundo
- Si es justo mantener los animales en los zoológicos
- Si el gobierno debe permitir la manipulación genética

Paso 2: En una hoja de papel escribe una frase que demuestre tu opinión sobre el tema que elijas. Luego, escribe entre dos y cuatro razones que apoyen esta opinión. Finalmente, elabora tu ensayo. Recuerda que el ensayo debe incluir las siguientes partes:

- Introducción —exposición de tu opinión
- Las razones a favor de tu opinión junto con ejemplos específicos donde sea posible
- Conclusión —resumen de tu opinión

Paso 3: Después de escribir la primera versión del ensayo, vuelve a revisar el contenido y la gramática. Trata de incorporar varias de las expresiones que aprendiste en tu libro de texto para expresar tu opinión. Al usar estas frases, decide si requieren el uso del subjuntivo. Cuando estés contento(a) con tu composición, escribe la versión final.

_____

_____

_____

_____

_____

_____

_____

_____

_____

_____

Autoprueba

I. VOCABULARIO

A. LA GEOGRAFÍA RURAL Y URBANA Completa los siguientes párrafos con las palabras apropiadas de las listas.

acelerada   recogen
basura   ruido
bella   sobrepoblación
contaminación   tráfico
medio ambiente   transporte público
metrópolis

1. La Ciudad de Nueva York es una de las _____ más conocidas en todo el mundo. Como en cualquier otra ciudad grande, el ritmo de la vida es muy _____ en Nueva York y allí es común encontrar problemas asociados con la _____. Estos problemas incluyen el _____, el _____ y la _____ del aire. Sin embargo, la ciudad tiene un sistema de _____ que facilita el movimiento de gente y también protege el _____. Para ser una ciudad tan grande, no está demasiado sucia. La gente no arroja mucha _____ a las calles y hay muchas personas que la _____ cuando alguien lo hace. A pesar de ser grande, es una ciudad _____.

arroyos   regar
campesinos   tranquila
cultivar

2. A diferencia de la vida urbana, la vida rural es bastante _____, pero es todavía bastante dura. Los _____ trabajan desde muy temprano de la mañana. Sus trabajos incluyen _____ la tierra, _____ las plantas y atender a los animales. Sin embargo, las zonas rurales pueden ser muy pintorescas. Las _____ y los _____ ayudan a crear un ambiente bastante agradable para trabajar, vivir y jugar.

capa de ozono
desarrollar
desperdicio
destrucción
energía solar
escasez

explotar
petróleo
reciclar
recursos naturales
reforestar
resolver

3. Tanto en las zonas urbanas como en las zonas rurales hay problemas ecológicos que hay que _____ para proteger el medio ambiente. Si no hacemos algo rápidamente, vamos a acabar todos los _____, como el _____. Algunas soluciones incluyen _____ los bosques, preservar la _____ y _____ programas para limpiar el aire. También es importante _____ otras formas de energía como la _____. Cada individuo puede hacer su parte para evitar el _____ y la _____ de la naturaleza. Por ejemplo, todos pueden _____ las botellas, latas y papeles que usan en la casa. Si todos hacen su parte, no vamos a tener que hablar de la _____ de los recursos importantes.

B. **TRIVIA ANIMAL** Escribe el nombre del animal que describe cada frase.

1. Vive en los árboles de la selva y come bananas. _____

2. Asociamos este animal con la tentación. _____

3. Es otro nombre para pájaro. _____

4. Es muy grande y come cacahuetes. _____

5. Vive en los bosques de África y se parece a los seres humanos. _____

6. Es el rey de la selva. _____

7. Este animal se parece al perro. _____

8. Este animal vive en los bosques y le gusta comer miel. _____

9. Este animal es de la familia felina y vive en la China. _____

II. GRAMÁTICA

C. **ENTRE AMIGOS** Completa la siguiente conversación usando el infinitivo o el subjuntivo de los verbos entre paréntesis.

JORGE: Me alegro de que nosotros _____ **(estar)** en Costa Rica otra vez. Me

gusta _____ **(poder)** explorar las selvas y ver todas las especies de

animales.

LUIS: Sí, creo que es bueno _____ **(venir)** a Costa Rica cada año, pero siento

que Moni y Alicia no _____ **(estar)** aquí con nosotros.

JORGE: ¿Cómo? ¡Es ridículo que tú _____ **(decir)** eso! Es mejor que las novias no

nos _____ **(acompañar)** en estos viajes.

LUIS: ¡Jorge! Me sorprende que _____ **(pensar)** así. Creo que es una lástima

que Moni y Alicia no _____ **(ir)** a poder disfrutar de la belleza de Costa

Rica.

JORGE: Bueno, Luis, cálmate. Quiero mucho a mi novia. Pero también creo que es importante

que los hombres _____ **(tener)** su tiempo libre, ¿no? Y otra cosa: ojalá

que esta conversación _____ **(ser)** secreto nuestro, ¿eh?

D. **HABLANDO DEL VIAJE** Carmen y Tere hablan del viaje que van a tomar a Costa Rica. Forma frases usando las siguientes palabras. **¡OJO!** Tienes que determinar si los verbos deben estar conjugados o en el presente de indicativo o en el presente de subjuntivo.

1.   **TERE:** yo / creer / estas vacaciones / ser / excelentes

   CARMEN: sí, pero yo / dudar / David / querer venir / este año

      TERE: _____

      _____

   CARMEN: _____

      _____

2.   **TERE:** Gabriela / no estar segura / el hotel / ser / bueno

   CARMEN: yo / estar segura / todos los hoteles / ir a ser / muy buenos

      TERE: _____

      _____

   CARMEN: _____

      _____

3. **TERE:** en San José nosotros / tener que buscar / un restaurante / servir / gallo pinto *(a Costa Rican dish of rice, beans, and cilantro)*

CARMEN: yo / conocer / un buen hotel / servir / gallo pinto

TERE: _____

_____

CARMEN: _____

_____

4. **TERE:** yo / querer visitar / una reserva biológica / tener muchas especies exóticas

CARMEN: Manuel Antonio / ser una reserva preciosa / tener todo tipo de animal exótico

TERE: _____

_____

CARMEN: _____

_____

El mundo del espectáculo: Perú y Ecuador

VOCABULARIO: *Programas y películas*

¡A practicar!

A. **TELEPROGRAMAS**   Lees el guía de programas. Tiene descripciones de los programas, pero no indica qué tipo de programas son. Lee cada descripción y luego identifica el tipo de programa o película que van a poner en televisión. Sigue el modelo.

MODELO: La periodista Carmen Rico Godoy preparará en el estudio-cocina algunas de sus recetas preferidas.
el programa educativo

1. En un futuro próximo, la gran astronave comercial «Nostromo» se dirige a la Tierra tras una larga ausencia, transportando un cargamento de minerales extraterrestres.

   _____

2. Desde llegar a convertirse en la estrella de un circo, hasta dedicarse a gondolero en Venecia, el oso Yogui y sus amigos, Bu-Bu y Cindy, viven sus aventuras en el parque Jellystone.

   _____

3. La misma noche en que es encontrada una nueva víctima de Jack, el Destripador, un hombre alquila una habitación en casa de los señores Burton.

   _____

4. Transmisión de un partido de fútbol entre la selección joven peruana, actual subcampeona del mundo y su homóloga danesa.

   _____

5. Comprueba científicamente que el hombre alcanza la plenitud física a los 20 años, que se mantiene en buena forma durante una década y que a los 30 años comienza el declive físico.

   _____

6. El meteorólogo José Antonio Maldonado ofrece la predicción del tiempo para las próximas horas, tanto en nuestro país, como en el resto de Europa.

   _____

7. El coronel Thursday llega a Fort Apache para hacerse cargo del mando. Fort Apache es un puesto avanzado en la frontera de Arizona, cuyos oficiales y soldados han luchado mucho contra los indios.

   _____

¡Te toca a ti!

B. **PROGRAMAS Y PELÍCULAS INTERESANTES** Completa las siguientes frases con títulos apropiados según tus propias opiniones.

1. El documental «_____» es muy interesante.

2. Creo que el dibujo animado «_____» es muy cómico.

3. He visto un drama maravilloso que se llama «_____».

4. He visto una comedia excelente; se llama «_____».

5. Una película de intriga que me gusta mucho es «_____».

6. A veces, veo «_____»; es un programa de entrevistas.

GRAMÁTICA I: *Using the subjunctive to make statements of purpose and to express anticipated actions*

¡A practicar!

C. **¿VAMOS O NO VAMOS?** Ana y Julia conversan sobre si van a ir al cine con Antonio y Tomás o no. Pon un círculo alrededor de la conjunción más lógica en cada caso.

ANA: Julia, Antonio nos invitó al cine, pero no sé si quiero ir. ¿Quieres ir?

JULIA: Bueno, Ana, voy **(con tal de que / para que / a menos que)** vaya también David, el hermano de Antonio. ¿Sabes que me gusta mucho? Si él no va, yo no voy.

ANA: Julia, ¡no seas tan difícil! **(Cuando / Aunque / Después de que)** no vaya David, te vas a divertir mucho con Antonio y conmigo. También nos va a acompañar Tomás.

JULIA: ¿Tomás? Ay, no, por favor. Ese tipo me molesta demasiado. No voy entonces. **(Para que / Cuando / Hasta que)** veas a Antonio y Tomás, diles que estoy muy enferma y por eso no podía acompañarte. A propósito *(By the way)*, ¿qué película van a ver?

ANA: No te lo voy a decir **(tan pronto como / cuando / a menos que)** nos acompañes. Si no vas, ¿qué te importa qué película vemos?

JULIA: Ay, chica, **(antes de que / en caso de que / después de que)** te enojes conmigo, te voy a decir que sí los voy a acompañar… ¡**(Para que / Tan pronto como / Hasta que)** invites a David! ¡Por favor!

ANA: Julia, David no puede ir al cine esta tarde; tiene que trabajar. Pero, mira, **(sin que / en caso de que / después de que)** salgamos del cine, vamos a visitar a David en su trabajo. ¿Qué te parece?

JULIA: Me parece muy bien. Pero no voy a salir de la casa **(sin que / para que / aunque)** me digas el título de la película que vamos a ver. ¡Espero que sea la nueva película de Almodóvar!

ANA: Sí, Julia, es la nueva de Almodóvar.

D. LA TELENOVELA DEL MOMENTO Todos los estudiantes que viven en la residencia Quiché están locos por la nueva telenovela, «Decepciones», y la ven todos los días. Varios estudiantes hablan sobre lo que pasa hoy y lo que va a pasar en futuros episodios. Siguiendo el modelo, forma frases completas usando las siguientes palabras. ¡OJO! Tienes que poner el verbo de la frase subordinada en el subjuntivo.

MODELO: Gerardo ir a casarse con Juanita / aunque / Juanita estar enamorada de otro hombre
Gerardo va a casarse con Juanita aunque Juanita esté enamorada de otro hombre.

1. Javier no ir a volver a Lima / hasta que / la policía encontrar al asesino

   _____

   _____

2. Elena tomar tratamientos médicos / para que / ella y Omar poder tener un bebé

   _____

   _____

3. Manuel nunca firmar su nombre a las cartas que escribe a Analisa / en caso de que / su esposo las leer

   _____

   _____

4. Alberto y Claudia ir a divorciarse / a menos que / Alberto cortar con su novia

   _____

   _____

5. Santi ir a estar mejor / tan pronto como / los médicos le operar

   _____

   _____

E. ¿QUÉ HACEMOS ESTA NOCHE? Daniel quiere hacer algo divertido esta noche y le manda el siguiente email a su amigo Carlos. Escribe la forma apropiada de los verbos entre paréntesis. ¡OJO! Usa o el presente del indicativo o el presente de subjuntivo según sea necesario.

Hola, Carlos,

Esta noche no sé qué vamos a hacer. La verdad es que no me importa mucho exactamente qué hacemos, con tal de que nosotros _____ (hacer) algo divertido. Hoy es el cumpleaños de Amalia y su novio le va a hacer una fiesta. Aunque _____ (ser) fiesta de cumpleaños, creo que lo van a pasar bien allí. Otra opción es ir al cine del centro para ver una película. Me gusta ese cine porque tan pronto como _____ (salir) las películas nuevas, las pasan allí, y no cobran demasiado dinero. Prefiero ver una película de intriga a menos que tú _____ (querer) ver algo diferente.

   Mira, Carlos, cuando tú _____ (recibir) este mensaje, llámame y podemos decidir qué hacemos. En caso de que yo no _____ (estar) en casa, llámame en casa de Elvia —ella va a ayudarme con mi tarea de matemáticas. No te preocupes, ¡no voy a salir con Elvia esta noche! De hecho *(In fact)*, no voy a hacer planes para esta noche hasta que tú me _____ (llamar).

F. **Y TÚ, ¿QUÉ PLANES TIENES?**   Cuando te gradúes de la universidad, ¿qué esperas hacer? Escribe un párrafo breve sobre tus planes. Puedes usar las siguientes frases cuando comiences a escribir tu párrafo.

Cuando yo me gradúe de la universidad, pienso _____ con tal de que _____. Después de que mis padres _____, yo _____. A menos que _____, yo, etc.

_____

_____

_____

_____

_____

_____

_____

_____

VOCABULARIO: *Las artes*

¡A practicar!

G. **EN EL MUSEO DE ARTE DE LIMA**   Para promover en el público el interés por experimentar el arte, el Museo de Arte de Lima ofrece varios talleres, o cursos, sobre varios tipos de arte. Mira su folleto sobre los temas de los talleres y escribe los nombres de cada tipo de arte representado.

1. _____
2. _____
3. _____
4. _____
5. _____
6. _____
7. _____
8. _____
9. _____
10. _____

¡Te toca a ti!

H. **TALLER DE ARTE**   El Museo de Arte de Lima ofrece uno de sus talleres de arte por el Internet y decides hacerlo. Para matricularte tienes que completar la siguiente encuesta sobre tus intereses y gustos con respecto al arte. Contesta las preguntas en frases completas.

Museo de Arte de Lima
Taller artístico del Internet

Fecha: _____

Nombre: _____

Por favor, conteste las siguientes preguntas sobre sus intereses en los diferentes tipos de arte.

1. ¿Cuáles son los tres tipos de arte que más le gustan?

   _____

2. ¿Quiénes son sus artistas más preferidos de cada tipo de arte que Ud. acaba de mencionar?

   _____

   _____

   _____

3. ¿Cuántas obras de teatro ha visto Ud.? ¿Cómo se llaman?

   _____

   _____

4. ¿A cuántos conciertos ha asistido Ud.? ¿Quiénes fueron los cantantes o grupos musicales?

   _____

   _____

5. ¿Cuántas veces al año va Ud. a algún museo?

   _____

GRAMÁTICA II: *No-fault* se

¡A practicar!

I. ¡NO TENEMOS LA CULPA! Hace dos semanas que Gilberto y sus dos hermanos, Jorge y César, trabajan en el Museo de Arte de Lima, pero han tenido demasiados «accidentes» costosos. Ahora su jefe quiere despedirlos *(to fire them)* y le dice a Gilberto todas las razones por las que quiere despedirlos. Cada vez que el jefe les acusa de hacer algo malo, Gilberto le contesta, implicando que ellos no tienen la culpa. Escribe su respuesta, usando una construcción con **se**. Sigue el modelo.

MODELO: Gilberto, has perdido tres cuadros valiosos.
Bueno, se me perdieron los cuadros.

1. Gilberto, tus hermanos dejaron caer *(dropped)* dos floreros muy caros.

   _____

2. Gilberto, tú y tus hermanos rompieron una escultura muy valiosa anoche.

   _____

3. Gilberto, tú no recordaste limpiar la sala de arte clásica.

   _____

4. Gilberto, tu hermano perdió a dos clientes en el tour de museo ayer.

   _____

5. Gilberto, tú y tus hermanos dejaron escapar a tres ladrones la semana pasada.

   _____

¡Te toca a ti!

J. ¿Y TÚ? ¿Qué haces en las siguientes situaciones? Siguiendo el modelo, contesta en frases completas.

MODELO: ¿Qué haces cuando se te pierde algo valioso?
Cuando se me pierde algo valioso, pongo un anuncio en el periódico.

1. ¿Qué haces cuando se te acaba el dinero?

   _____

   _____

2. ¿Qué haces cuando se te escapan las ideas o las palabras?

   _____

   _____

3. ¿Qué haces cuando se te rompe algo valioso que no sea tuyo?

   _____

   _____

4. ¿Qué haces cuando se te va un(a) novio(a)?

   _____

   _____

5. ¿Qué haces cuando se te olvida hacer la tarea de español?

_____

_____

ASÍ SE DICE: *Using the past participle to describe completed actions or resulting conditions*

¡A practicar!

K. **UNA OPORTUNIDAD MÁS PARA GILBERTO**   El jefe de Gilberto decidió darle una oportunidad más para hacer bien su trabajo en el museo. Gilberto trata de hacer todo lo posible para ser eficiente. Siempre que el jefe le dice que Gilberto haga algo nuevo, Gilberto contesta que ya está hecho. Escribe su respuesta usando un adjetivo con el verbo **estar** para indicar que lo que pide el jefe ya está hecho. Sigue el modelo.

MODELO: Gilberto, abre la puerta principal.
            La puerta ya está abierta.

1. Gilberto, cubre los cuadros de Picasso con la tela.

_____

2. Gilberto, cierra las puertas de la sala de arte folklórico.

_____

3. Gilberto, pon los anuncios para la nueva exhibición en las paredes.

_____

4. Gilberto, invita a los patrocinadores del museo a la cena especial.

_____

5. Gilberto, lava las esculturas de esa sala.

_____

6. Gilberto, resuelve el problema que tienen los otros trabajadores.

_____

L. **CULTURA PERUANA**   Tomás tiene que escribir una pequeña reseña *(review)* sobre la escultura y el cine en Perú. Ayúdale a escribir la reseña, convirtiendo las siguientes frases con el verbo **ser** + el participio pasado. Sigue el modelo.

MODELO: Armando Robles Godoy dirigió la película peruana «La muralla verde».
            La película peruana «La muralla verde» fue dirigida por Armando Robles Godoy.

1. Los españoles introdujeron los patrones occidentales a la escultura peruana.

_____

_____

2. En el siglo XX establecieron la Escuela de Artes y Oficios en Perú.

_____

_____

3. También en el siglo XX formaron un grupo de escultores peruanos.

_____

_____

4. Iniciaron el cine peruano en 1897.

_____

_____

5. En 1929 presentaron la primera película con sonido en Perú.

_____

_____

6. En 1934 filmaron _Resaca,_ la primera película peruana con sonido.

_____

_____

¡Te toca a ti!

M. **DIME DE TU VIDA**   ¿Cómo estás o cómo están las siguientes cosas en las situaciones indicadas? Siguiendo el modelo, contesta tus preguntas usando **estar** + el participio pasado. Puedes usar los verbos de la siguiente lista u otros.

M O D E L O :   tú antes de tomar un examen difícil
              Estoy preocupada antes de tomar un examen difícil.

aburrir	**despertar**	**organizar**
cansar	**dormir**	**pagar**
desorganizar	**hacer**	**preparar**

1. las facturas al final del mes

_____

2. las tareas el día que tienes que entregarlas

_____

3. tu cuarto normalmente

_____

4. los estudiantes cuando el (la) profesor(a) pasa una película histórica en la clase

_____

_____

5. tú después de tomar cuatro tazas de café

_____

ENCUENTRO CULTURAL: *El cine en Perú*

EL CINE EN PERÚ

El cine es unos de los medios de entretenimiento más populares, aunque no económicos, para los peruanos hoy en día. En Lima, la capital del país, hay más de 125 cines, merced a[1] la expansión de multicines modernos, equipados con lo último en tecnología. Es cierto que esta expansión ha tenido la consecuencia negativa de convertir en lujo[2] lo que en otro momento fue actividad normal para todo ciudadano peruano, ya que el precio de los boletos ha subido drásticamente. Pero al mismo tiempo esta expansión ha abierto las puertas a la industria cinematográfica de Perú, que viene instalándose lenta pero exitosamente.[3] Durante los últimos años la inmensa pasión por el séptimo arte en Perú ha producido más de 60 largometrajes,[4] algunos de los cuales han competido con los multimillonarios estrenos estadounidenses, ganando premios importantes en las festivales de cine.

Sin duda, uno de los directores más celebrados y prolíficos de Perú es Francisco Lombardi, ganador de la Concha de Plata del Festival de Cine de San Sebastián, edición 1996. Entre sus películas más memorables figuran «No se lo digas a nadie» del año 1998 y «Pantaleón y las visitadoras» del año 1999, la película más taquillera de Perú al superar los 730.000 espectadores.

«No se lo digas a nadie»
Basada en la novela del peruano Jaime Bayly, en esta película conocemos a Joaquín Camino, un joven de clase alta que atraviesa por serios problemas de identidad. Por un lado, no puede evitar la atracción que siente por los hombres, y por el otro, sabe que ser homosexual implica ser condenado y rechazado por la sociedad, en especial si ésta es intolerante y atada a los viejos convencionalismos. Así somos testigos de la relación de Joaquín con su padre, quien es una persona autoritaria y machista; con su madre, una mujer devota a Dios y de las buenas costumbres; con sus amigos, que son personas despreocupadas y difíciles de fiar; con su novia, una mujer dispuesta a sacar de la confusión a Joaquín. Es, pues, un viaje lleno de excesos (incluyendo drogas) en los que el protagonista evidencia su desorientación y una inalcanzable búsqueda por hallar un equilibrio entre su condición y los cánones de la sociedad.

«Pantaleón y las visitadoras»
Basada en la novela del mismo nombre del escritor peruano Mario Vargas Llosa, esta película narra la historia de un capitán del ejército, cuyos superiores le encomiendan la misión super-secreta de reclutar[5] a prostitutas, llamadas «visitadoras», en la selva peruana, a fin de que visiten los puestos militares apostados en el río Amazonas para saciar los apetitos sexuales de los soldados.

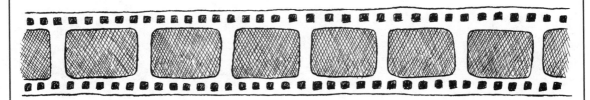

[1]**merced a** gracias a [2]**lujo** *luxury* [3]**exitosamente** con mucho éxito [4]**largometrajes** *feature-length films*
[5]**reclutar** *recruit*

N. **¡VAMOS AL CINE!** Después de leer el artículo, contesta las siguientes preguntas.

1. En Perú, ¿hay cines ultra-modernos como los de Estados Unidos? ¿Cómo se llaman en español?

   _____

   _____

2. ¿Es barato ir al cine en Perú? ¿Es barato ir al cine en los Estados Unidos?

   _____

   _____

3. Pensando en el contexto en el que aparece, ¿qué significa «la película más taquillera»? ¿Cuál es una de las películas más taquilleras en los Estados Unidos últimamente?

   _____

   _____

4. ¿Cuál de las dos películas mencionadas te parece más interesante? ¿Por qué?

   _____

   _____

5. En los Estados Unidos estas dos películas salieron con los títulos que aparecen abajo. ¿Puedes identificar el título inglés con su título en español?

   a. *Don't tell anyone* _____

   b. *Captain Pantojo and the Special Services* _____

   (Estas películas probablemente están disponibles en una tienda de video en tu ciudad.)

SÍNTESIS

¡A leer!

UNA LEYENDA DE LA SELVA PERUANA   En tu libro de texto aprendiste que leer una narración en español y prestar atención especial a la secuencia de los sucesos narrados facilitan tu comprensión del texto. A continuación se presenta un mito indígena de la selva peruana que se titula «La noche del Tatú». Para los aymarás, un grupo indígena que habita partes de Bolivia, Chile y Perú, el tatú es un armadillo.

Paso 1: Lee este mito una vez para familiarizarte con el contexto y su contenido. No busques ninguna palabra desconocida en el diccionario. No vas a entender todas las palabras, pero sólo quieres sacar del texto varios aspectos básicos sobre la escena, los personajes, etcétera.

Paso 2: Después de leerlo una vez, escribe brevemente lo que has entendido de la narración.

_____

_____

_____

_____

_____

_____

Paso 3: Lee el mito otra vez. No busques palabras en el diccionario esta vez tampoco. Al leerlo, subraya lo que piensas que son los sucesos fundamentales o más importantes de la narración. Dicho de otra manera, subraya solamente lo que sea necesario para que la narración
tenga sentido y dejes los detalles sin tocar.

Paso 4: Vuelve a mirar las partes que has subrayado y, en tus propias palabras, escribe un
breve resumen de la narración. No te preocupes si no estás seguro(a) de algunos detalles.

_____

_____

_____

_____

_____

Paso 5: Vuelve a leer el mito una vez más. Esta vez, si es absolutamente necesario para que
entiendas la narración, busca las palabras desconocidas en el diccionario y escribe su significado arriba de las palabras. Después de leer, contesta las preguntas de comprensión que
siguen la lectura.

La noche del Tatú

Los indios tejieron[1] techos de paja[2] y colgaron debajo de ellos sus hamacas. Pero no
pudieron dormir. El Padre Primero aún no había creado la noche y el sol alumbraba
todo el tiempo. El brillo y el calor caían sobre las criaturas de la tierra sin descanso.
Los hombres se quejaban y decían: —¿Para qué no sirven estas hamacas? Sin una noche
nunca vamos a poder dormirnos.

A lo que las mujeres les reclamaban: —Como no hay noche los hombres y los niños quieren
comer todo el día y nosotras tenemos que cocinar sin descanso.

Un día Cochipil, uno de los niños del pueblo, jugaba cerca de la entrada de la cueva del
ratón y descubrió que allí el ratón guardaba una pequeña noche. El niño se quedó asombrado
al ver cuán tranquilo dormía el ratón con su propia noche. Cochipil decidió pedirle prestada
la noche al ratón así que al día siguiente guardó los pedacitos de carne que le sobraba[3] de la
cena y se los trajo al ratón.

—Si me prestas tu noche —le dijo Cochipil al ratón,— te daré esta carne y te traeré más.

Al ratón le brillaron los ojos negros y aceptó. Cuando el ratón acabó los pedacitos de carne,
salió de sus ojos y de sus orejas un aire negro que subió al cielo y empezó a cubrir rápidamente la luz del sol. Y el sol, huyendo[4] de la noche del ratón, bajó por el cielo y se escondió
en el horizonte. Y así fue la primera noche en la selva peruana.

Los indios vieron desaparecer el sol y se alegraron. Luego, todos corrieron rápidamente a
sus hamacas para disfrutar la dulzura de la oscuridad. Pero el descanso les duró poco tiempo.
Casi de inmediato empezó a amanecer y el cielo se llenó otra vez de una luz fuerte que les
quitó las ganas de dormir.

—¿Qué pasó? —exclamó Nahua, uno de los hombres del pueblo.

—Ésa fue la noche del ratón, se la pedí prestada. ¿No les gustó? —le preguntó Cochipil.

—Sí nos gustó, nos hacía falta una noche, pero tenemos que buscarnos una noche más larga
para así dormir a gusto —contestó Nahua.

---

[1]**tejieron** *weaved*   [2]**paja** *straw*   [3]**que le sobraba** *that was left over*   [4]**huyendo** *fleeing*

Ese día varios de los hombres cazadores[5] del pueblo encontraron en medio de la selva un tapir que comía hojas tiernas. Se enteraron que el tapir también tenía su propia noche y los hombres se la pidieron prestada. El tapir accedió[6] y, casi de inmediato, de su cuerpo grande y gordo, de sus orejas y de su pequeña trompa empezó a salir una noche espesa que cubrió rápidamente el cielo. El sol se cayó del cielo como una estrella fugaz[7] y así fue la segunda noche en la selva peruana.

Los indios corrieron felices al pueblo, mirando las estrellas con orgullo por el trabajo bien hecho. Al llegar, todos celebraron y luego se acostaron. Los indios del pueblo durmieron horas y horas y soñaron mil sueños. La noche del tapir fue muy larga. Tan larga que cuando por fin los indios se despertaron descubrieron que las malezas[8] del monte habían cubierto sus sembrados y sus casas y las enredaderas[9] habían trepado hasta sus hamacas. Decidieron que la noche del tapir era demasiado larga. Niva, una de las mujeres del pueblo anunció:

—Cochipil, como niño, encontró una noche muy corta; los cazadores, como hombres, otra demasiado larga. Yo, como mujer, buscaré la noche que conviene.

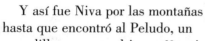

Y así fue Niva por las montañas hasta que encontró al Peludo, un armadillo, en su madriguera[10] y vio que él también guardaba su propia noche.

—Tatú, ¡despiértate! —gritó Niva. —Préstame tu noche.

El Peludo, protegido por su armadura, ni se movió.

—Si me prestas tu noche, te daré las sobras de la comida —le suplicó Niva.

Cuando el Peludo oyó lo de la comida, se despertó rápidamente y le dijo que sí, pero que sólo le prestaría una noche. Niva aceptó felizmente y volvió al pueblo.

Un poco más tarde, del fondo de la madriguera del Peludo, salió lentamente su noche. El sol bajó por el cielo poco a poco y los hombres tuvieron tiempo de terminar sus trabajos y las mujeres de preparar una buena comida antes de que oscureciera. Por todo el pueblo los indios comieron bien y charlaron un buen rato después. Cuando se acostaron en sus hamacas la dulzura de la noche del Tatú les cerró los ojos y así llegó la tercera noche en la selva peruana.

Amaneció a las pocas horas, luego de un buen sueño. Los indios estuvieron de acuerdo en que la noche del Tatú era la más conveniente. Por eso los hombres no quisieron devolvérsela nunca más y ésta es la razón por la que el Tatú duerme durante el día y corretea sin descanso en la oscuridad, porque no tiene noche.

---

[5]**cazadores** *hunters*   [6]**accedió** *aceptó*   [7]**estrella fugaz** *shooting star*   [8]**malezas** *weeds*   [9]**enredaderas** *vines from climbing plants*   [10]**madriguera** *den*

PREGUNTAS DE COMPRENSIÓN

1.   ¿Cuál es el tema principal del mito?

_____

2. ¿Quién consiguió la noche perfecta? ¿Piensas que este hecho tiene alguna importancia?

_____

_____

3. ¿Por qué, según los aymarás, no duerme el Tatú?

_____

¡A escribir!

Puesto que ya tienes experiencia con el ensayo crítico, vas a escribir otro sobre algún tema que te interese.

Paso 1: Recuerda el proceso de escribir este tipo de ensayo:

1. Selecciona el tema.
2. Escribe una breve introducción sobre el tema.
3. Haz una lista de tres o cuatro cosas que te gustan del tema.
4. Piensa en uno o dos cosas que puedes hacer para mejorar el sujeto de tu tema.
5. Escribe una conclusión sobre este tema.

Paso 2: Ahora te toca seleccionar el tema. Escribe el ensayo sobre uno de los siguientes temas:

- una película nueva
- un programa de televisión
- una novela que te gusta

- un concierto
- un disco compacto

Paso 3: Elabora una primera versión de tu ensayo en otro papel. Después de hacerlo, vuelve a pensar si puedes incluir más detalles para explicar mejor el punto que quieres hacer sobre el tema, o si tienes que quitar detalles porque no ayudan a explicar bien el punto. Finalmente, haz una revisión de la gramática, prestando atención especial a la ortografía, el uso de los acentos y el uso del verbo **gustar** y el uso del subjuntivo.

Paso 4: Escribe tu segunda versión en los espacios a continuación.

_____

_____

_____

_____

_____

_____

_____

_____

_____

_____

_____

Autoprueba

I. VOCABULARIO

A. **LAS PELÍCULAS Y LOS PROGRAMAS**   Empareja los nombres de las personas con el tipo de programa o película que se asocia con ellos.

_____	1. Mia Hamm	**a.**	un drama
_____	2. Dan Rather	**b.**	una comedia
_____	3. Bugs Bunny	**c.**	las noticias
_____	4. John Wayne	**d.**	un dibujo animado
_____	5. Al Roker	**e.**	un programa deportivo
_____	6. Adam Sandler	**f.**	una película del oeste
_____	7. Vanna White	**g.**	el pronóstico del tiempo
_____	8. David Letterman	**h.**	un programa de concursos
_____	9. Steven Spielberg	**i.**	un programa de entrevistas
_____	10. Andy García	**j.**	una película de ciencia ficción

B. **EL MUNDO DE LAS BELLAS ARTES**   Completa las siguientes frases con las palabras apropiadas de la lista.

actriz	concierto	dramaturgo
arquitectura	cuadro	fotografía
bailarín	danza	fotógrafo
cantante	director	literatura
compositor		

1. La _____ incluye tanto la poesía como el guión de una película.

2. El pianista va a dar un _____ mañana en el parque.

3. El arte de sacar fotos se llama _____ y quien lo practica es el

   _____.

4. Una persona que dirige una película o una obra de teatro es el _____.

5. Una mujer que interpreta un papel en una obra de teatro se llama

   _____.

6. El arte de diseñar edificios se llama la _____.

7. Lo que pinta el pintor se llama un _____.

8. El que escribe el guión de una obra de teatro es el _____.

9. Un hombre que practica el baile es _____.

10. El tango es una _____ de Argentina.

11. Una persona que escribe música es _____.

12. Una persona que canta es _____.

II. GRAMÁTICA

C. CONSEJOS PARA LA CITA   Esta noche Paulo tiene cita con la mujer de sus sueños, Silvia. Su amigo Carlos trata de darle consejos para que todo salga bien en esta noche importante. Para saber lo que dicen, escribe la forma apropiada de los verbos entre paréntesis. **¡OJO!** Tienes que leer la conversación y entender bien su contexto para decidir entre el presente del subjuntivo o el presente del indicativo.

CARLOS: Hola, Paulo, ¿qué me cuentas? ¿Cómo estás?

PAULO: ¡Estoy super bien! Sabes que Silvia por fin viene a visitarme, bueno, con tal de que

_____ **(limpiar)** la casa antes de que ella _____ **(venir).**

CARLOS: ¿Silvia? ¿Te va a visitar a ti? Pero tu casa es un desastre. ¿Qué vas a hacer para

que Silvia no _____ **(asustarse)** cuando _____

(llegar)?

PAULO: Mira, Carlos, aunque mi casa sí _____ **(estar)** un poco sucia, no es un

desastre. La puedo limpiar.

CARLOS: Pues, suponiendo que sí puedes limpiar la casa, ¿qué van a hacer Uds.?

PAULO: No lo sé. Creo que voy a alquilar un video de Jackie Chan. Creo que a Silvia le va a

gustar. Pero, en caso de que no le _____ **(gustar),** también voy a

alquilar mi película favorita, *Smokey and the Bandit.* Sé que con una de ésas no

puedo perder.

CARLOS: ¡Paulo, Paulo! ¿Cuándo _____ **(ir)** a aprender? ¿Cuántas veces te lo

tengo que decir? Cuando _____ **(invitar)** a tu casa a una chica como

Silvia, tienes que enfocarte en ella. Tienes que preguntarle a ella qué quiere ver.

Esta noche, pregúntale a Silvia qué quiere ver y entonces, cuando ella te

_____ **(decir)** el título de la película, Uds. dos pueden ir juntos a la

tienda para alquilarlo.

PAULO: Entonces, ¿no crees que una película de Jackie Chan le vaya a gustar?

CARLOS: Paulo, aunque le _____ **(gustar),** tienes que esperar hasta que ella

_____ **(decidir)** qué es lo que prefiere ver. ¡Qué cabezota *(stubborn*

person) eres!

D. ¡PERO NO FUE NUESTRA CULPA!   Tú y tu mejor amiga tuvieron un día horrible ayer. Se les ocurrieron varios accidentes. Siguiendo el modelo, forma frases usando *no-fault* **se.**

MODELO: Tú rompiste dos vasos de cristal.
          Se me rompieron dos vasos de cristal.

1. Tú y tu amiga dejaron caer una escultura en la casa de otra amiga.

_____

2. Tu amiga dejó escapar a los niños que cuidaba.

_____

3. Tú no recordaste una cita con tu novio(a).

_____

4. Tú y tu amiga acabaron todo el dinero que tienen para el mes.

_____

5. Tú perdiste la llave de tu coche.

_____

E. ¿YA ESTÁ HECHO? Estás a cargo de un comité para planear la fiesta más grande del año de la universidad. Ahora revisas tu lista de todo lo que el comité ha tenido que hacer y anotas lo que ya está hecho y quién lo hizo. Completa esta lista, escribiendo primero una frase con el verbo **estar** + el participio pasado. Después escribe una frase con el verbo **ser** + el participio pasado para indicar quién lo hizo. Sigue el modelo.

MODELO: escribir las invitaciones / Teresa
              Las invitaciones ya están escritas.
              Fueron escritas por Teresa.

1. invitar a los estudiantes / Jaime y Juan

_____

_____

2. confirmar el entretenimiento / Analisa

_____

_____

3. organizar la lista de música / Rosa y Eva

_____

_____

4. preparar la comida / Marta y Esteban

_____

_____

5. colgar las decoraciones / Julio

_____

_____

C A P Í T U L O

14

La vida pública: Chile

VOCABULARIO: *La política y el voto*

¡A practicar!

A. **CRUCIGRAMA** Lee las pistas y soluciona el siguiente crucigrama.

Horizontal

1. Fidel Castro
3. Partido político
6. Acción de nombrar por elección
8. Regla
11. Líder de un gobierno democrático
12. Opuesto de liberal

Vertical

1. Discusión pública entre candidatos
2. Sinónimo de **proteger**
4. Parte del gobierno estadounidense que funciona conjuntamente con el senado
5. La persona que hace campaña para ganar algún puesto político
7. Lo que se ejecuta como innovación o mejora en el gobierno
9. El que pertenece a cierta ciudad o cierto país
10. Cuerpo militar

¡Te toca a ti!

B. HABLANDO DE LA POLÍTICA   Tu amigo por correspondencia electrónica, Mario, quiere saber tu perspectiva sobre la situación política actual en los Estados Unidos. Contesta las siguientes preguntas según tus propias creencias y opiniones.

1. ¿Participa mucha gente joven en las elecciones políticas?

   _____

2. ¿Son liberales o conservadores los estudiantes de tu universidad? Explica por qué crees así.

   _____

   _____

3. ¿Cuál es el partido político que tiene más apoyo público en los Estados Unidos actualmente?

   _____

4. ¿Cuáles son dos de los temas políticos que más se discuten actualmente?

   _____

   _____

5. ¿Crees que los ciudadanos tienen el deber de votar en las elecciones políticas? ¿Por qué?

   _____

   _____

GRAMÁTICA I: *The future tense*

¡A practicar!

C. LAS PREDICCIONES DE ÓSCAR   Después de un día largo en la Plaza de las Armas, Óscar vuelve a casa y piensa en cómo será su futuro y el futuro de las siguientes personas. Escribe lo que piensa Óscar usando el futuro.

MODELO: Yo... trabajar para una organización política el año que viene
Yo trabajaré para una organización política el año que viene.

1. Yo...

   ir a Ecuador para encontrar a Marina / estudiar filosofía con Marina / enamorarme de Marina / olvidarme de mi novia en Chile

   _____

   _____

   _____

   _____

2. Marina...

   conocerme mejor / asistir a una clase de política contemporánea / querer cambiar de especialidad / decirme que me quiere

   _____

   _____

   _____

   _____

3. El novio de Marina...

   saber que Marina ya no lo quiere / escribirle muchas cartas de amor / hacer muchos esfuerzos para no perderla / tener que encontrar a una nueva novia

   _____

   _____

   _____

   _____

4. Marina y yo...

   irnos de Ecuador / volver a Chile / casarnos / tener cuatro hijos

   _____

   _____

   _____

   _____

D. QUERIDO DIARIO Marina también piensa en Óscar y escribe varias de sus predicciones para el futuro. Completa los párrafos usando el futuro de los verbos apropiados de cada lista.

1. **tener / volver / ahorrar / venir**

   Sé que algún día _____ a Chile. Esta vez mi mejor amiga, Carmen,

   _____ conmigo. Creo que (yo) _____ más dinero que ahora

   porque Carmen y yo lo _____ cada semana.

2. **divertirse / visitar / escribir / alegrarse**

Antes de salir para Chile, yo les _____ a mis otros amigos chilenos para

decirles que yo los _____. Estoy segura de que ellos _____ de

verme y que nosotros _____ mucho.

3. **saber / hacer / tomar / poder / haber / ser**

Carmen y yo _____ el viaje en la primavera. En esa temporada

_____ menos visitantes que ahora y los precios de los boletos

_____ más baratos. Yo _____ más de la política contemporánea

porque _____ más clases. Así _____ hablar con Óscar sobre los

asuntos políticos de Chile.

¡Te toca a ti!

E. **UNA CONSULTA CON WALTER MERCADO** Decidiste consultar al psíquico famoso Walter
Mercado para saber más de cómo será tu vida en el futuro. Te da sus predicciones y quiere
que le digas qué harás o qué piensas que harán tus amigos cuando ocurra lo que él dice. Para
cada situación, escribe una frase completa usando el futuro. Sigue el modelo.

MODELO: Tu mejor amigo no tiene dinero y quiere vivir contigo hasta que gane más
dinero.
Yo *le daré dinero y le diré que no tengo suficiente espacio en mi apartamento.*

1. El (La) novio(a) de tu mejor amigo te dirá que quiere salir contigo.

Tu mejor amigo(a) _____

_____.

2. El presidente de tu universidad dejará su puesto el mes que viene.

Los estudiantes de la universidad _____

_____.

3. El dueño de la casa donde vives te dirá que tienes que mudarte inmediatamente.

Yo _____.

4. Tus padres ganarán la lotería.

Nosotros _____.

5. Tú trabajarás en la Casa Blanca con el presidente de los Estados Unidos.

Yo _____.

VOCABULARIO: *Las preocupaciones cívicas y los medios de comunicación*

¡A practicar!

F. **LAS ÚLTIMAS NOTICIAS** Esta mañana Juanita encontró el siguiente artículo en el periódico universitario. Dice que mañana varios estudiantes realizarán una manifestación para protestar el aumento de la matrícula de la universidad. Completa el artículo con las palabras apropiadas de la siguiente lista. ¡**OJO**! Conjuga los verbos si es necesario.

corrupción	**eliminar**	**informar**	**protesta**
derechos civiles	**huelga**	**noticiero**	**reducir**
desigualdad	**inflación**	**prensa**	**reportaje**

Mañana cientos de estudiantes universitarios realizarán una _____ en contra del aumento de la matrícula, la cual subirá más del 200 por ciento el año que viene. Según _____ la administración de la universidad, el aumento es necesario debido a la _____ general que ha causado la subida de precios en todos los sectores de la economía. Sin embargo, los estudiantes creen que si el gobierno estatal *(state)* _____ la _____ que ha plagado *(plagued)* la administración en los últimos años, podrán hasta _____ el costo de la educación para todos. Los estudiantes señalan que el aumento de la matrícula constituirá una violación de los _____ de los estudiantes y sólo creará más _____ entre los ciudadanos.

Parece que los profesores apoyan a los estudiantes. Hernán González, portavoz de la Asociación de Profesores Universitarios (APU), dice que los profesores están dispuestos a montar una _____ y no volverán a trabajar hasta que el gobierno haga algo para evitar el aumento de la matrícula. La manifestación será mañana a las 10:00 de la mañana y Lola Sebastián, representante de la _____ universitaria, hará un _____ en vivo para el _____ de las 6:00 de la tarde.

¡Te toca a ti!

G. **¿QUÉ DICES?** A tu amigo, Mario, le gustaron mucho tus respuestas a sus preguntas en tu último correo electrónico y quiere saber más de la perspectiva estudiantil. Contesta sus preguntas en frases completas.

1. ¿Qué debe hacer el gobierno estadounidense para controlar los actos de terrorismo cometidos por los jóvenes en las escuelas?

   _____

   _____

2. ¿En tu universidad hay problemas con la drogadicción? ¿Qué hace la universidad para prevenir o solucionar este problema?

   _____

   _____

3. En tu universidad o ciudad, ¿ocurren muchos crímenes contra mujeres? ¿Qué tipo de crímenes hay? ¿Qué hace la universidad para mejorar la situación? ¿Qué debe hacer?

_____

_____

_____

_____

GRAMÁTICA II: *The conditional tense*

¡A practicar!

H. SI PUDIERA... Lidia Rodríguez habla con su amigo Pedro sobre cómo sería la universidad si ella estuviera encargada *(were in charge)* de todas las decisiones importantes de la universidad. Siguiendo el modelo, forma frases en el condicional usando las siguientes palabras.

M O D E L O : los estudiantes / no pagar / ninguna matrícula
  Los estudiantes no pagarían ninguna matrícula.

1. los estudiantes / poder / obtener becas *(scholarships)* más fácilmente

_____

2. nosotros / no tener que / asistir a clases por las mañanas

_____

3. el rector de la universidad / salir / de la universidad

_____

4. los profesores / no darles / notas a los estudiantes

_____

5. todos los estudiantes / querer / asistir a esta universidad

_____

I. PAQUI LA PERIODISTA Paqui es reportera para un periódico hispánico en California. Esta tarde va a entrevistar a uno de los candidatos para gobernador del estado y ahora prepara una lista de las preguntas que le va a hacer. Ayúdale a elaborar la lista, escribiendo la forma del condicional de los verbos indicados. ¡OJO! Paqui usará la forma de **usted** con el candidato ya que es una situación formal y no lo conoce personalmente.

1. ¿_____ **(Tener)** Ud. algún problema en hablar abiertamente conmigo sobre su campaña?

2. ¿_____ **(Decir)** Ud. que la inmigración ilegal es un problema en el estado de California?

3. ¿_____ **(Querer)** Ud. aprobar una ley para hacer el inglés la lengua oficial del estado?

4. ¿Le _____ **(gustar)** hacer ilegal el aborto en este estado?

5. ¿_____ **(Saber)** Ud. si el otro candidato tiene más experiencia política que Ud.?

¡Te toca a ti!

J. **SITUACIONES DIFÍCILES**   ¿Qué harías en cada una de estas situaciones? Lee las situaciones y luego escribe varias de las cosas que harías. Sigue el modelo.

MODELO: Estás en el centro de tu ciudad y ves un crimen en progreso. Un hombre le está robando el bolso a una mujer.

¿Qué harías?

Llamaría al policía y les diría todo lo que vi. Les daría una descripción del ladrón.

1. Imagina que estás de vacaciones en Chile con una amigo(a) de habla española. Uds. iban a hacer muchas actividades durante su viaje, pero anoche su amigo(a) conoció a una persona de quien se enamoró. Ahora ya no quiere salir contigo y no piensa volver a los Estados Unidos.

   ¿Qué harías?

   _____

   _____

   _____

   _____

2. Descubres que tu compañero(a) de cuarto hace actos de terrorismo contra la universidad por medio del Internet.

   ¿Qué harías?

   _____

   _____

   _____

   _____

3. Descubres que tu mejor amiga está embarazada y considera el aborto.

   ¿Qué harías? ¿Qué le dirías?

   _____

   _____

   _____

   _____

4. Descubres que alguien te ha robado el número de seguridad social y se ha sacado tarjetas de crédito en tu nombre.

   ¿Qué harías?

   _____

   _____

   _____

   _____

5. Ganas 2 millones de dólares en la lotería.

¿Cómo lo gastarías?

_____

_____

_____

_____

GRAMÁTICA III: *Using the present perfect in the subjunctive mode*

¡A practicar!

K. EL DÍA DESPUÉS DE LAS ELECCIONES   María lee el periódico en un café el día después de las elecciones nacionales. Nota que todas las personas allí opinan de los resultados. Para saber lo que dicen, completa las frases con la forma apropiada de los verbos en el presente perfecto del subjuntivo.

1. Me alegro de que mi candidato favorito _____ (ganar).

2. No puedo creer que los perdedores _____ (montar) una manifestación tan rápidamente.

3. ¡Nidia! ¡Es imposible que tú _____ (votar) por ese candidato! Es horrible.

4. Es dudoso que los candidatos _____ (ser) totalmente honestos con nosotros.

5. ¡Qué bueno que _____ (haber) tanta propaganda acerca de las elecciones. Así la gente reconoce la importancia de los asuntos políticos.

6. Es interesante que nosotros siempre _____ (tener) ideas políticas tan diferentes, pero seguimos siendo amigos.

L. FORO ABIERTO   Kati Homedes, una de las candidatas para el senado, ha invitado al público a un foro para discutir los temas más importantes del momento y para expresar sus opiniones. ¿Qué opina la señorita Homedes sobre los siguientes temas? Forma frases completas con las siguientes palabras, conjugando los verbos en el presente perfecto. ¡OJO! Usa el subjuntivo cuando sea necesario. Sigue el modelo.

M O D E L O :   no pensar / los impuestos / subir / mucho durante los últimos años
No pienso que los impuestos hayan subido mucho durante los últimos años.

1. dudar / los ciudadanos / estar / suficientemente activos en la política hasta ahora

_____

_____

2. estar segura / la inmigración ilegal / no causar / problemas graves para el estado

_____

_____

3. estar contenta / el presidente / preocuparse / tanto por las violaciones de los derechos humanos

_____

_____

4. creer / el gobierno / hacer / todo lo posible para eliminar el terrorismo nacional

_____

_____

5. no estar contenta / el público / decir / que no soy una buena candidata

_____

_____

¡Te toca a ti!

M. **¿DE VERDAD?** Charlas por el Internet con tu amigo Mario y te pregunta de varias cosas que ha oído últimamente sobre los Estados Unidos. Reaccionas a cada una de las cosas que te dice. Escribe tus reacciones, usando frases completas con el presente perfecto. ¡OJO! Cuando sea necesario, usa el presente perfecto del subjuntivo. Puedes usar cualquiera de las siguientes expresiones de emoción.

Creo que	**Estoy segura de que**	**No es dudoso que**
Dudo que	**Insisto que**	**No es posible**
Es cierto que	**Me alegro de que**	**Quiero que**
Es importante que	**No es cierto que**	

1. Los ciudadanos de Estados Unidos han votado por una ley para hacer el inglés la lengua oficial del país.

_____

_____

2. Los estudiantes universitarios de tu estado han estado de huelga durante tres semanas.

_____

_____

3. El presidente de los Estados Unidos ha eliminado el ejército.

_____

_____

4. El gobierno ha investigado posibles soluciones al problema de la drogadicción.

_____

_____

5. Los actos de terrorismo dentro del país han aumentado durante los últimos 10 años.

_____

_____

ENCUENTRO CULTURAL: *La libertad de la expresión en la sociedad del nuevo milenio*

La libertad de la expresión en la sociedad del nuevo milenio

Como en cualquier otra sociedad demócrata, en Chile reina la libertad de expresión. Los ciudadanos tienen el derecho de opinar públicamente sobre los temas de más importancia y relevancia. Uno de los temas más debatidos al inicio del nuevo milenio en Chile ha sido el futuro del ex-dictador Augusto Pinochet. Como leíste en tu libro de texto, después de haber sido detenido en la Gran Bretaña, Pinochet volvió a Chile donde, debido a su mal estado de salud, no fue juzgado[1] por sus crímenes y violaciones de derechos humanos. ¿Qué opina la gente de Chile de esta situación? Lee cómo respondieron varios chilenos a la siguiente pregunta: **Pinochet: ¿El ex-general está en condiciones de enfrentar un juicio?**

Raffaele Delvianco: La edad de una persona no puede constituir una excusa para que no se le juzgue. El criminal lleva ya mucho tiempo impune.[2] Debe pagar sus crímenes, debe pagar por las atrocidades por las que es responsable, sin importar su edad o su estado de salud. En Europa, todavía se procesa a criminales nazis que tienen más de 80 años. Pinochet es un criminal tal como los nazis. Seamos consecuentes y juzguémoslos; el país necesita justicia, algo que los pinochetistas desconocen totalmente.

Diego Castaño: Sería irracional que Pinochet fuera juzgado en Chile; primero que nada, porque las personas que lo acusan de hechos relacionados a violaciones de los derechos humanos son, en su mayoría, terroristas. Ellos mismos fueron los que propiciaron[3] la grave crisis del «gobierno» del señor irónicamente llamado Salvador. Es por eso que no creo que el poder judicial chileno sea tan iluso[4] de considerar estas acusaciones. Y en caso que estuvieran obligados a hacerlo, tampoco tendría efecto, dado su actual estado de salud. Los que tienen que ser enjuiciados son los terroristas.

Francisco Rialto: Ojalá alguno de los fanáticos de Pinochet se disculpara por lo sucedido... Hasta la iglesia lo hizo con los eventos pasados, como no puede disculparse un viejito que está a punto de morir y como cuesta tanto admitir que hubo atrocidades por parte de ese gobierno. Y de una vez por todas, dejen de pensar que el que está en contra de Pinochet es terrorista... por favor, ¡qué estrechez de mente! Como resultará el juicio... ojalá se le juzgue, a ver si así, los ciegos de este país admiten las atrocidades cometidas y de una vez por todas pedimos perdón y perdonamos.

David Poyanco: El problema es que Chile no está en condiciones de juzgar a Pinochet, debido a que los plutócratas[5] de la derecha lo tiene aun como bandera de lucha.

---

[1]**juzgado** *tried* [2]**impune** *unpunished* [3]**propiciaron** *paved the way for* [4]**iluso** *naïve* [5]**los plutócratas** la clase rica que típicamente predomina en el gobierno de cierto país

N. **LA LIBERTAD DE LA EXPRESIÓN** Después de leer las opiniones, contesta las siguientes preguntas.

1. ¿Cuáles son las dos opiniones representadas con respecto a Pinochet?

_____

_____

2. ¿Cuáles son algunas de las palabras usadas en las opiniones presentadas que caracterizan los dos puntos de vista?

_____

_____

3. ¿Qué piensas que significa «pinochetistas»?

_____

_____

4. ¿Quién es «el señor irónicamente llamado Salvador» al que se refiere Diego Castaño? Por qué dice el término «irónicamente»?

_____

_____

5. ¿Crees que la edad o la condición física de Pinochet debe afectar la decisión de acusarlo y castigarlo?

_____

_____

6. ¿Cuáles han sido algunos de los sucesos más recientes en el caso de Pinochet? Si no lo sabes, puedes buscar más información en el Internet.

_____

_____

SÍNTESIS

¡A leer!

LAS NUEVAS GENERACIONES EN CHILE En tu libro de texto aprendiste a analizar frases complejas en un texto para así comprender mejor su contenido. Ahora vas a practicar esta estrategia con el siguiente artículo que apareció en la revista *¿Qué pasa?* de Chile. El artículo trata una descripción de la generación joven del país.

Paso 1: El artículo se titula «Los sucesores de los yuppies». ¿Qué significa «yuppi»? ¿Con qué década asocias los yuppies? ¿Cuáles son algunas de las características que asocias con los yuppies?

_____

_____

_____

Paso 2: Lee solamente el primer párrafo del artículo. Luego, escribe varias de las características que se asocian con los jóvenes de los años 80 en Chile. ¿Son las mismas que notaste en el **Paso 1**?

_____

_____

_____

Los sucesores de los yuppies

Carmen Gloria Ramos y Elizabeth Simonsen

Crecieron con «Las aventuras de Scooby Doo» en las pantallas de televisión y los cómics de Asterix. Cuando «Los ángeles de Charly» y «El crucero del amor» eran los programas que congregaban a la familia y cuando la música de Queen y la onda disco, de la mano de los renacientes Bee Gees, inundaba las discotecas y acaparaba[1] la atención de sus hermanos mayores. Fueron los que, durante los primeros años de universidad o los últimos del colegio, protagonizaron las protestas estudiantiles o reivindicaron los cambios políticos y económicos del régimen militar. Los mismos que votaron por primera vez en una elección presidencial y que ese mismo año vieron atónitos[2] o esperanzados la caída del muro de Berlín. De una u otra forma, los jóvenes de los años 80 fue la última generación que formó parte de un movimiento social importante. En cambio, a la juventud de hoy, le faltan aspiraciones, proyectos y, más que nada, ideología.

En efecto, entre este grupo —que va de los 25 a los 35 años— se aprecia a una generación con una autoimagen con bastantes componentes negativos: hablan de sí mismos como desencantados,[3] orientados al éxito personal, cada vez menos idealistas, con menos capacidad de asombro[4] y con una sensación de estar viviendo el aquí y el ahora sin proyecciones. El denominador común entre estos jóvenes es el deseo de pasarlo bien en la vida. A diferencia de los adultos jóvenes de principios de los años 80 —que dedicaron su vida e, incluso, sacrificaron su estabilidad familiar en pos de un bienestar económico— el de hoy no está tan dispuesto[5] a dejar sudor y lágrimas en la oficina. La diversión, el deporte y, en mayor medida, la familia, son los espacios que ocupan prioridad en sus vidas.

Esta desvinculación[6] entre lo que cada uno de ellos hace y la sociedad en que viven es lo que ha llevado a muchos a tildar[7] a esta generación como egocéntricos, individualistas y sin pasión alguna por los acontecimientos sociales. Califi-cativos que ya fueron pronunciados en sociedades como la estadounidense, donde los medios de comunicación y los ejecutivos de marketing promovieron el término «generación X» para identificar a los nacidos entre 1965 y 1975 y que alcanzó su máxima popularidad a principios de los años 90, con el libro de Dennis Couplan, *The Generation X Reader.*

Es cierto que esta generación, al igual que la X estadounidense, evidencia menos pasión por los acontecimientos sociales y además un gran temor al compromiso y al matrimonio. Esto está ya bien comprobado por las estadísticas. Mientras que en 1970, la mayoría de los hombres se casaba entre los 20 y 24 años (44,5%), en 1996, casi el 50% de los matrimonios fue entre los 25 y 34 años. Del mismo modo, el porcentaje de convivencia entre hombres y mujeres ha aumentado de un 4,5% en 1982 a un 11,7% en 1997. Sin embargo, este retraso para contraer matrimonio y el aumento de la convivencia no responden a una falta de interés por formar una familia. Todo lo contrario: se toman muy en serio lo que significa adquirir un compromiso por toda la vida e intentan evitar el fracaso no apresurándose en tomar decisiones. No por nada son quienes, durante su infancia o adolescencia, vivieron, al igual que en los Estados Unidos, una duplicación en las tasas de separación matrimonial: mientras en 1970 las nulidades alcanzaron un 5,5%, en 1982 esta cifra aumentó a un 10,5%.

Los padres de los años 80, si bien trabajaban para mejorar el bienestar económico de su familia, miraban la vida familiar como un tiempo de descanso necesario para poder seguir trabajando. Los padres jóvenes de hoy están preocupados de utilizar esos momentos para mejorar su relación con su pareja e hijos. Éste será, probablemente, el principal legado que deje esta generación: dar el primer paso para una revalfrase de la familia y las relaciones interpersonales. El siglo XXI va a ser más humano o no va a ser.

---

[1]**acaparaba** *captured*   [2]**atónitos** *astonished, amazed*   [3]**desencantados** *disenchanted*   [4]**asombro** sorpresa
[5]**dispuesto** *ready*   [6]**desvinculación** *disassociation*   [7]**tildar** *brand*

Paso 3: Lee todo el artículo, sin buscar ninguna palabra en el diccionario. No te preocupes si no entiendes todas las palabras, esta vez sólo vas a tratar de entender el tema y los puntos principales del artículo. Después de leerlo, escribe un breve resumen.

_____

_____

_____

_____

Paso 4: Vuelve a leer el artículo otra vez. No busques palabras en el diccionario esta vez tampoco. Si hay algunas frases que no entiendes, enfócate en sus partes básicas para entenderla. Subraya el sujeto y el verbo de la frase. Luego trata de pensar en el significado del resto de la frase. Cuando termines, decide si quieres cambiar tu resumen del contenido del artículo que hiciste en el **Paso 3**.

_____

_____

_____

_____

Paso 5: Lee el artículo una tercera vez. Si todavía necesitas buscar palabras en el diccionario, hazlo. Después, contesta las preguntas de comprensión.

PREGUNTAS DE COMPRENSIÓN

1. ¿Cuál es la principal diferencia entre la generación joven de hoy en Chile y la de los años 80?

    _____

2. Para caracterizar la generación de los 80, el artículo menciona varios íconos nostálgicos de la época, como «Las aventuras de Scooby Doo» y la música de Queen y los Bee Gees. ¿Conoces algunas de las otras referencias a la cultura pop que se mencionan?

    a. Asterix _____

    b. «El crucero de amor» _____

    c. «Los ángeles de Charly» _____

3. El artículo compara los jóvenes chilenos de hoy con los jóvenes de la generación X de los Estados Unidos. ¿Estás de acuerdo con esta comparación? ¿Cuáles son algunas de las características que tienen en común estos dos grupos?

    _____

    _____

    _____

    _____

    _____

4. ¿Crees que a los jóvenes de Estados Unidos de hoy les falta la pasión por los asuntos sociales y políticos? Explica tu respuesta.

_____

_____

_____

_____

_____

¡A escribir!

En tu libro de texto aprendiste a escribir un párrafo sobre un tema social actual, apoyado por cifras y estadísticas. Ahora vas a practicar esta técnica otra vez.

Paso 1: En el artículo «Los sucesores de los Yuppies», aprendiste que en Chile tanto la edad de casarse como el porcentaje de parejas que conviven antes de casarse ha aumentado durante los últimos 20 años. ¿Crees que la misma tendencia existe entre la gente de tu edad en tu universidad? ¿Prefiere la gente de tu edad casarse a una edad mayor, o no casarse nunca? ¿Prefiere la gente de tu edad convivir antes de casarse con su pareja? Selecciona una de estas preguntas y haz una encuesta entre tus amigos.

Paso 2: Escribe un párrafo sobre el tema que escogiste, incorporando los resultados de la encuesta que hiciste. Escribe una frase principal para indicar la respuesta a la pregunta que seleccionaste. Después menciona los resultados de tu encuesta. Explica por qué la gente respondió de esa manera. Finalmente, concluye el párrafo resumiendo los resultados de tu encuesta.

Paso 3: Lee el párrafo y haz una revisión del contenido y de la gramática. Escribe la última versión abajo.

_____

_____

_____

_____

_____

_____

_____

_____

_____

_____

_____

_____

Autoprueba

I. VOCABULARIO

A. **POLÍTICAMENTE HABLANDO** Emma le enseña a su prima algo de cómo son las elecciones para la presidencia de los Estados Unidos. Para saber lo que dice, escoge las palabras apropiadas de la siguiente lista. Conjuga los verbos si es necesario.

campaña	dictadura
candidatos	ejército
ciudadanos	elegir
conservadores	liberales
debates	partidos políticos
deber	paz
defender	republicanos
democracia	votar

1. Hay varios _____ en los Estados Unidos, pero los dos más

   populares son los demócratas y los _____. Los primeros tienden

   a ser _____, y los últimos normalmente son más

   _____.

2. Cuando los _____ hacen su _____, normalmente

   tienen muchos _____ para discutir los temas importantes para los

   _____.

3. Ya que nuestro sistema de gobierno no es una _____, sino una

   _____, nosotros _____ nuestro presidente. Todas

   las personas tienen el _____ de _____ en las

   elecciones.

4. Aparte de su trabajo como líder del país, el presidente también es el líder del

   _____. Así que el presidente también tiene que tratar de mantener

   la _____ y _____ el país.

B. LAS PREOCUPACIONES CÍVICAS   Empareja cada palabra o frase con su definición.

_____ 1. la defensa

_____ 2. el noticiero

_____ 3. la drogadicción

_____ 4. la inflación

_____ 5. los impuestos

_____ 6. el reportaje

_____ 7. la inmigración

_____ 8. el terrorismo

_____ 9. la manifestación

_____ 10. la libertad de la prensa

_____ 11. la revista

_____ 12. el desempleo

_____ 13. la huelga

_____ 14. el analfabetismo

_____ 15. el aborto

a. el dinero que la gente tiene que pagarle al gobierno federal y estatal
b. la terminación de un embarazo
c. un informe periodístico
d. la falta de censura en cuanto a las publicaciones periodísticas
e. el aumento de precios y la reducción del valor del dinero
f. protección
g. falta de instrucción elemental
h. acción de entrar a un país gente de otro país
i. presentación de las últimas noticias, normalmente por medio de la radio o la televisión
j. publicación periódica sobre diferentes temas o sobre un tema específico
k. la dependencia de una sustancia química
l. actos violentos que tienen como objetivo crear miedo o inseguridad
m. la falta de trabajo
n. una reunión de la gente para expresar públicamente alguna opinión
o. acción de dejar de trabajar voluntariamente para lograr alguna meta

II. GRAMÁTICA

C. EL PRIMER DÍA   Lorena Magaña ganó las elecciones estudiantiles de su universidad y hoy es su primer día en este nuevo puesto. Su secretaria le ha dejado el siguiente mensaje, hablando del horario de este primer día. Complete el mensaje en la página 253, escribiendo la forma apropiada de los verbos entre paréntesis en el futuro.

Hola, Lorena,

Hoy tú _____ (tener) muchas cosas que hacer. Tu primera reunión

_____ (comenzar) a las 10:00 y _____ (ser) en la

oficina del rector de la universidad. Tu vicepresidente y otros miembros del senado

_____ (venir) a buscarte a las 9:30 para acompañarte a la reunión. Ellos

no _____ (saber) que el rector _____ (querer) planear el

agenda para todo el año, pero no importa, tú se lo _____ (decir) cuando

los acompañes a la reunión.

A la 1:00 _____ (haber) otra reunión, pero esta vez es con los estudian-

tes. Ésta no _____ (durar) mucho tiempo.

A las 3:00 de la tarde yo te _____ (ver) aquí en la oficina. Tenemos que

hablar de tu fiesta de inauguración y creo que _____ (poder) hacerlo a esa

hora. ¡No te preocupes! Yo _____ (hacer) todos los planes, pero sólo nece-

sito saber de ti algunos detalles importantes.

Bueno, sé que _____ (ser) una presidente excelente y que tu primer día

te _____ (ir) super bien.

Suerte,

Ana María

D. PUROS SUEÑOS David y Magali acaban de comprar dos boletos para la lotería esta noche. Ahora conversan sobre sus planes para el dinero que piensan que van a ganar. Completa su conversación usando el condicional de los verbos indicados.

DAVID: ¿Qué _____ (hacer) tú con tanto dinero, Magali?

MAGALI: Yo _____ (viajar) a todos los países del mundo.

DAVID: Me _____ (gustar) acompañarte. ¿_____ (Poder) ir yo?

MAGALI: ¡Cómo no! Nosotros _____ (salir) inmediatamente después de ganar.

DAVID: ¡Qué bueno! ¿Adónde _____ (ir) nosotros primero?

MAGALI: Pues mira, esto lo he pensado bastante. Primero _____ (tomar) el

avión desde acá hasta Santiago de Chile. _____ (Pasar) unas semanas

viajando por Chile y ya que también _____ (querer) pasar unas sema-

nas en Argentina, después _____ (volar) a Buenos Aires.

DAVID: Y después de eso, nosotros _____ (tener) que ir a Europa, ¿no?

MAGALI: ¡Claro que sí! ¡Espero que ganemos!

E. NO LO CREO Roberto nunca le cree la mitad de lo que le dice su amigo Raúl porque éste exagera mucho. Raúl llama a Roberto por teléfono desde los Estados Unidos para contarle de cómo le va su viaje. ¿Cómo reacciona Roberto a las cosas que Raúl le dice? Forma frases usando el presente perfecto del subjuntivo en las frases subordinadas donde sea necesario.

1. ser imposible / tú quedarse / en hoteles de cuatro estrellas

   _____

   _____

2. no creer / tú y tu novia / conocer / al presidente de los Estados Unidos

   _____

   _____

3. estar seguro / tu novia / pasarlo bien / en Washington

   _____

   _____

4. no dudar / tú / participar / en tres manifestaciones políticas

   _____

   _____

5. no pensar / tu novia / decirte / que no quiere volver a Chile

   _____

   _____

C A P Í T U L O

Los avances tecnológicos:
Uruguay

VOCABULARIO: *Los avances tecnológicos*

¡A practicar!

A. ¡QUÉ DESASTRE!   Alicia ya está harta de su compañera de cuarto, Marga, porque ella es adicta a los aparatos electrónicos. Ahora le cuenta a su amigo Leo cómo es Marga. Completa su conversación, escogiendo las palabras apropiadas de la siguiente lista.

antena parabólica	desconectar	grabar	teléfono celular
contestador	encendido	prender	videocasete
control remoto	funcionar	satélite	videocasetera

ALICIA: Te juro, Leo, Marga es un desastre. Nunca sale de la casa porque siempre está pegada a la televisión. Desde que compramos la _____ para recibir los canales de _____, la pobre casi no se ha levantado de su sillón.

LEO: Pues, ¿qué hace? ¿Se duerme en el sillón?

ALICIA: No, por lo menos no se duerme allí. Pero todo comienza a las 10:00 de la mañana. _____ la televisión e inmediatamente después, le mete un _____ a la _____ para ver los programas que perdió durante la noche anterior cuando dormía.

LEO: ¿Cómo?

ALICIA: ¡Ah! ¿No te lo dije? Sí, Marga _____ en video casi todas las telenovelas. Claro, no las puede ver todas a la vez. Y bueno, cuando termina eso, empieza a cambiar canales como loca con el _____. Nunca puedo ver nada en la tele, porque está ella allí todo el tiempo.

LEO: ¡Qué lata!

ALICIA: Pero, eso no es lo que más me molesta. Marga, como está tan ocupada durante el día, nunca contesta el teléfono. Siempre deja que el _____ conteste, o simplemente _____ el teléfono porque no quiere que nadie la moleste. ¿Te imaginas? Entonces nadie me puede dejar un mensaje.

LEO: Chica, yo en tu lugar, la botaría de la casa. Pero, una solución más inmediata sería comprarte un _____ y dejarlo _____ todo el día por si te llaman tus amigos. ¿Qué te parece?

ALICIA: Ya tengo uno, el problema es que no me _____ bien. Creo que

necesito cambiarle las pilas *(batteries).*

LEO: ¡Anda! ¡Ponte las pilas!

¡Te toca a ti!

B. ENCUESTA DE SEGURIDAD El departamento de energía les ha mandado a todos los ciuda-danos de tu ciudad el siguiente folleto sobre recomendaciones de seguridad para el uso de los aparatos electrónicos. A tu casa llegó la versión en español, pero ya que hablas y entiendes bien la lengua, puedes leerlo. Lee y haz la encuesta.

El Departamento de Energía

Con nuestra creciente dependencia en los aparatos electrónicos, se hace cada vez más importante tomar precau-ciones para evitar incendios y otros peligros que éstos presentan. Nos gustaría darles varias recomendaciones de seguridad para los aparatos electrónicos que Ud. tenga en la casa. Por favor, tome Ud. unos momentos para leer y hacer la siguiente encuesta.

1.   ¿Qué aparatos electrónicos tiene Ud. en su casa? Para cada aparato, escribe dónde lo tiene puesto en la casa. Por ejemplo, encima de un escritorio o al lado del televisor, etcétera.

   _____   _____

   _____   _____

   _____   _____

2.   ¿Cuántos de estos aparatos están enchufados ahora mismo?

   _____

Lea ahora nuestras recomendaciones para estos aparatos.

Recomendaciones de seguridad para aparatos electrónicos
Ponga televisores, equipos de audio, videograbadoras y computado-ras en lugares con circulación de aire para evitar el recalentamiento de los mismos. Si un aparato electrónico larga humo *(smoke)* o despide olor *(odor),* no lo utilice ni lo toque ni trate de desenchufar-lo. Desconecte el equipo para llevarlo a reparar.

   Evite poner recipientes con líquidos sobre el equipo electrónico. Su derrame *(spill)* puede generar cortos circuitos y/o incendios. Apague y desenchufe televisores, radios, computadoras y demás aparatos electrónicos durante tor-mentas eléctricas. Utilice protector de sobretensión en computadoras, televisores y videograbadoras. Limite el número de equipos enchufados en una misma toma.

3.   Según la información, ¿tiene Ud. algún aparato mal colocado en su casa? ¿Cuáles?

   _____

4.   En algún lugar de su casa, ¿tiene Ud. más de un equipo enchufado? ¿Cuáles son estos equipos? ¿Necesitará Ud. un protector de sobretensión?

   _____

   _____

---

5. ¿Cree Ud. que sus aparatos electrónicos están seguros en su casa? ¿Por qué?

_____

_____

¡Gracias por haber hecho esta encuesta!

GRAMÁTICA I: *Making statements in the past with the subjunctive mood*

¡A practicar!

C. **UNA CARTA AL GERENTE** Javier Begaña tuvo una mala experiencia hoy cuando fue con su novia a comprar un nuevo equipo de estéreo. Ahora le escribe una carta al gerente de la tienda para quejarse de esta experiencia. Ayúdale a completar la carta, escribiendo la forma apropiada de los verbos indicados en el pasado del subjuntivo.

Estimado Señor Gangas,

_____ (Querer) informarle de una mala experiencia que tuve hoy cuando estaba en su tienda con mi novia. Lo que quería yo era muy simple. Buscaba algún estéreo que _____ (tener) radio, que _____ (tocar) discos compactos y que _____ (ser) barato. Punto. Pero su dependiente, Jorge Demalaleche, tenía otra idea. Él recomendaba que yo _____ (mirar) las computadoras. Dijo que era necesario que yo _____ (comprar) un nuevo PC para que así mi novia y yo _____ (poder) escuchar la radio en el Internet y no _____ (necesitar) discos compactos. ¡Le dije que yo compraría el PC con tal de que él me lo _____ (dar) al precio del estéreo barato que yo buscaba!

Pues, al señor Demalaleche, no le gustó para nada que yo le _____ (decir) eso y me dijo que aunque las nuevas computadoras _____ (venderse) al mismo precio que los estéreos, ¡no me vendería una! En ese momento le dije que antes de que (él) _____ (abrir) la boca una vez más, que era importante que _____ (hacer) un esfuerzo para ser más cortés con nosotros. Entonces mi novia le dijo que podríamos ir a cualquier otra tienda para comprar lo que buscábamos. El señor Demalaleche se puso más enojado y le dijo a mi novia que no tenía miedo que nosotros _____ (irse) a otro lugar.

Señor Gangas, yo sé que el señor Demalaleche esperaba que nosotros _____ (gastar) mucho dinero en su tienda, pero ésa no fue la manera de lograrlo. Quizás él _____ (deber) tomar un curso de cortesía. Yo, por mi parte, no volveré a su tienda.

Cordialmente,

Javier Begaña

D. ¡QUÉ BUEN DÍA! Leticia y José charlan y comentan con Luis las fotos y los videos que sacaron hace dos semanas cuando unos amigos suyos se casaron. Forma frases completas con las siguientes palabras, usando el pasado del subjuntivo en la frase subordinada. Se indica si debes usar el pretérito o el imperfecto en la frase principal. Sigue el modelo.

MODELO: **JORGE:** yo / querer *(imp.)* que tú / sacar más fotos, Leticia
          Yo quería que tú sacaras más fotos, Leticia.

1.   **LUIS:** los novios tener *(imp.)* miedo / Uds. llegar tarde

   _____

2.   **LETICIA:** pues, nosotros no creer *(imp.)* / el cura dejarnos sacar fotos dentro de la iglesia

   _____

   _____

3.   **JOSÉ:** sí, y nosotros sólo querer *(imp.)* buscar un lugar / ser bueno para sacar las fotos

   _____

   _____

4.   **LETICIA:** ser *(pret.)* bueno / la boda no empezar a tiempo

   _____

5.   **LUIS:** ser *(pret.)* una lástima / el padre de Anita no estar allí

   _____

   _____

6.   **LETICIA:** sí, pero yo alegrarse *(pret.)* / tú servir de compañero para Anita, Luis

   _____

   _____

7.   **LUIS:** a mí gustarme *(pret.)* / todo el mundo divertirse

   _____

   _____

8.   **JOSÉ:** no haber *(imp.)* nadie / irse antes de las 3:00 de la mañana

   _____

   _____

¡Te toca a ti!

E. EN EL PASADO   ¿Cómo era tu vida cuando vivías con tus padres? Termina cada frase, conjugando el verbo en el pasado de subjuntivo.

1.   Mis padres nunca creían que yo _____.

2.   Era importante que mis amigos y yo _____.

3.   Mi madre quería que yo buscara un(a) novio(a) que _____.

4.   Mi familia iba de vacaciones a menos que _____.

5.   Mi padre nunca permitía que yo _____.

F. LA PRIMERA CITA   ¿Cómo fue tu primera cita con un(a) chico(a)? Escribe un párrafo para describir la experiencia. Sigue el modelo.

MODELO: *Cuando salí por primera vez con un(a) chico(a), esperé que él (ella)... Me alegré de que nosotros... porque me preocupaba que... Para mí, era importante que... El (La) chico(a) quería que yo... y le dije que... Me molestó que él (ella)... Por eso, le sugerí que... Más tarde, yo sentí que... Pero así es la vida, ¿verdad?*

_____

_____

_____

_____

_____

_____

VOCABULARIO: *La computadora*

¡A practicar!

G. DE COMPRAS EN COMPUVENTA   Mientras surfeabas la red, encontraste la siguiente oferta para una computadora en una tienda virtual. Mira el anuncio e identifica cada uno de los aparatos incluidos en el anuncio.

1. _____

2. _____

3. _____

4. _____

5. _____

6. _____

7. _____

8. _____

¡Te toca a ti!

H. **¿Y TÚ?**   Contesta las siguientes preguntas.

1.   ¿Tienes tu propia computadora? ¿De qué tipo es?

_____

2.   ¿Cómo te conectas al Internet?

_____

3.   ¿Cuál es tu dirección de correo electrónico?

_____

4.   ¿Cuántas horas al día pasas en el Internet?

_____

5.   ¿Has comprado algunas cosas por el Internet? ¿Qué has comprado?

_____

6.   ¿Usas los salones de charla? ¿Has conocido a alguien en estos salones de charla?

_____

7.   ¿Saldrías en cita con alguien que conocieras en un salón de charla? ¿Por qué?

_____

GRAMÁTICA II: *Using the imperfect subjunctive to make hypothetical statements*

¡A practicar!

I. **VIAJES**   Nacho y Enrique fueron de viaje a Uruguay, pero sus novias, Anita y Teresa, no los acompañaron. Ellas están en casa charlando sobre el viaje de sus novios. Para saber lo que dicen, escribe la forma apropiada de los verbos indicados. **¡OJO!** Vas a usar el pasado de subjuntivo y el condicional, pero tienes que saber dónde usar cada forma.

1.   Si ellos no _____ (**hablar**) español, no _____ (**poder**) comunicarse bien con la gente que encuentren allí, ni _____ (**gozar**) mucho de su

viaje.

2. Si estos dos chicos _____ (tener) más tiempo, _____ (quedarse) allí dos semanas más y _____ (conocer) más las culturas indígenas.

3. Ellos dijeron que si _____ (llover) todos los días, _____ (volver) temprano.

4. Nacho me dijo que si _____ (estar) cerca de Argentina, _____ (ir) a visitar a Hernán.

5. Si nosotras no les _____ (escribir) cartas, ellos _____ (estar) enojados con nosotras y _____ (pensar) que hemos olvidado de ellos.

J. ¿QUÉ HARÍAN? Carlos y sus amigos charlan sobre las posibilidades de montar un negocio virtual. Todos saben que en este momento no pueden hacerlo y por eso hablan hipotéticamente. Siguiendo el modelo, forma frases completas con las siguientes palabras.

M O D E L O : **CARLOS Y TONI:** si nosotros / tener dinero / montar una tienda virtual
Si tuviéramos dinero, montaríamos una tienda virtual.

1. **FERNANDO:** si yo / saber más sobre diseño / poder ofrecer un servicio para diseñar páginas web

_____

_____

_____

2. **NIDIA Y LINDA:** si nosotras / poder ir a Francia frecuentemente / establecer una tienda de perfume francés

_____

_____

_____

3. **CARLOS:** si Juan / estudiar negocios / poder ser nuestro gerente

_____

_____

_____

4. **JUAN:** Carlos, si tú / estar más al tanto con los negocios web / poder ser millonario

_____

_____

_____

5. **ALICIA:** si todos Uds. / no gastar tanto tiempo soñando / hacer algo más productivo

_____

_____

_____

¡Te toca a ti!

K. **¿CUÁNDO LO HARÍAS?**   Estás hablando con tu amigo sobre situaciones hipotéticas y él quiere saber qué es lo que sería necesario para que hicieras las siguientes cosas. Contéstale, indicando las condiciones bajo las cuales harías cada cosa que menciona. Escribe frases completas usando el pasado de subjuntivo y el condicional. **¡OJO!** Haz todos los arreglos necesarios. Sigue el modelo.

MODELO: montar un negocio virtual con tus amigos
Si yo pudiera ganar tanto dinero como Bill Gates, montaría un negocio virtual con mis amigos.

1. salir en cita con alguien que conociste en un salón de charla

_____

_____

2. montar tu propia página web con una videograbadora para que otras personas te vean las 24 horas al día

_____

_____

3. comprar una casa por el Internet

_____

_____

4. tirar a la basura tu computadora

_____

_____

5. leer el correo electrónico de tu novio(a) sin su permiso

_____

_____

GRAMÁTICA III: *Uses of the indicative and subjunctive moods (summary)*

¡A practicar!

L. **LAS AVENTURAS ELECTRÓNICAS DE GLORIA**   Ayer Gloria decidió meterse por primera vez en un salón de charla para conocer a hombres solteros y tuvo una buena experiencia. Lee lo que escribe Gloria en su diario sobre este primer día, seleccionando la forma verbal correcta.

el 4 de septiembre

Querido diario,
¡No te lo vas a creer! Bueno, sabes que hace
mucho tiempo que quiero (conocer / conozca /
conozco) a un hombre, ¿verdad? Pues, mi amiga
René me recomendó que (buscar / buscara /
busque) un hombre en algún salón de charla, ya
que me gusta mucho el Internet. Hoy lo hice.
Usé uno de los buscadores de la red y busqué el
salón de chat que (recomendarme / me recomendó
/ me recomendara) René. Cuando (encontrarlo /
lo encontré / lo encontrara) les mandé un men-
saje a todas las personas que estaban conectadas
en ese momento. Les dije que buscaba a un hom-
bre que (ser / fuera / sea) sincero, guapo, simpáti-
co y sin complicaciones.

Inmediatamente me contestó un hombre que
(estar / estuviera / estaba) conectado desde esta
ciudad. Se llamaba Ricardo y era muy simpático.
Le dije que quería que (mandarme / me mandara
/ me mande) una foto, pero dijo que no tenía
ninguna en formato digital. ¡Qué lástima que no
(tenerla / la tuviera / la tenía)!

Te cuento, querido diario, que Ricardo sugirió
que (conocernos / nos conociéramos / nos
conocíamos) en persona, y lo vamos a hacer esta
noche. ¡Ay! Espero que él (ser / sea / es) guapo,
pero aunque no (serlo / lo sea / lo es), creo que (ir
/ voy / vaya) a divertirme de todas formas,
porque parece muy chistoso.
Deséame suerte, querido diario.

M. **CITA A CIEGAS**   Gloria acaba de volver de su cita con Ricardo, el hombre que conoció en
un salón de charla, y ahora le escribe a su diario qué tal le fue. Para saber lo que pasó, escribe la forma apropiada de los verbos indicados. **¡OJO!** Tienes que decidir si los verbos deben
estar en el infinitivo, el indicativo o el subjuntivo. En caso de que conjugues el verbo, tienes de
decidir si el verbo debe estar en el presente o el pasado.

el 5 de septiembre

Querido diario,

¡Qué criatura más rara fue ese hombre! Nos encontramos en un café del centro, y cuando yo lo _____ (ver), sabía que las cosas no me iban a ir muy bien. Se vestía todo de negro y traía consigo su computadora. Aunque nos _____ (conocer) en un salón de charla, ¡yo no quería _____ (pasar) nuestra primera cita en la computadora!

Te juro, querido diario, que después de _____ (saludarme), ese Ricardo empezó a trabajar en su computadora. Cuando le dije que no me gustaba que él _____ (seguir) trabajando en la computadora, sacó otra computadora de su mochila. Me dijo que me la trajo para que yo _____ (sentarme) a trabajar con él. Le dije que a menos que él _____ (sacar) de esa mochila una cena completa, yo no quería _____ (quedarse) allí.

Me dijo que esperaba _____ (terminar) lo que hacía dentro de unos minutos y después esperaba que yo lo _____ (acompañar) a cenar en un restaurante elegante. Me preguntó de qué quería yo _____ (comer) y le dije que comería cualquier cosa que no _____ (ser) carne. Me dio una mirada extraña y me dijo que a él le encantaba la carne. Desde ese momento yo estaba segura de que las cosas no _____ (ir) a terminar bien y estaba muy enojada de que René me _____ (sugerir) el salón de charla para conocer a los hombres.

Bueno, nos fuimos a un restaurante y Ricardo empezó a comentarme sus deseos. Dijo que si _____ (poder), él _____ (ser) un espía internacional. Si no _____ (poder) ser espía, entonces _____ (escribir) un virus electrónico para planear ataques electrónicos en diferentes compañías electrónicas.

Querido diario, no creo que tú _____ (necesitar) oír más para saber cómo me fue. Prométeme una cosa, mi gran amigo. En el futuro cuando yo _____ (querer) conocer a hombres, aunque yo _____ (estar) totalmente desesperada, ¡no permitas que yo _____ (meterse) otra vez en el Internet!

¡Te toca a ti!

N. **¿UNA GUERRA ELECTRÓNICA?**   Uno de tus salones de charla favoritos hace una encuesta de tus opiniones sobre todos los temas legales y políticos que han surgido debido a la popularidad del Internet. Expresa tus opiniones en frases completas. **¡OJO!** Donde sea necesario, usa el subjuntivo.

1. Mucha gente vende pornografía por medio del Internet.

    _____

2. Tres jóvenes aprendieron a hacer bombas por el Internet el año pasado.

    _____

3. Muchas escuelas todavía no tienen acceso al Internet.

    _____

4. ¿Qué harías para evitar la pérdida económica causada por los víruses electrónicos?

    _____

5. ¿Qué recomiendas que hagamos como sociedad para hacer el Internet más seguro?

    _____

ENCUENTRO CULTURAL: *Piratas informáticos en Uruguay*

Piratas informáticos en Uruguay

A estas alturas del desarrollo de la «sociedad de la información» y de las tecnologías computacionales, los piratas informáticos ya no son novedad. Los hay en prácticamente todas partes del mundo y Uruguay no es ninguna excepción. Conocidos como *hackers,* estos piratas de la era cibernética, por lo general, veinteañeros, se lanzan desafíos[1] para quebrar tal o cual programa de seguridad, captar las claves de acceso a computadoras remotas y utilizar sus cuentas para ingresar a redes de datos, sistemas de reservas aéreas, bancos o cualquier otra «cueva» más o menos peligrosa. Se consideran como una suerte de[2] Robin Hood modernos y reclaman un acceso libre e irrestricto a los medios de comunicación electrónicos.

Fue en 1999 cuando por primera vez un joven uruguayo, que responde al «perfil clásico» del hacker logró ingresar clandestinamente a todos los sistemas conectados al Internet en el país. Fue descubierto tras una sutil operación de búsqueda por los técnicos de Chasque, un sistema de comunicación electrónico dependiente del Instituto del Tercer Mundo (ITM). Después de una preparación cuidadosa, el pirata entró a Chasque, captó las contraseñas de acceso de usuarios de ese sistema y las utilizó durante dos meses, entre septiembre y noviembre.

Como sus colegas de otros lugares, los hackers uruguayos se reúnen periódicamente e intercambian datos y programas. Y tienen su ética. Por lo visto, una cosa es ser hacker y otra muy distinta ser *cracker.* En general los hackers se mueven por desafío, para probarse que pueden. Entran al sistema y mandan un mensaje al operador: «Ja, ja, te pillé, estoy contento, me divertí». Sacian su apetito de investigación y se retiran. Los crackers, en cambio, tratan de dañar áreas básicas de funcionamiento del sistema, lo cual pueden dejarlo totalmente inoperante. En el caso del hacker uruguayo mencionado, no entró en ninguna de las dos categorías: no ingresó sólo para hacer daño, pero tampoco dañó el sistema. Sin embargo, las cosas no le terminaron bien: fue descubierto, su casa fue allanada,[3] su computadora y una serie de cosas le fueron incautados y el caso pasó a la justicia.

[1]**desafíos** *challenges*   [2]**una suerte de** *a kind of*   [3]**allanada** *raided*

O. **¿COMPRENDIENDO EL *HACKER*?** Después de leer este artículo sobre los hackers en Uruguay, contesta las siguientes preguntas.

1. Basándote en el contexto en el que aparecen las siguientes palabras, adivina su significado en inglés.

   a. contraseña _____

   b. claves de acceso _____

2. Según el artículo, ¿qué es un hacker?

   _____

3. ¿Cuál es la diferencia entre un hacker y un cracker?

   _____

4. ¿Se le consideraría hacker o cracker al joven uruguayo que consiguió entrar a la red de Uruguay? ¿Por qué?

   _____

   _____

5. ¿Piensas que el castigo que recibió este pirata era adecuado? Explica.

   _____

   _____

SÍNTESIS

¡A leer!

Has aprendido muchas estrategias para facilitar la lectura de cualquier texto en español. Practícalas todas al leer el siguiente texto.

Paso 1: Trata de conseguir toda la información de trasfondo *(background)* posible. Mira el título y el dibujo que acompañan el texto. También considera el formato del texto. Puedes pensar en las siguientes preguntas.

1. ¿Qué tipo de texto parece ser? ¿un artículo periodístico? ¿un ensayo? ¿un cuento? ¿un poema?
2. ¿Qué te sugieren el título y el dibujo sobre el contenido del texto?

Paso 2: Lee rápidamente el texto en la página 267 para comprender la idea general de su contenido. Usa los cognados, los prefijos y los sufijos para ayudarte a comprender el significado de las palabras que no conozcas.

Paso 3: Lee el texto una vez más. Esta vez, pon un círculo alrededor de los detalles que apoyan las ideas principales que has subrayado.

Paso 4: Lee el texto una tercera vez para confirmar tu comprensión. Luego, contesta las preguntas de comprensión.

¿Adictos al Internet?

En los últimos meses se ha convertido en noticia el posible síndrome de dependencia del Internet. Ya no es necesario ser un enamorado de la programación o un genio del hardware para engancharse en el ciberespacio, y es por eso que el rango de personas que usan o abusan de las computadoras y el Internet es ahora más amplio que nunca.

¿Cómo sabe uno si es adicto al Internet? Hasta la fecha no existe un perfil bien definido del usuario adicto al Internet, pero en general hay dos modelos básicos. El primero de ellos se trata de aquellos sujetos muy aficionados e interesados por sus computadoras que utilizan la red para recoger información, jugar en solitario, obtener nuevos programas, etcétera, pero sin establecer ningún tipo de contacto interpersonal, más que lo necesario para lograr sus propósitos. El segundo tipo se trata de aquellos grupos que frecuentan los Chats, MOOs y listas de correo. Todos tienen en común la búsqueda de estimulación social. Las necesidades de filiación, ser reconocido, poderoso o amado subyacen a este tipo en la red. En esta categoría de usuario compulsivo entran los que utilizan el Internet para alimentar su adicción a las compras y hasta los que utilizan el Internet para acceder a sitios pornográficos y participar en el sexo cibernético. Ahora bien, el uso del Internet en sí no es problemático, pero cuando uno pasa mucho tiempo conectado a la red y ello interfiere de un modo significativo en las actividades habituales de la vida privada, hay un problema. Cuando el problema crece, uno puede llegar a ser víctima de una adicción. Según los estudios, un 6% de los internautas es adicto al Internet, unos 11 millones de los 200 que hay en todo el mundo.

Pero muchos especialistas sostienen que el Internet no es el culpable de la adicción. Éstos creen que es sólo a través del Internet que se manifiesta una patología preexistente. Y no todos los especialistas están de acuerdo de tacharlo de adicción. Varios psicólogos creen que es todavía un problema poco entendido, y para poder analizarlo y entenderlo más a fondo, se tendrá que observar lo que hay detrás del comportamiento de dichos «adictos».

Sea problema o sea adicción, lo cierto es que durante los últimos años han proliferado las páginas en la red ofreciendo asistencia en línea a los internautas «enfermos». Una de las propuestas curativas es la ciberterapia, que consiste en expresar públicamente en la red cómo se vive con el problema. En estos salones electrónicos se pueden leer mensajes desesperados tales como «Yo creo que soy adicta al Internet» y «No tengo amigos reales, sólo ficticios, que duran el rato que «chateo» con ellos. ¿Hay algo para que uno pueda alejarse de esta adicción?»

Quizás, en vez de hablar de adicción al Internet, es más razonable postular la existencia de un trastorno de características difusas caracterizado por el uso abusivo de la alta tecnología. ¿Quién no conoce a sujetos que realizan casi toda su actividad con un ordenador, que viven rodeados de dispositivos electrónicos, para quienes el teléfono móvil y el correo electrónico forman parte de su identidad y que igualan el ocio al uso de videojuegos, canales digitales de televisión, que apuestan a través del Internet y mucho más?

¿Figura Ud. aquí?

PREGUNTAS DE COMPRENSIÓN

1. Según el artículo, ¿cómo son dos tipos básicos de «adictos» al Internet?

_____

_____

2. ¿Cómo sabe uno si es adicto al Internet?

_____

3. ¿Están todos de acuerdo que el alto uso del Internet constituye una verdadera adicción?

_____

4. ¿Qué tratamientos hay para los «adictos» al Internet?

_____

5. ¿Eres adicto(a) al Internet?

_____

¡A escribir!

¿UN MUNDO SIN LAS COMPUTADORAS? En tu libro de texto aprendiste a escribir un ensayo sobre algún asunto hipotético. Ahora vas a aplicar esa estrategia para escribir otro ensayo breve.

Paso 1: Piensa en cómo sería el mundo si no hubiera computadoras. En un papel aparte contesta las siguientes preguntas y otras que tengas.

1. ¿Cómo sería diferente tu vida diaria? ¿Sería más difícil o más tranquila?
2. ¿Cómo sería diferente el mundo científico?
3. ¿Cómo serían las relaciones internacionales sin los medios de comunicación que nos aportan las computadoras?

Paso 2: Organiza tus ideas bajo un tema general y elabora una primera versión de tu ensayo. Cuando termines, revisa su contenido y su gramática y después escribe una segunda versión en los espacios abajo.

_____

_____

_____

_____

_____

_____

_____

_____

_____

Autoprueba

I. VOCABULARIO

A. **LOS DOMINGUEROS MODERNOS** Juan y Delma van de viaje, pero antes de ir tienen que asegurarse de que tengan todos los aparatos electrónicos necesarios para el viaje. Completa su conversación, escogiendo las palabras apropiadas de la siguiente lista.

antena parabólica	equipo	videocámara
cámara	estéreo	videocasete
desconectar	satélite	videocasetera
enchufado	teléfono celular	

DELMA: Juan, ¿tienes todo preparado para el viaje?

JUAN: Creo que sí, Delma. Déjame pensar… Sé que vamos a sacar muchas fotos así que ya empaqué la _____. Y para grabar en vivo lo que hacemos, empaqué también la _____.

DELMA: Muy bien. Y empaqué el _____ por si nos llaman los vecinos que vienen a cuidar la casa. ¿No te parece buena idea?

JUAN: Es una idea excelente. Sabes, no quiero perder el partido de fútbol este domingo así que voy a meter un _____ a la _____ y ponerla a grabar el partido.

DELMA: ¡Juan! ¡Eres imposible! Y no te olvides que el hotel adonde vamos tiene una _____ y recibe todos los canales por _____. Ahora, dime, ¿vas a _____ la computadora y el _____ de _____?

JUAN: Había pensado dejarlo _____ por si los vecinos, cuando vengan a cuidar la casa, quieren escuchar música. ¿Qué piensas?

DELMA: Está bien, pero si se nos quema la casa va a ser tu culpa.

B. ¿ESTÁS AL TANTO? ¿Estás al tanto del mundo de la computadora? Empareja cada palabra con su definición para medir tu proficiencia.

- **a.** el teclado
- **b.** el disco duro
- **c.** el ratón
- **d.** los altavoces
- **e.** el escáner
- **f.** la impresora
- **g.** el correo electrónico
- **h.** el salón de charla
- **i.** la pantalla

_____ 1. Lo pulsas para seleccionar diferentes opciones de un programa.

_____ 2. Es el lugar donde guardas tus archivos en la computadora.

_____ 3. Es un lugar en el ciberespacio donde te comunicas por la computadora con otras personas.

_____ 4. Los usas para escuchar sonido emitido por la computadora.

_____ 5. Es donde ves las imágenes en la computadora.

_____ 6. Es un mensaje que se manda por la computadora.

_____ 7. Lo usas para escribir con la computadora.

_____ 8. La usas para imprimir imágenes de la computadora.

_____ 9. Lo usas para pasar una foto o un documento a un formato electrónico.

C. **LAS INSTRUCCIONES** ¿Cuáles son las instrucciones que acompañan el nuevo programa que compró Jaime? Escoge las palabras apropiadas de la siguiente lista.

abrir el programa	**disquete**	**navegar**	**pantalla**
archivar	**hacer click**	**página web**	**quitar**

Para _____, es necesario _____ sobre

el ícono que aparece en su _____. Cuando el programa se abra,

Ud. puede empezar a trabajar en sus documentos. Antes de _____

el programa, se le recomienda _____ los documentos

directamente al disco duro. También se le recomienda siempre guardar una copia

en un _____. Si Ud. necesita más instrucciones, las puede

encontrar en nuestra _____. De allí Ud. puede

_____ a la sección que necesite.

II. GRAMÁTICA

D. **BUENAS AMIGAS** Belén acaba de recibir un correo electrónico de una vieja amiga, Carmen. Carmen era estudiante de intercambio cuando Belén estaba en la secundaria, pero cuando volvió a Uruguay, Belén nunca volvió a verla. Ahora le escribe un correo electrónico a Carmen y le cuenta lo que ha hecho durante todo este tiempo. Completa el mensaje y escribe la forma apropiada del pasado del subjuntivo.

Querida Carmen,

Cuando recibí tu carta me alegré mucho de que tú _____ **(recordarme).**

Yo esperaba que nosotras _____ **(hacer)** contacto en algún momento porque

éramos tan buenas amigas en la secundaria. Déjame contarte un poco de lo que he hecho en

los últimos seis años. Me casé con Adolfo. ¿Te acuerdas de él? Cuando nos graduamos, mis

padres no querían que nosotros _____ **(casarse),** ¿te acuerdas?, pero

eso fue porque deseaban que nosotros _____ **(ir)** a la universidad antes de que

_____ **(meternos)** en una situación tan seria. No iba a casarme sin que

mis padres me _____ **(dar)** su permiso, así que esperé y me casé después de

graduarme.

Saqué mi título universitario y conseguí un trabajo inmediatamente. Tenía que ganar mucho

dinero para que Adolfo _____ **(poder)** seguir sus estudios de informática.

Al principio fue difícil, pero después de poco tiempo estaba super contenta de que él

_____ **(estudiar)** porque sabía que iba a poder encontrar un buen trabajo

cuando _____ **(graduarse).** ¡Y lo hizo! Ahora es el jefe de una compañía

de computadoras.

Bueno, Carmen, ahora que me has localizado, escríbeme más y dime más de tu vida.

Un beso,

Belén

E. ¿QUÉ HARÍAN? ¿Qué harían Juan y sus amigos en las siguientes situaciones? Forma frases completas con las siguientes palabras, usando el pasado del subjuntivo y el condicional.

1. si Juan no tener que trabajar, / pasar todo su tiempo en la computadora

   _____

2. si Carlos y Marga comprar una mejor computadora, / poder usar el Internet

   _____

3. si Tomás no ser tan tímido, / poder conocer a más chicas en los salones de charla

   _____

4. si Nancy graduarse con un título en la informática, / ganar mucho dinero

   _____

5. si Óscar ofrecerme un trabajo con su compañía, / yo cambiar de carrera

   _____

F. ¿UN NUEVO TRABAJO? Norma le escribe un correo electrónico a su amigo Gilberto para decirle cómo le va la búsqueda de trabajo. Para saber lo que dice, escribe la forma apropiada del verbo entre paréntesis. ¡OJO! Tienes que decidir si los verbos deben estar en el indicativo, el subjuntivo o el infinitivo. También si conjugas los verbos, tienes que decidir si van en el presente o en el pasado.

Hola, Gilberto,

Te cuento que sigo buscando trabajo y no es muy fácil. No dudo que _____ **(haber)** muchos trabajos disponibles, pero no quiero _____ **(solicitar)** trabajo en cualquier compañía. Busco un trabajo que _____ **(pagar)** bien, que me _____ **(ofrecer)** buenos beneficios y que _____ **(ser)** en el campo de la computación. Mi novio, Hernán, no quiere que yo _____ **(ir)** muy lejos, pero a menos que yo _____ **(encontrar)** un buen trabajo acá, voy a tener que mudarme.

   Me entrevisté con una compañía ayer, pero no me gustó para nada. No me gustó que la gente que trabajaba allí no me _____ **(saludar)** cuando yo _____ **(entrar),** y además no me cayó bien el gerente. Aunque _____ **(haber)** 20 buen puestos allí, no aceptaría ninguno.

   Si yo _____ **(poder)** escoger entre todos los trabajos en el mundo, yo _____ **(querer)** trabajar donde trabaja Javier. Trabaja en programación y gana muchísimo dinero. Aparte está muy contento de _____ **(estar)** allí. Me recomendó que yo _____ **(hablar)** con su gerente, porque creía que _____ **(haber)** puestos disponibles allí. Pero cuando yo _____ **(ir)** a hablar con el gerente, me dijo que no había puestos disponibles. Me sugirió que yo le _____ **(dejar)** mi currículum en caso de que _____ **(poder)** ofrecerme algo en el futuro.

   Deséame suerte, Gilberto. Ya te hablaré cuando _____ **(tener)** buenas noticias.

Un beso,

Norma

Autopruebas Answer Key

Capítulo preliminar

I. VOCABULARIO

A. UNA CONVERSACIÓN TÍPICA

Hola, Qué, estás, gracias, gusto, es mío, dónde, Soy, Adiós, Adiós, Nos

B. NÚMEROS

1. quince / catorce
2. uno / cero
3. treinta / veintinueve
4. diecisiete / dieciséis
5. veinticinco / veinticuatro

II. GRAMÁTICA

C. PRESENTACIONES

PILAR: eres
LOLA: Soy, es
PILAR: son
LOLA: somos

D. ¿SOIS DE ESPAÑA?

RAMÓN: vosotros
DIANA (Y DIEGO): nosotros, Yo, él
DIEGO: Ud.
PROFESOR CARRAZCO: Yo
RAMÓN: Ella
DIEGO: tú
RAMÓN: Yo
DIANA: Uds.

E. ¿CUÁNTOS AÑOS TIENEN?

1. Lourdes tiene veintiún años.
2. Olga y Nidia tienen diecinueve años.
3. Mariana tiene dieciocho años.
4. Carmen y tú tienen veinte años.

Capítulo 1

I. VOCABULARIO

A. LOS CURSOS

1. Letras: matemáticas
2. Lenguas: historia
3. Ciencias sociales: zoología
4. Arte: biología

B. ESTÁ MUY OCUPADA

1. Los martes Nancy estudia alemán a las tres y cuarto de la tarde.
2. Los miércoles Nancy estudia chino a la una menos cuarto de la tarde.
3. Los jueves Nancy estudia ruso a la una y media de la tarde.
4. Los viernes Nancy estudia italiano a las cinco y cuarto de la tarde.
5. Los sábados Nancy estudia portugués a las siete y media de la noche.
6. Los domingos Nancy estudia japonés a las diez de la mañana.

C. LOS COLORES

1. amarillo   2. anaranjado   3. rojo
4. marrón   5. blanco   6. verde

II. GRAMÁTICA

D. LUPE Y LALO

una, la, una, la, las, el, el

los, el, una

La, las, la, los, la, los

E. LAS ACTIVIDADES DEL DÍA

1. Ramón trabaja todos los días.
2. Teresa y Evelia estudian matemáticas por la tarde.
3. Yo practico deportes por la mañana.
4. Nosotros descansamos a las cuatro de la tarde.
5. Tú enseñas ejercicios aeróbicos por la noche.
6. Vosotras regresáis a la casa a las seis de la tarde.

Capítulo 2

I. VOCABULARIO

A. LOS MIEMBROS DE LA FAMILIA

1. esposa 2. primo 3. apellido
4. sobrina 5. nietos

B. DESCRIPCIONES

1. es, mexicana
2. somos, simpáticas
3. son, tontos
4. eres, atlética
5. es, paciente

C. PROBABLEMENTE SON...

1. trabajadores 2. inteligente
3. tacaño 4. irresponsable
5. perezosa 6. gordos

D. LOS NÚMEROS

1. treinta y dos 2. noventa y nueve
3. veinticuatro 4. doce 5. quince
6. diecisiete 7. cuarenta y seis
8. setenta y nueve

II. GRAMÁTICA

E. UNA CONVERSACIÓN

PILAR: Tienes
LOLA: Mi, tengo
PILAR: tienes
LOLA: mis, tienen
PILAR: tienen, su
LOLA: Su
PILAR: Tienes
LOLA: tengo, Tienes
PILAR: tengo

F. EN LA UNIVERSIDAD

TOMÁS: vives
DIANA: vivo, vive
TOMÁS: Escribes
DIANA: escribes
TOMÁS: recibo, debo
DIANA: tienes, creo

Capítulo 3

I. VOCABULARIO

A. LOS MESES

1. diciembre 2. febrero 3. enero
4. octubre 5. mayo 6. noviembre

B. EN LA CIUDAD

1. a 2. g 3. b 4. d 5. c 6. f 7. e

II. GRAMÁTICA

C. LOS PASATIEMPOS

1. Me gusta ver películas en video.
2. Me gusta sacar fotos.
3. Me gusta jugar al tenis.
4. Me gusta tocar la guitarra.
5. Me gusta bailar con la música rock.
6. Me gusta visitar a mis abuelos.

D. ENTRE AMIGOS

IRENE: vas
CARLOS: Voy, vas
IRENE: vamos
CARLOS: va
IRENE: van

E. UN JOVEN CONTENTO

salgo, Hago, voy, tengo (doy/hago),
Pongo, conozco, sé, soy, voy

F. ¿QUÉ VAS A HACER?

1. Voy a practicar deportes.
2. Voy a jugar al tenis.
3. Voy a nadar en la piscina.
4. Voy a montar a caballo.
5. Voy a levantar pesas.

G. TIENE QUE...

1. Miguel tiene que tomar algo caliente.
2. Lola y Chucho tienen que hacer ejercicios.
3. Tú tienes que salir más.
4. *Answers will vary:* Ángel tiene que conocer a más personas.

H. **¿QUÉ TIEMPO HACE?**

    A. Hace sol. Hace buen tiempo.
    B. Hace sol.
    C. Hace mucho calor.
    D. Hace fresco.
    E. Hace viento.
    F. Hace mucho frío.

Capítulo 4

I. VOCABULARIO

A. **LOS MUEBLES**

    1. un escritorio 2. un armario 3. mi cama 4. el inodoro 5. el garaje

B. **LOS ELECTRODOMÉSTICOS**

    1. una lavadora 2. un horno de microondas 3. una aspiradora 4. un despertador 5. el refrigerador

C. **LOS QUEHACERES**

    1. el comedor 2. la cocina 3. el jardín 4. la sala

II. GRAMÁTICA

D. **ENTRE NOVIOS**

    TOMÁS: tienes
      CECI: Tengo, quieres
    TOMÁS: quiero, Prefiero, comienza
      CECI: Comienza, queremos, preferimos
    TOMÁS: viene, pienso

E. **LA HORA DEL ALMUERZO**

    almuerzo, sirve, dice, almorzar, duermo, vuelven, vuelvo, jugamos, juego

F. **¿CÓMO ESTÁN TODOS?**

    1. Lolita está emocionada; está jugando en el patio.
    2. Teresita y Javi están ocupados; están regando las plantas.
    3. Miguelín está aburrido; está leyendo un libro.
    4. Ángel y yo estamos sucios; estamos preparando un pastel.

G. **EN OTRAS PALABRAS**

    1. Tengo ganas de bailar.
    2. No tengo paciencia.
    3. Tengo celos.
    4. Tengo miedo.

H. **¿CUÁNTOS SON?**

    1. mil setecientos treinta y ocho
    2. mil ciento sesenta
    3. mil cuatrocientos dieciséis

Capítulo 5

I. VOCABULARIO

A. **EL CUERPO HUMANO**

    1. el ojo
    2. el pelo
    3. las orejas
    4. la nariz
    5. la boca / los dientes
    6. el estómago
    7. la pierna
    8. el pie
    9. la mano
   10. el brazo

B. **LOS PROBLEMAS MÉDICOS**

    1. alergia, estornudo
    2. catarro
    3. enfermedad
    4. congestionado(a)
    5. escalofríos, síntomas
    6. sano, enfermo
    7. examina
    8. fiebre, toma la temperatura
    9. náuseas, guardar cama

II. GRAMÁTICA

C. **LA RUTINA DIARIA**

    1. Se despierta a las seis.
    2. Se levanta a las seis y media.
    3. Se ducha y se lava.
    4. Se seca.
    5. Se viste.
    6. Se pinta (maquilla).
    7. Despierta a su hijo a las siete.
    8. Se acuesta a las once.

D. **¡CÓMO VUELA EL TIEMPO!**

1. Acaba de despertarse.
2. Acaba de levantarse.
3. Acaba de ducharse y lavarse.
4. Acaba de secarse.
5. Acaba de vestirse.
6. Acaba de pintarse (maquillarse).
7. Acaba de despertar a su hijo.
8. Acaba de acostarse.

E. **LORENA BOBADA**

es, Es, está, está, está, está, Es, es, está, ser, es, es

F. **COMPARACIONES**

1. Carlos es mayor que Julia.
   Julia es menor que Carlos.
2. Hace más calor en San Diego que en San Francisco.
   No hace tanto calor en San Francisco como en San Diego.
3. Hace tanto frío en Alaska como en North Dakota.
4. Victoria Abril es más bonita que Rosie Pérez.
   Rosie Pérez no es tan bonita como Victoria Abril.

Capítulo 6

I. VOCABULARIO

A. **LA COMIDA**

Carnes: jamón, res, pollo, bistec, pavo, chuletas de cerdo

Pescado/Mariscos: calamares, camarones

Bebidas: café, vino, agua mineral, té helado, leche, cerveza, jugo

Postres: helado, flan, queso

Frutas: naranja, manzana, banana

Verduras: lechuga, papas

Condimentos: mantequilla, sal, pimienta, vinagre, aceite

B. **EN EL RESTAURANTE**

1. c 2. c 3. a 4. a 5. b 6. a

II. GRAMÁTICA

C. **GEMELOS DISTINTOS**

1. No quiero ésta; prefiero esa mesa.
2. No quiero pedir éste; prefiero pedir ese vino.
3. No quisiera éstas; prefiero ésas arepas.
4. No quiero pedir éstos; prefiero esos mariscos.
5. No prefiero esto; prefiero eso.

D. **UN SÁBADO POR LA TARDE**

JULIO: almorzó
GLORIA: almorcé, comimos, tomé, bebió, terminaste
JULIO: terminé, comencé, leí
GLORIA: leyó, busqué
JULIO: compré

E. **EL MÁS...**

1. Guillermo es el hijo mayor.
2. Alejandro es el más paciente de los dos primos.
3. El jugo es la bebida más dulce.
4. Michael Jordan es el mejor jugador.

Capítulo 7

I. VOCABULARIO

A. **LA ROPA**

1. el traje de baño
2. el sombrero
3. los zapatos, los calcetines, las sandalias, las botas
4. la blusa, la falda, las medias, el vestido
5. los pantalones, el traje, la corbata
6. el impermeable

B. EN LA TIENDA

DEPENDIENTE: En qué puedo
                servirle
CLIENTE: probarme
CLIENTE: talla, queda bien
CLIENTE: Hace juego
DEPENDIENTE: moda
CLIENTE: le debo
CLIENTE: ganga, tarjeta de
              crédito

II. GRAMÁTICA

C. ¿SON TUYOS?

1. ¡El sombrero es tuyo!
2. ¡Son suyos!
3. ¡Son suyos!
4. ¡Son mías!
5. ¡Es suyo!

D. ENTRE AMIGAS

DELIA: fuiste
NORA: Fui
DELIA: hicieron
NORA: Tuvimos
DELIA: vinieron
NORA: trajeron, estuvo, hiciste
DELIA: fue, hice, quiso, supe

E. PADRE E HIJO

se divirtieron, pidió, sirvió, se durmió

F. ¿CUÁNTO TIEMPO HACE?

1. Hace tres meses que Lucía no
   trabaja.
2. Hace un año que Santi y Silvina no
   están casados.
3. Hace una semana que nosotros no
   vamos al centro comercial.
4. Hace demasiado tiempo que no
   tengo novio(a).
5. Hace dos años que no estás en la
   secundaria.

G. A LA HORA DE LA CENA

1. La   2. lo   3. Me, te   4. las

H. LA PEQUEÑA ELENA

vivía, Tenía, sacaba, limpiaba, íbamos,
compraba, gustaba, comíamos

I. PACA Y PECA

PACA: trabajábamos, llamó
PECA: conociste, quería
PACA: invitó, Fue
PECA: recibiste, dijiste
PACA: dije, podía, invitaron
PECA: dijo, oyó
PACA: fue, invitó, acepté

Capítulo 8

I. VOCABULARIO

A. UNA CELEBRACIÓN ESPECIAL

cumplió, entremeses, invitados, dis-
frazarse, máscara, disfraz, procesión

se reunieron, celebrar, brindis, gri-
taron, Felicidades, pastel, velas,
recordar, regalos, llorar

lo pasaron, anfitriona

B. EN LA PLAYA Y EN EL CAMPO

1. f 2. a 3. d 4. h 5. c 6. g 7. b
8. e

II. GRAMÁTICA

C. UN VIAJE INOLVIDABLE

era, hice, Fui, tenía, tenía, decidieron,
vivíamos

era, había, podía, sabía, fui, empezó,
nadaba, mordió, sentí, grité

se metió, salvó, tuve, fue, asustó

D. SIGNIFICADOS ESPECIALES

1. tuvimos 2. supo, sabía 3. quise
4. pudo 5. tenía

E. EN EL MERCADO

VENDEDOR: algo
CLIENTE: algunos
VENDEDOR: algunas, también
CLIENTE: ninguna
VENDEDOR: algunos
CLIENTE: tampoco
VENDEDOR: ni...ni
CLIENTE: nada

F. MÁS PREGUNTAS

1. De dónde   2. Dónde   3. Cuál
4. Adónde   5. Qué   6. Cuántas
7. Qué

Capítulo 9

I. VOCABULARIO

A. VIAJES

1. c   **2.** b   **3.** d   **4.** a   **5.** f   **6.** g   **7.** e

B. EN EL HOTEL

cuatro estrellas, cuartos, limpios, sucios, dobles, sencillas, privado, aire acondicionado, ascensor, recepción, cómodo

C. ¿DÓNDE ESTÁ TODO?

1. al lado   **2.** delante   **3.** a la izquierda   **4.** entre   **5.** a la derecha   **6.** enfrente   **7.** detrás

D. INDICACIONES

cruce, siga, Doble, suba, Siga, hacia

II. GRAMÁTICA

E. UNA CARTA

JUAN CARLOS: les
GLORIA: les
JUAN CARLOS: le, le, les, me
GLORIA: te
JUAN CARLOS: me, me, les

F. ELENA, LA BUENA

1. Sí, te la presto.
2. Sí, se la preparo.
3. Sí, se lo escribo.
4. Sí, me la pueden pasar. *or* Pueden pasármela.
5. Sí, se lo puedo comprar. *or* Puedo comprárselo.

G. ANTES DE SALIR DEL MERCADO

CLIENTE: Perdone, déme
VENDEDOR: Tome
CLIENTE: Dígame
VENDEDOR: Salga, vaya
CLIENTE: Tenga
VENDEDOR: Vuelva

H. ¿QUÉ DICE?

1. hagamos / *doubt*
2. sea / *negation*
3. guste / *doubt*
4. tomen / *volition*
5. saquen / *volition*

Capítulo 10

I. VOCABULARIO

A. EL NOVIAZGO

GREGORIO: noviazgo
MARÍA: amor
GREGORIO: nos enamoramos
MARÍA: cariño
MARÍA: nos llevamos, enamorados
GREGORIO: matrimonio
MARÍA: casados

B. LA BODA

novios, casarse, se besan, recién casados, aplauden, tiran, recepción

tienen lugar, banquete, brindis, felicitan, orquesta, ramo de flores, agarrar, luna de miel

se separan, se divorcian

II. GRAMÁTICA

C. ¿QUÉ HAN HECHO?

1. Pablo ha leído tres libros.
2. Teresa y Ángela han visto una película nueva.
3. Mamá y yo hemos escrito cartas a la familia.
4. Yo me he divertido con mis amigos.
5. Tú has vuelto de un viaje largo.

D. **EL ROMANCE DE KEN Y BARBIE**

1. Ken y Barbie se conocieron en Malibú.
2. Ellos se miraron intensamente.
3. Ellos se abrazaron fuertemente.
4. Ellos se enamoraron inmediatamente.
5. Ellos se casaron en junio de ese año.

E. **MIGUEL LO HACE ASÍ**

Answers will vary. Examples include:

1. Miguel lee el periódico detenidamente.
2. Miguel habla con las chicas nerviosamente.
3. Miguel come rápidamente.
4. Miguel saca buenas notas fácilmente.
5. Miguel va a las fiestas frecuentemente.

F. **LA RUTINA**

Todos los días, Siempre, Solamente, A veces, Una vez

Nunca, siempre

G. **¿CÓMO LO HAGO?**

Primero te sacas una cuenta electrónica de Internet. Después, te compras software para el email. Luego le pides a tu novia su dirección electrónica y entonces puedes escribir el mensaje que quieres mandar. Finalmente, le envías el mensaje.

H. **¿EL NUEVO NOVIO DE VALERIA?**

1. que   2. que   3. lo que   4. quien

Capítulo 11

I. VOCABULARIO

A. **¿QUÉ DEBE HACER?**

1. arquitecto   2. peluquero   3. veterinario   4. periodista   5. programador   6. maestro   7. traductor   8. policía   9. siquiatra   10. dentista

B. **SOLICITANDO TRABAJO**

solicitar, currículum, computadora, imprimir, impresora, fotocopias

solicitud, llamar, entrevista

proyectos, beneficios, empleados, sueldo, contratar

tiempo parcial, tiempo completo, jubilarte, despedir

C. **CONSEJOS FINANCIEROS**

ahorrar, deposites, cuenta de ahorros, saques, cajero automático, presupuesto, tarjeta de crédito, cheques, facturas

prestar, en efectivo, a plazos

II. GRAMÁTICA

D. **DE VACACIONES**

MARTA: por, por
ELENA: Por
ELENA: para, para
MARTA: Para
ELENA: por
MARTA: para, por
MARTA: para

E. **¡QUE NO!**

1. ¡No mires la tele!
2. ¡No pongas esa música!
3. ¡No te olvides de limpiar la casa!
4. ¡No te duermas en el sofá!
5. ¡No salgas de la casa!

F. **EL AMOR EN EL LUGAR DEL TRABAJO**

escribas, llames, tengas, mire, pienses

te enamores, pierdan, mandes

vayamos, nos divirtamos

G. **ENTRE AMIGOS**

LUIS: salir, venir
JORGE: sigamos
LUIS: trabajemos
JORGE: ir, vuelva, acompañes

Capítulo 12

I. VOCABULARIO

A. LA GEOGRAFÍA RURAL Y URBANA

1. metrópolis, acelerado, sobrepoblación, ruido, tráfico, contaminación, transporte público, medio ambiente, basura, recogen, bella
2. tranquila, campesinos, cultivar, regar, colinas, arroyos
3. resolver, recursos naturales, petróleo, reforestar, capa de ozono, desarrollar, explotar, energía solar, desperdicio, destrucción, reciclar, escasez

B. TRIVIA ANIMAL

1. el mono   2. la culebra   3. el ave
4. el elefante   5. el gorila   6. el león
7. el lobo   8. el oso   9. el tigre

II. GRAMÁTICA

C. ENTRE AMIGOS

JORGE: estemos, poder
LUIS: venir, estén
JORGE: digas, acompañen
LUIS: pienses, vayan
JORGE: tengan, sea

D. HABLANDO DEL VIAJE

1. TERE: Yo creo que estas vacaciones son excelentes.
   CARMEN: Sí, pero dudo que David quiera venir este año.
2. TERE: Gabriela no está segura que el hotel sea bueno.
   CARMEN: Yo estoy segura que todos los hoteles van a ser muy buenos.
3. TERE: En San José nosotros tenemos que buscar un restaurante que sirva gallo pinto.
   CARMEN: Yo conozco un buen hotel que sirve gallo pinto.
4. TERE: Yo quiero visitar una reserva biológica que tenga muchas especies exóticas.
   CARMEN: Manuel Antonio es una reserva preciosa que tiene todo tipo de animal exótico.

Capítulo 13

I. VOCABULARIO

A. LAS PELÍCULAS Y LOS PROGRAMAS

1. e   2. c   3. d   4. f   5. g   6. b   7. h
8. i   9. j   10. a

B. EL MUNDO DE LAS BELLAS ARTES

1. literatura   2. concierto   3. fotografía, fotógrafo   4. director   5. actriz
6. arquitectura   7. cuadro   8. dramaturgo   9. bailarín   10. danza
11. compositor   12. cantante

II. GRAMÁTICA

C. CONSEJOS PARA LA CITA

PAULO: limpie, venga
CARLOS: se asuste, llegue
PAULO: está
PAULO: guste
CARLOS: vas, invitas, diga
CARLOS: guste, decida

D. ¡PERO NO FUE NUESTRA CULPA!

1. Se nos cayó una escultura.
2. Se le escaparon los niños.
3. Se me olvidó la cita.
4. Se nos acabó el dinero.
5. Se me perdió la llave de mi coche.

E. ¿YA ESTÁ HECHO?

1. Los estudiantes ya están invitados. Fueron invitados por Jaime y Juan.
2. El entretenimiento ya está confirmado. Fue confirmado por Analisa.
3. La lista de música ya está organizada. Fue organizada por Rosa y Eva.
4. La comida ya está preparada. Fue preparada por Marta y Esteban.
5. Las decoraciones ya están colgadas. Fueron colgadas por Julio.

Capítulo 14

I. VOCABULARIO

A. POLÍTICAMENTE HABLANDO

1. partidos políticos, republicanos, liberales, conservadores
2. candidatos, campaña, debates, ciudadanos
3. dictadura, democracia, elegimos, deber, votar
4. ejército, paz, defender

B. LAS PREOCUPACIONES CÍVICAS

1. f **2.** i **3.** k **4.** e **5.** a **6.** c **7.** h
8. l **9.** n **10.** d **11.** j **12.** m **13.** o
14. g **15.** b

II. GRAMÁTICA

C. EL PRIMER DÍA

tendrás, comenzará, será, vendrán, sabrán, querrá, dirás

habrá, durará

veré, podremos, haré

serás, irá

D. PUROS SUEÑOS

DAVID: harías
MAGALY: viajaría
DAVID: gustaría, Podría
MAGALY: saldríamos
DAVID: iríamos

MAGALY: tomaríamos, Pasaríamos, querríamos, volaríamos
DAVID: tendríamos

E. NO LO CREO

1. Es imposible que te hayas quedado en hoteles de cuatro estrellas.
2. No creo que tú y tu novia hayan conocido al presidente de los Estados Unidos.
3. Estoy seguro que tu novia lo ha pasado bien en Washington.
4. No dudo que has participado en tres manifestaciones políticas.
5. No pienso que tu novia te haya dicho que no quiere volver a Chile.

Capítulo 15

I. VOCABULARIO

A. LOS DOMINGUEROS MODERNOS

JUAN: cámara, videocámara
DELMA: teléfono celular
JUAN: videocasete, videocasetera
DELMA: antena parabólica, satélite, desconectar, equipo, estéreo
JUAN: enchufado

B. ¿ESTÁS AL TANTO?

1. c **2.** b **3.** h **4.** d **5.** i **6.** g **7.** a
8. f **9.** e

C. LAS INSTRUCCIONES

abrir el programa, hacer click, pantalla, quitar, archivar, disquete, página web, navegar

II. GRAMÁTICA

D. BUENAS AMIGAS

me recordaras, hiciéramos, nos casáramos, fuéramos, nos metiéramos, dieran

pudiera, estudiara, se graduara

E. **¿QUÉ HARÍAN?**

1. Si Juan no tuviera que trabajar, pasaría todo su tiempo en la computadora.
2. Si Carlos y Marga compraran una mejor computadora, podrían usar el Internet.
3. Si Tomás no fuera tan tímido, podría conocer a más chicas en los salones de charla.
4. Si Nancy se graduara con un título en la informática, ganaría mucho dinero.
5. Si Óscar me ofreciera un trabajo con su compañía, yo cambiaría de carrera.

F. **¿UN NUEVO TRABAJO?**

haya, solicitar, pague, ofrezca, sea, vaya, encuentre

saludara, entré, hubiera

pudiera, querría, estar, hablara, había, fui, dejara, pudiera

tenga